中華書局

學海書樓與香江國學

中國傳統文化
在香港的傳承與革新

梁元生　曹璇　區志堅　姜本末 ——— 編著

謹以此書敬賀學海書樓創立一百周年，

並紀念創會先賢賴際熙、陳伯陶等太史，鼎力捐資之

馮平山、馮秉芬、利希慎、利榮森等儒商，以及百年來

歷屆會長、主席、董事及講者。

誌學海書樓之原起及今後之展望

書樓成立於民國十二年癸亥歲，初由賴荔垞太史（港大教授）發起，洪興錦俞叔文李海東所贊成，爰集仝人，捐資籌辦，時港中物力殷富，不崇朝而鉅款集，適粵中濠堂盛氏，將藏書出售，內多善本，遂全數購得，賃舍於堅道某號，藏書其中，恣衆觀覽，以仿廣州學海堂之例，故命名為學海書樓，延何翔藻蔚罼主持講書，月有文課，開幕日，溫毅夫適自北來，登壇講學，聽者雲集，耳目一新，嗣後捐款捐書者日盛，匝年何以事去，月課遂輟，旋購得般含道二十號屋，樓凡三層，規模粗具，幷由董事公舉賴為主席，俞叔文為司理，李海東為司庫，以三樓處書，二樓講學，改為逢星期日開講文藝，由區大典徽五區大原季海，岑光樾敏仲，朱汝珍聘三四太史，暨賴俞二先生，共六人，輪流主講座，時陳伯陶子礪先生，寓九龍，時亦欣然渡海，登壇說經，十餘年來，孳孳不倦，香港教育司眷，以事關文化，親臨參觀，許年助買書費一千元，四年始停，各界餽書日夥，因之藏書益多，過十萬卷，繼而賴為港大籌款南洋，得戴氏紫汀，捐資以刊書目，成兩巨帙，印出千本，致送海內外文化機關，又陳氏棉生，捐款造玻璃書橱數十具，俾書籍久藏不壞，且極美觀矣。

當港中某圖書館成立，董事中有欲併合為一者，衆以書籍重複者多，且閱書手續有殊，多不贊成，因是幷定決本書樓以後為獨立性質，不容歸併其他團体，其後賴公逝去，衆舉朱聘三繼主席，李海東遊滬，舉李壽南為司庫，司理仍舊，其時藏書又激增，續成書目，方擬付梓，值倭變，同人星散，其書為敵人移處他處，收其樓為公地，器物毀壞一空。光復後，屋歸書還，衆謀復興，但經濟拮据，而舊日董事，大半凋零，乃議舉新董事二十餘人，捐資以助復興，合舊董事，群策群力，廢主席制，舉常務董事七人，諸事刷新，定於本年一月二十日，重行開放，幷定舊歷新年後，復星期講學之制，除原日岑俞外，復延唐恩溥天如，李景康鳳坡兩先生，合四人循環主講，幷特將本樓新舊仝人姓名，發刊成錄，特附陳其疇昔經過，以至今日情形，稍敘一二，所望港中各界熱心文化者，繼續送出藏書，或佽助物資經費，以維特此樓於不敝，企望之至，抑尤有進者，本樓成立廿七年，積年累月，其藏書超出原刊書目，幾二百餘種，合三萬餘卷，司事者曾撮成續目，遭亂失去，茲擬重將新舊所藏者合刊一書，以臻完善，而經費浩大，非衆擎莫舉，倘各界能注力於此，熱心贊助，如觀厥成，尤拜嘉焉，謹識

三十七年二月（丁亥歲十二月記）

學海書樓董事一覽表

常務董事

梁季典　李海東　雷蔭孫　楊箸輝
李景康　黃錫祺　俞叔文

董事

王展頌　朱偉持　江筱侶　江貽蓀　江孔殷　李亦梅　李梓芳　李文祺　李冠春
李雲叙　李翰屏　李俊農　李家仕　李耀祥　李壽南　何曉生　何棣生　何世光
何世奇　何理甫　宋學鵬　林鳳生　林厚德　岑光樾　周天湛　周壽臣　招文卿
洪渭剑　洪子榮　范公儕　胡恒錦　梁天一　梁法天　容子靜　容兆坤　唐天如
郭献文　郭佩璋　郭　贊　許庇穀　高卓雄　高寶森　張公勇　陳鑑波　陳伯益
陳承寬　陳仲池　馮毅菴　馮子英　馮秉華　馮秉芬　陸吟舫　陸啟興　黃培初
曹善允　莫幹生　傅金城　葉恭綽　趙耀華　趙聿修　趙君慈　蔡耀公　蔡[illegible]
蔣康侯　鄧肇堅　盧湘父　鍾仲芍　謝家寶　簡織南　簡　文　闕竹林　羅[illegible]林

〈誌學海書樓之原起及今後之展望〉，1948 年 2 月（影本由賴恬昌教授提供）

敬啟者：學海書樓乃本港最具歷史與民望之不媒利文教組織之一，創立於癸亥（一九二三）年。蓋前清翰林賴際熙太史與紳商何東、郭春秧、馮平山、利希慎諸先生所發起者也。時值鼎革之初，香港開埠未久，中華文化之根基高遠，西而風東漸已盛，患民情之失淳厚，處國故之蘄根苗，乃遵沅元學海堂之遺規，於半山之般含道聚書講學，宏揚教化。當時島中之大儒碩彥，殷商名流，莫不聞風響應；或參與講授，或捐資襄助，蔚極一時。為本港歷史所少見。此後數十年間，就聘於本書樓之講師達七十餘人，或捐貲襄助，或較前愈益隆。書樓每週之例行公開講座，鮮有間斷，既不改費，又印贈講義，故各界人士之來聽課研習者，日有增加。復借得政府協助，得以長期借用香港大會堂演講廳，以配合新時代之需要，遂與城市大學、香港中文大學等籌辦各種國學專修文憑課程，故雜，傳統益易失墮。昔日之文教服務，已感不足。同人等有見及此，思欲改弦更張，以圖盡其歷年積存。於年初購置九龍尖沙咀星光行一四零五室為書樓永久會址，以為講學研習之所。而所藏三萬餘冊之善本圖書，復得新落成之中央圖書館關室長期度藏，供眾閱覽。行見前賢八十年來締造之基業，將光大於廿一世紀矣。同人感念先賢締造盛舉之志業，乃關係國家民族之興衰。故除由內部董事合力捐輸外，並向各界顎請熱心資助，共襄發揚傳統文化之盛舉。素仰台端為公好義，熱愛中華文化，謹陳本書樓之沿革與旨趣如上。倘蒙不棄，慷慨捐輸，嘉惠學子，造福文教，厥功之偉，斯又可與前修先後輝映矣。

此致

先生台鑒

庚辰（二〇〇〇）年夏

香港學海書樓主席杜祖貽暨全體董事同敬啟

學海書樓現任董事

名譽會長：馮秉芬爵士、利榮森博士

顧問：何耀光先生、胡文瀚先生、許晉封先生

主席：杜祖貽先生

董事：伍步剛先生、何文匯先生、何竹平先生、何沛雄先生、何家樹先生、沈東強先生、香國樑先生、馬國權先生、陳紹南先生、陳維樑先生、許晉義先生、黃振明先生、常宗豪先生、莫華釗先生、黎時煖先生、賴恬昌先生（排名依姓氏筆劃為序）

免費公開講座

● 逢星期三：下午五時二十分至六時五十分，在灣仔駱克道市政局公共圖書館舉行
● 逢星期五：下午六時至七時三十分，在九龍油麻地市政局公共圖書館舉行
● 逢星期六：下午二時十五分至三時四十五分，在九龍城市政局公共圖書館舉行
● 逢星期日：下午二時十五分至三時四十五分，在香港中環大會堂高座八樓演奏廳舉行

國學文憑課程

● 由二〇〇〇年秋季學期開始，本書樓將與香港城市大學合辦國學專修文憑課程
● 由二〇〇〇年秋季學期開始，本書樓將與香港中文大學合辦文史教學文憑課程

學海書樓新址（歡迎各界人士約時參觀）

● 地址：九龍尖沙咀星光行一四〇五室。電話：二三七五五一〇六

學海書樓籌募經費啟事（2000年）

蔡德允女士教學及研究基金贊助

經典與文化

講壇 2014——香江傳承三部曲

策劃及主持：劉楚華教授　　語言：粵語

3月8日

講題：香港開埠以來華文學術研究及其發展
講者：**李金強教授** 香港浸會大學歷史系教授
日期：2014 年 3 月 8 日
時間：下午 2:00 — 3:30
地點：香港浸會大學逸夫校園郭鍾寶芬女士康體文娛中心
　　　二樓劉佐德伉儷多用途會堂（SCC 2/F）

講題：十九世紀香港的漢學
講者：**黃文江博士** 香港浸會大學歷史系副教授
日期：2014 年 3 月 8 日
時間：下午 3:45 — 5:15
地點：香港浸會大學逸夫校園郭鍾寶芬女士康體文娛中心
　　　二樓劉佐德伉儷多用途會堂（SCC 2/F）

3月15日

分享座談會
講者：**賴恬昌教授** 學海書樓前主席
　　　陳紹南先生 學海書樓主席
日期：2014 年 3 月 15 日
時間：下午 2:00 — 3:30
地點：香港浸會大學逸夫校園郭鍾寶芬女士康體文娛中心
　　　二樓劉佐德伉儷多用途會堂（SCC 2/F）

講題：國學南移：香港學海書樓的發展
講者：**區志堅博士** 香港樹仁大學歷史學系助理教授、
　　　歷史教學支援及研究中心副主任
日期：2014 年 3 月 15 日
時間：下午 3:45 — 5:15
地點：香港浸會大學逸夫校園郭鍾寶芬女士康體文娛中心
　　　二樓劉佐德伉儷多用途會堂（SCC 2/F）

3月22日

講題：傳薪海隅、自植靈根：
　　　新儒學在香江的新一頁
講者：**翟志成教授** 香港理工大學中國文化學系教授
日期：2014 年 3 月 22 日
時間：下午 2:00 — 3:30
地點：新亞研究所圖亭教室
　　　（九龍土瓜灣農圃道 6 號新亞中學內，入口在合一道
　　　近天光道交界）

講題：香港出版發展與文化傳承
講者：**陳萬雄博士** 聯合出版（集團）有限公司前總裁
日期：2014 年 3 月 22 日
時間：下午 3:45 — 5:15
地點：新亞研究所圖亭教室
　　　（九龍土瓜灣農圃道 6 號新亞中學內，入口在合一道
　　　近天光道交界）

 香港浸會大學 HONG KONG BAPTIST UNIVERSITY　　　　蔡德允女士教學及研究基金會　　 新亞研究所 The New Asia Institute of Advanced Chinese Studies　　 中華書局(香港)有限公司 CHUNG HWA BOOK CO., (H.K.)LTD.

主辦：香港浸會大學中國傳統文化研究中心、
　　　香港浸會大學中國語言文學系、新亞研究所
協辦：中華書局（香港）有限公司

查詢：3411 5124 或
電郵：cccentre@hkbu.edu.hk
網址：http://cch.hkbu.edu.hk

網上報名：

歡迎各界人士參加，費用全免，座位有限，先到先得。

由蔡德允女士教學及研究基金贊助的「經典與文化講壇 2014 —— 香江傳承三部曲」，其中一項演講課題為學海書樓

學海書樓

永遠名譽會長
賴恬昌

主席
馮國培

副主席
脫新範

義務秘書
張倩儀

義務司庫
吳自豪

董事
黎時煖
伍步剛
杜祖貽
何家樹
陳紹南
許晉義
呂元聰
湯偉俠
趙令揚
林健忠
李潤桓
關定生
梁元楚堅
馬桂綿

附收款回執乙份，請簽署後以夾附之回郵信封寄回本書樓。

二零一九年一月三十一日

安祺

博士尊鑒：

荷蒙 擔任二零一八年「中國文化講座系列」講座主持，俾公眾得窺傳統文化之堂奧，使國粹因之承傳發揚。是項活動得以順利推行，端賴 閣下傾力相助，書樓特此修函致謝。隨函附上支票乙張，共港幣壹仟圓正，忝為薄酬，祈為笑納。日後如有借助之處，亦請鼎力支持為盼。尚此。敬頌

香港學海書樓主席馮國培

馮國培 敬啟

Hok Hoi Library　Room 1405, Star House, 3 Salisbury Road, Kowloon, Hong Kong.
Tel: (852) 2375 5106; Fax: (852) 2375 5106

香港　九龍　梳利士巴利道　星光行一四〇五室
電話：（八五二）二三七五　五一〇六・傳真：（八五二）二三七五　五一〇六

2019 年學海書樓講座邀請函

貞觀政要講義卷一

賜進士出身都察院左副都御史

南書房行走臣溫肅奉

勅撰

君道第一章

貞觀初太宗謂侍臣曰為君之道必須先存百姓若損百姓以奉其身猶割股以啖腹

腹飽而身斃若安天下必須先正其身未有身正而影曲上理而下亂者也朕每思傷

其身者不在外物皆由嗜欲以成其禍若耽嗜滋味玩悅聲色所欲既多所損亦大既

妨政事又擾生人且復出一非理之言萬姓為之解體怨讟既作離叛亦興朕每思此

不敢縱逸諫議大夫魏徵對曰古者聖哲之主皆亦近取諸身故能遠體諸物昔楚聘

詹何問其理國之要詹何對以修身之術楚王又問理國何如詹何曰未聞身理而國

亂者陛下所明實同古義臣謹按君民一體損下以益上則腹飽而身斃言民當愛也

身正則影不曲上理則下不亂言身之當正也身苟不正則縱嗜欲以戕其生且妨政

溫肅太史《貞觀政要講義》書影

《學海書樓八十年》一書封面

黃山雜詠詩稿

自朝至暮山行

我亦山中人偶作黃山憶朝出攬翠

微日夕餐秀色

宿北海

昨自南海來今日北海宿猴子望

太平縹緲出雲谷 有雲則觀海無雲則望太平

學海書樓李潤桓教授書法

上堂碧松煙，夷陵丹砂末蘭麝。
凝珍墨精光，乃堪掇黃頭奴。
雙鴉鬢錦囊，養之懷袖間。
今日贈予蘭亭去，興來筆灑
會稽山　李太白酬張司馬贈墨　賴恬昌書

賴恬昌教授書李太白〈酬張司馬贈墨〉

學海書樓師生書法及詩文作品集《學海》（2000年）封面

394

第三十三卷 第十期 ｜三月號｜
二〇一八年三月一日出刊‧一九八五年六月一日創刊

THE WORLD OF
CHINESE LANGUAGE
AND LITERATURE

跨越三十週年‧中文學人的共同資產

榮獲2016年臺灣最具影響力學術資源評選

國文天地

發掘中華文化‧普及文史知識‧輔助國文教學

香港學海書樓專輯

ISSN 1015-9975
NT$140

《國文天地》第 394 期學海書樓專輯封面（2018）

梁 元 生 序

　　香港學海書樓，創立於 1923 年，至今剛滿百年。藉此百年大慶
之際，主席馮國培教授建議重編會史，以記先賢，以廣文教。囑余向
北山堂基金申請研究資助，得聘博士後研究員及兼職助理數名，釐定
架構，搜集資料，經歷三年，終而成稿，以賀書樓百年大慶。

　　一百年前學海書樓由前清遺老、南來學者賴際熙、陳伯陶、朱
汝珍、區大典、區大原等以弘揚傳統、推廣文教為職志，建立學海書
樓，傳經講學，收集群書；又舉行詩詞文會、書畫雅集。一時香江文
教丕振，鴻儒輩出，把一向重利的商業都會及買辦之城，轉化為南方
的國學重鎮。學海群賢不單有振人心、保國粹，移風易俗之功，也開
香港大學研經習史、中國研究之先河。故學海書樓之發展，於香港之
社會文化、大學教育、學術研究，皆有其密切的關係。回眸百年，反
思歷史，期盼中華文化生生不息，經典教育浴火重生，賦予香港這個
商業城市文化之魂，繼續踏上另一個百年的新征程。

　　本書付梓在即，謹撮數言，是為序！

梁元生

香港中文大學歷史系榮休教授

學海書樓董事

2023 年 5 月

馮國培序

作為香港的一個社團及文化團體，學海書樓自創立以來，一直致力繼承和發揚中國傳統文化，尤其是對儒家經典的闡析和普教，貢獻至大。先賢如賴際熙、陳伯陶、溫肅等太史，開創定期講學之風氣，為這個商業城市注入一股儒家道德清泉；後者如李景康、溫中行、陳湛銓、蘇文擢等諸先生秉承先賢遺志，發揚講學傳統，使一般大眾亦能略沾堂奧，得聞聖道。而書樓又搜購古籍，以供市民借閱，對傳統文化之保存與繼承，功莫大焉！

香港學海書樓創立於 1923 年，今年迎來百年大慶。為了慶祝一百周年，書樓舉辦了多項文化活動，包括一連串的學術文化講座、專題討論、出版專著、學術會議，歷史展覽，以及百周年慶祝宴會等。其中一個重要專案，就是出版《學海書樓與香江國學——中國傳統文化在香港的傳承與革新》專著。這項目由梁元生教授負責，並獲北山堂基金慷慨資助，在香港中文大學中國文化研究所設立博士後研究員職位，為期兩年，協助梁教授搜集資料。是書能夠完成，全賴梁元生教授憚心勞神，前後期的撰寫和校正工作，又得曹璇、姜本末及區志堅三位博士用心跟進和補充資料；稿成又蒙中華書局（香港）有限公司在出版方面多方協助，謹此致謝。

最後，謹以此書之出版紀念百年前創會先賢，特別是服務經年、貢獻良多的兩位前任主席陳紹南先生和賴恬昌先生。

馮國培

學海書樓主席

2023 年 5 月

前 言

香港學海書樓創辦於 1923 年，至今剛滿一百周年。書樓以傳承中國傳統文化，推廣經史之學、普及文教和保存古籍圖書為宗旨，百年來口傳筆耕，貢獻良多。學海書樓應屆會長馮國培與董事梁元生擬藉慶祝百年大慶之際，對書樓歷史重新梳理，且以「北學南傳：學海書樓與香江國學」為題向香港北山堂基金申請資助，兩年來得聘博士後研究員曹璇博士及姜本末博士搜集資料和撰寫初稿，此乃本書出版之緣由和背景。

本書以學海書樓之歷史為主軸，帶出傳統中華文化在香港這個長期受英國殖民統治而又以商業掛帥的城市如何傳承和發展的問題。當中不但牽涉到書樓的領導層及人事變遷，也看到社會領袖及政府官員，乃至大眾對傳統中華文化和儒家經典教育的態度和變化，換言之，學海書樓的歷史是構成香港社會史和文化史的一個重要篇章。

學海書樓創立於 1923 年，但其工作早在二十世紀初已經開展，尤其在清末廢除科舉考試之後，不少翰林學子不存在為官入仕的想法，而以保存國學為志。清朝覆亡後，更有清朝遺老不仕新朝，南遁香島，託庇英殖民統治之下，但難忘國粹，心存經史，形成了早期書樓的核心階層。這批精英士子出現之前，香港社會是如何對待傳統中國文化的？學海書樓的出現，又帶來了怎樣的變化？我們感到要了解這個問題，必先了解學海書樓創辦前香港華人社會對傳統教育的態度和狀況，因此在進入學海書樓歷史敘述之前，我們多加了一章：基礎教育的變遷，包括香港的傳統學塾與蒙學教育、香港基礎教育體系的變化等，闡述香港早期私塾、書院書室、中國文化在香港逐步多元化和改變的狀況等方面，以作為學海書樓創辦前的背景敘述。

「開蒙之學」即社會之基礎教育。在中國逾千年歷史中，儒家文

化的浸濡和影響極其深遠，香港雖位處南端海隅，也一直在儒家文化蔭罩之下，人們的生活禮儀、風俗習慣、家國觀念和倫理價值，都深受儒家文化影響。雖然在鴉片戰爭後受到英國殖民政權統治，商業漸盛，逐利者眾，風氣丕變，儼然成為商業之都，但一般民眾，甚至富商巨賈，嚮慕儒學及傳統中華文化者仍大不乏人，故在家邀請夫子專教，或在私塾和宗祠設書院義學教授儒家經典，也屢見不鮮。此為二十世紀之前華人社會的一般狀況。殖民政府管治下所設立的官立學校和教會學校，也有中文課程，部分教師是科舉儒生出身。本書先就上述情況作一闡述，作為學海書樓之前傳統文化在香港傳播的背景篇章。

　　從第二章開始，我們分幾個階段集中敘述和分析學海書樓的歷史。首先是「北學南傳」，即清朝遺老南下香港創立書樓的首個階段。這批遺老都是飽讀經書的翰林學士，也曾在清政府為官。科舉廢，清覆亡，他們避居香海，講學傳薪。其中最為人熟悉的有賴際熙、陳伯陶、朱汝珍、區大典、區大原等人。本書除了介紹這批博學鴻儒，也探討推動國學和支持書樓的一批香港「儒商」，包括馮平山、利希慎、何東等諸人，分析他們作為買辦商人和華人社會領袖卻關心傳統文化的動機和原因。

　　學海書樓的活動甚多，尤其重要的是講學、藏書和雅聚。講學每週二至三次，以經史為題，至今仍然繼續舉行，講題則擴大到中國文化的各個方面；初期藏書以古籍為主，尤其是嶺南舊著，後來也包括書樓名宿的著作，共數萬種，現今永久借存於香港中央圖書館中；至於文人雅聚，或吟詩作對，或書法繪畫，繼承了傳統士人社會酬唱之習，為香港社會帶來傳統文化的復興氣象和文藝積累。「五四」新文化運動期間，書樓的活動尤為突出，因為中國各地皆捲入「西學」和「新學」的浪潮之中，視「國學」和傳統文化為守舊及不合時宜，因而學海群賢在香江的努力，就顯得更難能可貴了。經過他們的推動，也得到港督金文泰的支持，儒家經典教育不但逐漸為社會重視，

也進入大學學府的殿堂。香港大學中文系及中文學院的成立，與學海書樓的成員息息相關。香港大學中文系初期的教員，也都來自學海書樓，如賴際熙和陳伯陶，他們對在港的儒學傳承貢獻很大，但方法上沿自清代樸學，以考證、析義為主。直到後來新亞書院的新儒學興起，才對學海的傳統有了重大的革新和改變。本書後半的兩章，主要闡述學海書樓這個傳統的承傳和改變。

回眸百年，學海書樓在香港歷史應作何解析？本書為讀者提供幾個多元的角度 —— 香港史的角度、儒學史的角度、教育史的角度和文化史的角度 —— 回顧和思考。在書樓進入另一個百年時，它所扮演的角色和發揮的社會作用將有怎樣的轉變？

目 錄

第一章

基礎教育的變遷

中國傳統教育中，兒童進入私塾接受教育，讀書識字，開蒙除蔽，使人得到啟蒙的學問和傳承系統，我們稱為「開蒙之學」。蒙學影響着廣大民眾的認知以及政府對於中國傳統學問的態度，而教育在文化傳承中又扮演著重要角色。開埠以來，傳統蒙學在香港產生的一系列變化，以及與新式基礎教育的關係，是香港近代以來傳統教育與傳統文化研究與發展的重要一環。[1] 本章旨在梳理香江蒙學的變遷過程，為國學的發展勾勒出一個整體面貌，並為學海書樓乃至香港國學的發展和變化作歷史鋪墊。

一、香港傳統學塾與蒙學教育

1. 被殖民統治前香港學塾的基本情況

中國傳統的教育機構分為官學與民辦學塾。官學包括中央官學和地方官學。民辦學塾中，程度較高、規模較大的稱為書院；稍欠程度和規模的，稱為私塾、家塾、書館或義學等。學塾提供蒙學啟蒙、培養學生進入官學系統、應對科舉考試。香港地區的教育機構屬於民辦學塾的性質。就其辦理的性質，香港塾館大概可以分為三種：一種是一家一姓或一族一姓開辦的塾館，如大埔頭村的允升家塾、南涌村

1　馮國培，〈序言〉，余少華等著，《承前啟後——中國文化講座彙編》（香港：學海書樓，2018），頁 iv；梁元生，〈香港中文大學文學院院長致辭〉，程中山、陳煒舜主編，《風雅傳承——民初以來舊體文學論集》（香港：香港中文大學中國語言及文學系，2017），頁 xviii。

李族的靜觀家塾；一種是團體開辦的塾館，如街坊團體設立的街坊義
學；還有一種，有學問和聲譽的塾師也會自行開設塾館，自由講學設
帳收徒。[2]

　　英國佔領香港前，香港島、九龍和新界地區都設有傳統私塾，
其中又以新界地區最為發達。[3]《香港中文教育發展史》的作者王齊樂
於 1970 年初逐一探訪清代遺留下來的學社，地區分佈甚廣，北起沙
頭角，南至九龍城。路線依循為錦田 ── 大埔 ── 上水 ── 沙頭
角 ── 新田 ── 龍躍頭 ── 九華徑 ── 九龍城，共尋得 25 所舊書
室和遺跡。[4]此後吳倫霓霞於 1980 年在新界又找到 20 多所，並指出至
少新界具規模的書室就有五十多家。[5]何惠儀，游子安則認為新界學
塾有六十多所。[6]

　　新界地區私塾教育的發達，與當地宗族的發展有密切的關係。
新界地區自北宋至元末有鄧、侯、彭、廖、文五姓遷入，形成聚居當
地的五大氏族（見下表）。[7]明代又相繼有溫、朱、袁、黎、徐、胡、

2　王齊樂，《香港中文教育發展史》（香港：波文書局，1983），頁 199。新界名紳翁仕
　　朝除了推動新界鄉土教育外，更弘揚香港新界一地中國傳統文化教育，不遺餘力，有
　　關翁仕朝對西貢一地教化的推動，參見李光雄，《近代村儒社會職能的變化 ── 翁仕
　　朝（1874-1944）個案研究》（香港：香港中文大學歷史學系博士論文，1996〔未刊稿〕），
　　頁 85-94；〈近代村儒社會職能的演變：翁仕朝的教育和醫療事業〉，載《香港社會與
　　文化史論集》，頁 75-96。

3　方駿、熊賢君主編，《香港教育通史》（香港：齡記出版有限公司，2008），頁 26-27。

4　王齊樂，《香港中文教育發展史》，頁 47。

5　吳倫霓霞，〈教育的回顧（上篇）〉，王賡武，《香港史新編》（香港：三聯書店，
　　1997），下冊，頁 419。

6　何惠儀、游子安，《教不倦：新界傳統教育的蛻變》（香港：區域市政局，1996），頁
　　16。

7　周佳榮，《香港通史：遠古至清代》（香港：三聯書店，2017），頁 120。五大氏族又
　　常稱五大家族或五大族，相關研究及介紹另見 Maurice Freedman, Lineage Organization
　　in Southeastern China (London: University of London, Athlone Press, 1958); David Faure,
　　The Structure of Chinese Rural Society : Lineage and Village in the Eastern New Territories,
　　Hong Kong (Hong Kong : Oxford University Press, 1986); 蕭國健，《香港新界之歷史文化》
　　（香港：顯朝書室，2011）。

陳、謝等氏族遷入。清代則有新界沙頭角禾坑村的客家人李姓等遷
入。這些氏族族群，建立圍村、開辦墟市，促進貿易。家族的興衰榮
辱離不開子弟教育，愈繁盛的家族愈重視教育，其中以五大氏族最為
突出。

家族	各族始祖	遷入時期	遷居地點
鄧氏	鄧漢黻	北宋開寶六年	岑田（今錦田）
侯氏	侯五郎	北宋	上水
彭氏	彭桂公	南宋	粉嶺龍山
廖氏	廖仲傑	元朝末年	上水雙魚河
文氏	文孟常	元朝末年	大埔

　　據目前史料可考最早的香港民辦學塾，是由鄧符創立的。據說
鄧符也是香港的第一位進士，他於宋徽宗崇寧年間（1102-1106 年）
罷官後移居到當時隸屬於東莞縣的錦田村，在當地桂角山下興建了力
瀛書院。力瀛書院的建設有一定規模，當中建有書樓、客館、書田和
橋樑，除讀書講學外，還資養四方來學的士子。該書院直到清朝嘉慶
二十四年（1819 年）刊印《新安縣志》時仍然「基址尚存」。[8] 清初
政府為應付守據廈門、金門的鄭成功人馬，於順治十八年施行遷海計
劃，康熙元年（1662 年）嚴厲執行。將東南沿海邊界，濱海五十里
的人民盡數遷入內地，以切斷鄭成功的人馬口糧。該計劃範圍甚廣，
涉及福建、廣東、浙江、江蘇、山東各省。當今香港地域為昔日新安
縣南部，盡在被遷範圍。所有居民必須強制搬遷，若有違者軍法處
死，城廓房屋盡毀，民間不便搬運之物盡焚，遷後重返亦為死罪。破
壞之大，損失之慘重，生靈塗炭，苦不堪言。這場浩劫持續了七年之
久，直至康熙八年（1669 年）才准許人民歸返鄉途。這場大破壞將

8　　王崇熙，《新安縣志》（上海：上海書店影印嘉慶二十四年本，2003），卷四，〈山水
　　略〉：「桂角山在縣東南四十裏，宋鄧符協築力瀛書院，講學於其下，今基址尚存。」

學舍、文物、樓宇盡毀，不僅力瀛書院，香港地區建於清代以前的書院幾乎無跡可尋。[9]

　　錦田地方百姓返鄉之後，為紀念曾上疏奏請清廷准許沿海五省居民返鄉的兩廣總督周有德、廣東巡撫王來任二人，於康熙二十三年（1684 年）興建了周王二公書院，用於培育子弟、族人聚會。[10] 鄧氏族人又於錦田水頭村供奉文武二帝，興建二帝書院。二帝書院是錦田地區程度最高的一所學府，常有各地飽學之士前來講學。[11] 錦田的另一學塾泝流園為鄧權軒於乾隆七年（1742 年）建立。[12] 鄧氏家族的另一支在新界的坪山地區建有四所書室：修建於坑尾村的若虛書室（明末清初）和覲廷書室（1870 年），坑頭村的五桂書室（1822 年）以及鄧均石秀才建於塘坊村的述卿書室（1874 年）。[13] 其他地區由鄧氏家族建造的書室，包括新界龍躍頭新屋村的善述書室（1840 年），鄧萬鍾建於元朗夏村新圍的友善書室（1830 年），八鄉橫台山的蘭芳書室、八鄉上村的植桂書室、八鄉新田村的大紀家塾、十八鄉的兆元書室、龍田書室等。位於大埔頭的敬羅家塾是該村鄧氏家族的宗祠和家塾，除了教學以外，更是族人聚會之地，1953 年前曾作為啟智學校的校舍。[14]

　　除了鄧氏之外，其他四大氏族也在多處興建學塾。文氏族人於大埔泰亨村建立善慶書室、正倫書室及叢桂書室，另有中心圍的藝浣堂。彭氏於南宋末年由江西宜春遷至粉嶺一帶，於該地區建立若干書室，其中比較知名的有思德書室。廖氏在元代自福建遷至新界上水定

9　屈大均，《廣東新語》，卷二，〈地語・遷海〉（香港：中華書局，1985），頁 57-58。

10　王齊樂，《香港中文教育發展史》，頁 26。

11　香港古物古蹟辦事處，《二帝書院》（香港：古物古蹟辦事處，2001），頁 1。

12　馮志明，《元朗文物古跡概覽》（香港：元朗區議會編印，1996），頁 68。

13　同上注，頁 55-58，77，參見鄧昌宇、彭淑敏、區志堅、林皓賢編著，《屏山故事》（香港：中華書局，2012），頁 48-97。

14　方駿、熊賢君主編，《香港教育通史》，頁 28。

居，有大圍村內為紀念廖應鳳而設的應鳳廖公家塾（1828 年）、圖南書室，蒲上村為紀念廖應龍而設的應龍廖公家塾（1838 年）、紀念廖允升而設的允升家塾（1861 年）。

其他氏族設立的書塾，有碗窰村的文瀾書室、坪朗的六德書室、赤徑的寶田家塾等，其中不乏培養成績斐然的學子，吸引大量周邊學生就讀的學塾，如李氏族人於新界沙頭角禾坑村建立的鏡蓉書屋，1986 年前用作鄉村鏡蓉學校。再如沙頭角南涌村的靜觀家塾，直到 1960 年南涌學校新校舍建成前都在使用。

除專門用作教育用途的書室、書塾，很多平日作祭祀、儀軌事宜的公共場所，如祠堂、廟宇等建築也會用作蒙學教育的場所。

建基於宗法制度的祠堂（又稱家廟、公廳、祖堂）本身就有宣傳和教育本祖子侄參與到宗法制度系統的性質。除了供奉和祭祀祖先，祠堂也是進行家族宣傳、執行家法、議事宴飲，舉辦族內子孫婚喪嫁娶等活動的公共場所，而延請老師在祠堂廟宇內傳授蒙學也是祠堂的功能之一。如廖氏家族於新界上水的廖萬石堂（1751 年）是上水廖氏最大的祠堂，亦是上水最古老的學塾。文氏家族在元朗新田番田村建立的麟峰文公祠，約建於十七世紀末。建築亦是三進兩院的結構，前進屏門上懸有「吐書堂」匾額。元朗屏山愈喬二公祠是各村子弟讀書之所，1931 至 1961 年在此開辦達德學校。元朗夏村的鄧氏宗祠，又名友恭堂（1750 年），經歷過多次修葺，祠內具歷史價值的建築和文物至今保存完好。與祠堂鄰接的是禮賓樓和友恭學校，1924 年前已經建成，共同構成了一簇獨特的歷史建築群。友恭學校位於鄧氏宗祠的後方，校舍以青磚築砌，前方有露天操場。鄧氏宗祠的部分地方和禮賓樓也曾用作課室和教師宿舍。[15]

在廟宇中開設蒙學教育，則有明代推廣「社學」所帶來的影響。

15　周佳榮，《香港通史：遠古至清代》，頁 150-151。

「社學」，即推動民間教育子第的一種學制。洪武七年（1347 年）昭告天下成立社學。弘治十七年（1504 年）令府州縣各立社學，凡民間幼童十五歲以下，遷入讀書，以發展民間教育。嘉靖元年（1522年），提調官魏校倡議將神祠廟宇改建為社學。[16] 香港成為崇拜天后神靈信仰，是較早由福建傳入的地區之一，[17] 建有大量天后廟，遍佈香港島、九龍、新界和離島，不少除了祭祀之外兼有教育職能，如油麻地天后古廟（1876 年）建築群共有五座建築，其中兩座曾辦書塾。[18] 其他廟宇如大埔文武二帝廟，西貢滘西洲洪聖古廟，元朗坑頭村楊侯古廟，坑尾村洪聖宮，夏村楊侯宮，橫洲二聖宮，屏山達德公所等，都具有類似職能。

　　由此可見，在英國佔領香港地區前，香江一地的書院已具有一定規模和數量，自然產生不少科第人才。1978 至 1986 年間，香港中文大學「香港碑銘研究組」的學者們在新界各地的祠堂等處，一共錄得超過一百面表彰族人考獲科舉功名的區額。[19] 綜合各種資料估算，康熙至同治二百年間，香港地區就產生了一名進士、二十名文武舉人、一百多名貢生及一百五十名左右生員。[20]

2. 傳統的開蒙傳授

　　香港地區學塾的教授方式、教學方式和教學內容在 1845 年前基本保持着中國傳統的辦學特色。

　　就學童的情況來說，家境比較富裕的學童七歲左右入學，直到

16　王崇熙：《新安縣志》，卷九，〈經政略二・書院〉。

17　關於香港一地的天后信仰，一為來自福建，一為來自香港本地的漁民傳說故事，參見謝永昌，《香港天后廟探究》（香港：中華文教交流服務中心，2006）一書。

18　周佳榮，《香港通史：遠古至清代》，頁 142-160。

19　方駿、熊賢君主編，《香港教育通史》，頁 36。

20　這些數字是吳倫霓霞根據《新安縣志》、祠堂碑區、族譜以及碑文記錄計算出來的，參見吳倫霓霞，〈教育的回顧（上篇）〉，王賡武主編，《香港史新編》，下冊，頁 419。

十四五歲，有意考取功名者再前往縣城求學。清貧者推後兩三年入學，學習數月至三年左右，基本識字後便離開學塾進行務農或做工。太貧困的家庭，還可倚靠祖宗祠堂指定用作教育基金的祖田，如新界某些村莊的前代先人立下石碑，要求後輩保障部分祖田作為「學田」，為全村男孩提供教育，[21] 十九世紀新界地區約有三分之二男性曾入讀學塾。[22] 由於中國傳統觀念的影響，學塾中的學生基本都是男童，只有比較富裕又重視教育的家庭，小部分女童才能夠獲得家中學習的機會。

早期香港的書塾老師多由科場失意的讀書人擔任，例如秀才或者童生，像荃灣翠屏書室的塾師秀才鄧元傑，鏡蓉書屋的塾師秀才李元培、李道時等。香港的塾師多從廣東各地聘請過來，資格沒有很高的標準，故學問與教授水平良莠不齊。有些塾師一邊教書一邊準備科舉考試。[23] 塾師收入不高，有些私塾規模不大，僅有十名學生左右，一般以物贈老師的方式替代學費：每位學生每月送私塾老師三十枚銅錢、四斤大米，每年過節送雞蛋、水果或者雞鴨。[24] 在與村民的關係上，塾師很受村民敬重，生活也常常受到照顧，尤其是出自本地或者附近的塾師，與村民的關係更為密切。

學童由父親或其他長輩引入學塾之後，需參與入學儀式才可就學，也就是我們俗稱的「拜師」。王齊樂先生所著的《香港中文教育發展史》中摘有一段學童入私塾的儀式內容，該段內容由何文

21　陸鴻基，《從榕樹下到電腦前：香港教育的故事》（香港：進一步多媒體有限公司，2003），頁 23。

22　Ng Lun Ngai-ha, "Village Education in the New Territories Region under the Ch'ing." in David Faure et al. eds., *From Village to City: Studies in the Traditional Roots of Hong Kong Society* (Hong Kong: Centre of Asian Studies, University of Hong Kong, 1984), pp. 116-117.

23　吳倫霓霞，〈教育的回顧（上篇）〉，王賡武主編，《香港史新編》（下冊），頁 421-423。

24　余繩武、劉存寬主編，《十九世紀的香港》（香港：麒麟書業有限公司，1996），頁 267。

樂先生於 1971 年 3 月 11 日口述（何先生早年授業於陳子褒老師門下）：[25]

（1）孔聖像前燃香燭；

（2）老師帶領學童，叩拜塾內的孔子像；

（3）老師硃砂點學童額頭，象徵啟蒙；

（4）取糯米糕放書枱座椅，隔紙讓學童坐下，示意學童要不離座椅，奮力讀書；

（5）老師取《三字經》叫學生朗讀幾句後握着學童的手寫一頁紅硃字：「上大人孔乙己化三千七十士」，此謂「描紅」。

（6）老師向學童祝頌後儀式完成，分生果餅食給同學和親友。

（7）學童提着點燃並寫有「吉星拱照」四個字的燈籠回家。

二帝書院的啟蒙儀式稍微有些變化：兒童入學需頭蒙綠布，由父親背到書院內文物二帝像前，奉水果燃香燭，跪拜之後掀起綠布象徵啟蒙。[26]

教授方式上，規模較小的學塾只有一位老師，規模大一些的學塾會為主教老師配有一兩名助教。教室的陳設和用具包括教師用作鎮紙和懲戒學生用的誡方、書桌、小黑板、書本筆墨等。學生用具如書桌、板凳、文具和課本一般由學生自己準備。學童剛入學時，比較注重讀和寫，有些書塾亦開設珠算課程。學生反覆背誦抄寫，直到將內

25　王齊樂，《香港中文教育發展史》，頁 193-194。

26　何惠儀、游子安，《教不倦：新界傳統教育的蛻變》，頁 45。

容銘記於心。上課時間，除了早餐與中餐外，便是連續學習，程度稍高的學生，塾師會為其解讀義理內容。每位學生須分別朗讀和背誦自己所學過的功課，故沒有班級的界限。書塾在管理方面比較鬆散，學生入學沒有嚴格規定，同一學塾中就包括 6 至 18 歲的學童。

關於教學內容，主要是中文經典的背誦和由此闡述孔子和古代聖賢的道理。[27] 經典背誦如《三字經》、《百家姓》、《千字文》、《千家詩》等傳統啟蒙讀物，其中最流行的讀本為《訓蒙幼學詩》，《訓蒙三字經》和《訓蒙千字文》。這類書以紅色作封面，故俗稱為「紅皮書」。《三字經》是中國傳統兒童啟蒙教材，在古代中國經典中，《三字經》是最淺白易懂的讀本之一，它取材典故廣泛，包括中國五千年傳統文化的文學、歷史、哲學、天文地理、人倫義理、忠孝節義等等，內容相當豐富。背誦《三字經》的同時，就可了解常識、傳統國學及歷史故事，以及故事內涵中做人處世的道理。《三字經》的編排採三字一句，二句一韻，便於兒童琅琅上口，其文通俗、順口、易記。《百家姓》是一本關於漢姓的書，成書於北宋初。雖名為百家，實際不止百家。其收錄姓氏共四百一十一個，後增補至五百〇四個。《千字文》原名為《次韻王羲之書千字》，南朝梁（502 年-549 年）周興嗣（470 年-521 年）所作的長篇韻文。它是一篇由一千個不重複的漢字組成的文章。據說是梁武帝取了王羲之寫的一千個字體，令其親人練習書法，後來他覺得雜亂無章，於是又命周興嗣編為一篇文章。《千字文》章句文理一脈相承，層層推進，語言優美，可以說是句句引經，字字用典。如引《論語》、《孝經》、《孟子》、《史記》、《神農本草經》、《易經》、《淮南子》、《詩經》、《尚書》、《韓非子》、《莊子》、《漢書》、《禮記》、《春秋》、《管子》等。《千家詩》原名《分門纂類唐宋時賢千家詩選》，為宋代劉克莊（1187

27　王齊樂，《香港中文教育發展史》，頁 87。

年 -1269 年）為兒童啟蒙所編的讀本。南宋謝枋得（1226 年 -1289 年）
和明代王相有所增刪。現今流行的《千家詩》選詩二百二十三首。
《三字經》、《百家姓》、《千字文》、《千家詩》被列為民間最受歡迎
的蒙書，有「三百千」之稱。[28]

　　在經過蒙學背誦之後，部分學習超過三年且仍有意繼續進修
者，將會學習「四書五經」等儒家經典。「四書」即《論語》、《孟子》、
《大學》和《中庸》，「五經」即《詩經》、《尚書》、《禮記》、《周易》、
《春秋》，簡稱為「詩、書、禮、易、春秋」。除此之外，學生還要熟
讀明清皇帝欽點的朱熹《四書章句集注》。在文法和寫作方面，學生
需懂得創作對聯、詩和八股文。熟讀並掌握以上內容之後，他們便可
逐級（縣、府、省和京師）參加科舉考試，只有前一級考試通過才可
獲得繼續為更高級別考試做準備的資格。[29]

　　表面看來，這種教授方式就是老師要求學生認字後逐一背誦，
更傾向於「強記」而不是「理解」，不大符合一個兒童汲取知識的理
路。然而，這種背誦方式是有一定道理的。其一，背誦本身是一種反
覆的重複和默念，經典中的智慧和道理不大像一般知識的「認知」（認
知知識便是獲得知識），更像一種思考方式和行為準則。背誦只是表
面方法，最終目的是希望通過反覆熟讀和背誦來影響學生的品行、修
養以至明白做人道理和做事準則。其二，一般來說學童幼年的記憶力
要高於理解力，有些道理即使再有學問的塾師講述，學童也不一定能
夠理解。此時如果加強背誦部分，能夠讓學童在最容易背誦的年齡掌
握大量經典，一方面為他們日後繼續理解提供了很好的儲藏背景，另

28　劉鶚著《老殘遊記》第七回載書店掌櫃說：「所有方圓二三百里，學堂裏用的《三》、
　　《百》、《千》、《千》，都是小號裏販得去的，一年要銷上萬本呢。」劉鶚著，嚴薇青
　　注，《老殘遊記》（濟南：齊魯書社，1985），頁 86。
29　余繩武，劉存寬主編，《十九世紀的香港》，頁 267。

一方面可為日後文字的運用和輸出打下很好的根柢。[30]

二、開埠後香港基礎教育體系的變化

自 1841 年 1 月 26 日英軍侵佔香港島，1842 年 8 月 29 日清政府與英國簽訂《南京條約》，1843 年 6 月 26 日《南京條約》換文儀式在香港舉行。英國相繼於 1860 年 10 月 24 日簽訂《中英北京條約》與 1898 年 6 月 9 日簽訂《展拓香港界址專條》，將九龍半島、新界與離島納入殖民統治範圍。此後，香港全部地域正式成為英國海外管治的地方。隨着政府變遷，政治、經濟、社會境況急速變化，香港不斷接受西方文化的衝擊，其中也包括新的教育政策和教育機構對原有教育體系的改造。

1. 開埠初期教育政策的變化

港英政府自 1841 年 1 月 26 日英軍佔領香港島開始，對香港進行殖民統治。1843 年，根據英女王頒發的《英皇制誥》和《皇室訓令》，香港確立了一套政治制度。香港作為英國統治下的中國領土，英國君主是香港的最高統治者，「總督」又稱「港督」，是英國君主在香港的代表，港督下，設立作為決策諮詢機構的議政局（後稱行政局），和作為法律制定諮詢機構的定例局（後稱立法局），另設行政部門、司法部門和軍事部門等，組成系統的政府管理機構，對香港施行管理職權。我們看到在開埠初期的管理機構設置中，沒有管理教育的機構，英國政府在一開始沒有意圖在香港設立「國家教育」，香港

30　參見翟力，〈明清時期蒙學的讀書教學原則〉，《教育史研究》，第 4 卷，第 4 期，2022，頁 108-177；語言學研究中亦有對背誦作為教學法之討論，參見 Diane Larsen-Freeman,"*On the Roles of Repetition in Language Teaching and Learning*", Applied linguistics review 3, no. 2 (2012): 195-210.

政府也是採取一種「穩定政策」對各類教育活動保持不干涉的態度，可以說整體教育政策是自由而放任的。[31] 究其原因，熊賢君在《香港教育通史》中提出以下四點：（1）港英政府在開埠初期主要注意力集中在軍事和經濟方面；（2）英國教育政策自由主義的傳統，向來鼓勵私人或團體興辦學校；（3）開埠初期香港教育落後，教育在宗教的傳播中未見突出；（4）首任港督為軍人出身，對教育興趣不大。[32] 以上四點，除了第三點有待商榷之外，其它原因確實影響了早期香港政府對教育的態度。[33] 另一方面，據 1841 年《香港政府憲報》，港島人口為七千四百五十人，主要為鄉村居民、船上漁民和流動性的勞動工人和小販。除了港島一些原居民外，大多數人都是來島上做苦力工作，以捕魚、打石、築路或做小買賣的單身男人，因為海路危險，加上風災、瘟疫、工具簡陋等問題，來港謀生的人多少存在着危險。在這種情況下，女性成年人與孩童的數量比較少，倚靠當地的蒙學和私塾就完全可以滿足其教育需求。雖然在開埠最初幾年人口翻了幾倍，但是絕大多數還是生活並不舒適的勞苦工人，中上層階級的人仍不願意來到這裏。因而在教育方面，民眾也未有多大需求。

31　方美賢，《香港早期教育發展史（1842-1941）》（香港：中國學社，1975），頁 232。
　　方駿、熊賢君主編，《香港教育通史》，頁 45。

32　方駿、熊賢君主編，《香港教育通史》，頁 46。

33　基督教會隨着英國人佔領香港，便立即開展傳教工作。傳教工作有種非常重要的方法，便是建立教會學校。教會學校以傳播宗教信仰為目的，一方面培訓中國牧師，一方面開展宗教課程傳播教義，廣收教徒。除了少數專門為歐洲學童開設的純英學校外，其餘都是中文、英文並重的。1841 年到 1858 年，香港興辦的教會團體主要有馬理遜教育協會（Morrison Education Society）、美國浸信會（American Baptist Board of Foreign Missions）、倫敦傳道會（London Missionary Society）、美國公理會（Church of England Missionary）、英國聖公會（Church of England Missionary Society）和羅馬天主教會（The Roman Catholic）。但很可惜，當時教會學校的境況欠佳。一方面因為當地居民並不容易接受基督教理念，在對子侄的教育上，還是希望能夠學習傳統經典，所以很多有錢人將學童送回大陸就學，只有貧困兒童才選擇教會學校。另一方面，當時教會學校的學生經常出現在違法事件中，使得教會學校聲譽欠佳。這在大部分人的感官中，均認為外國教育下的中國青年未能養成良好的品格，這對於注重傳統倫理和道德觀念的中國人來說是不能被接受的。參見王齊樂，《香港中文教育發展史》，頁 94-109。

　　然而，港英政府對既有的教育機構也採取一些管理措施。1845年，據華民政務官郭士立陳述，港島有中國傳統學塾八間，分佈在香港仔、維多利亞與赤柱三區。他向政府提議向每間學塾每月資助十元，理雅各博士也提議應設立免費學校招收中國學童就讀。總督爹核士（Sir John F. Davis）轉呈意見給英國政府，但由於英國政府憂慮各宗教教派的爭論和派系妒忌，遲遲沒有批准，一直到1846年，香港方面的請求才得到常務次長史蒂芬爵士的首肯。不過，資助範圍限定在沒有宗教教派爭論，沒有偶像崇拜，資助要求適度，並得到爹核士總督信任的傳統私塾。[34] 總督爹核士共挑了三間書塾，分別位於維多利亞城、赤柱和香港仔。自1847年開始，每間書塾每月接受十元的資助費用；[35] 同期政府任命了一個「教育委員會」（The Education Committee），由香港區主任牧師史丹頓、首席裁判禧利和註冊總署署長英格里斯三人組成，於資助前期負責調查當時香港的傳統書塾情況；[36] 並於正式資助後，負責監督、管理受資助的學塾和管理資助金。[37]

　　傳統書塾收到政府資助後，受資助的學塾在教學內容、方法和管理均開始發生變化。教育委員會試圖通過對塾師的指示，進行一些教學干預和管理工作，例如要求私塾「張貼學童入學條例於公眾」，「探查當地學童入學年齡，勸家長送子女免費就讀」等。教學內容則將原有的「三百千」、「四書五經」等列為「中文書本」，另外一部分課本就是外籍人士翻譯成中文的外國教材。不許塾師令學童強記所學內容，塾師須對課本詳細解釋，需讓學生在了解的基礎上再背誦和書寫方有學習意義。所用教材不能隨意更換，須得到政府批准。[38] 師資

34　方駿、熊賢君主編，《香港教育通史》，頁53。

35　王齊樂，《香港中文教育發展史》，頁89。

36　調查報告書內容見王齊樂，《香港中文教育發展史》，頁89-93。

37　具體管理辦法見王齊樂，《香港中文教育發展史》，頁113；方駿、熊賢君主編，《香港教育通史》，頁55。

38　王齊樂，《香港中文教育發展史》，頁113-114。

方面，政府考察後認為原有的大部分私學塾師未符合資格，於是在
1849 年底將政府資助學塾的全部塾師改為委員會任命的教師。[39] 可以
說，政府的干預改良了師資、環境、教學方法及課程內容。

2. 官立學校的設立與發展

　　1854 年開始，由於太平天國運動的影響，廣東各地如寶安、東
莞、梅縣、潮州、南海、順德、香山等地的人為逃避戰亂，舉家遷入
港島。香港人口，尤其是孩童的數量迅速增加，教育的需求凸顯了
出來。[40] 隨着港島人口數量和教育需求劇增，港英政府迎來新一任港
督，熱心教育發展的鮑寧總督（Sir John Bowring）。鮑寧總督意識到
當時教會學校在華人社群中名聲欠佳，而香港本有的傳統書塾也不可
能迅速承擔如此劇增的教育需求。有思想又沒有偏見的鮑寧總督，主
張加大政府對教育的投入，對現有的教育體系進行革新。教育委員會
對總督提出的意見表示贊同，並提議不再資助其管理下的書館，而是
由政府直接主辦，成為「皇家書館」（Government Schools），以改進
學校的設施和師資，滿足本地對基礎教育的需求。這些「皇家書館」
便是香港歷史上最早的「官立學校」。[41]

　　圍繞「皇家書館」的管理，香港教育行政管理機制也逐漸形
成。1957 年，羅傳列牧師（Rev. W. Lobscheid）成為皇家書館監督
（Inspector of Schools），經過巡視考察各家書館的運作情況，制定出
《皇家書館則例》（*Rules and Regulations for Government Schools*），印發
給各書館並要求付諸施行，這是香港最早的「學校教育條例」。[42]1859
年 9 月，教育委員會委員理雅各博士向新一任港督羅便臣建議改教

39　同上注，頁 116。

40　王齊樂，《香港中文教育發展史》，頁 120。

41　同上注，頁 122。

42　同上注，頁 123。

育委員會為教育諮詢委員會，並於次年正式改組為教育局（Board of Education，亦稱教育董事會）[43]，代表政府協調管理港島各類學校。教育局的成立，標誌着香港教育行政管理機構正式誕生。

　　在鮑寧總督任職期內（1854-1859），每年教育經費增至一千二百英鎊。皇家書館的系統創立後，僅一年的時間，教育委員會管理下的皇家書館就達到十間，學童總數為四百人，1856年學童到達四百二十人，到同年5月，學童數目增加到六百七十五人。[44]1857年，皇家書館達到十三間，出席人數也有很大的改善。1857至1860這幾年也是如此，書館的數目和學童人數大大增加，教育質素也提高不少。以下是皇家書館1847-1860年間的發展情形：[45]

年份	書館數目	學生人數	備註
1847	3		12月6日憲報發表政府資助義學有維多利亞、赤柱和香港仔三間，成立教育委員會以資管理。
1848	3	95	
1849	4		增加黃泥涌資助義學一間
1851	5		增加小香港資助義學一間
1852	5	134	
1854	5	150	教育經費每年125英鎊
1855	10	400	
1856		675	五月份的學生人數
1857	13		羅傳列牧師擔任監督學院職務
1858			維多利亞城皇家書館開始兼收女生
1859	19	937	男生873人，女生64人，教育經費1,200英鎊每年。

43　方駿、熊賢君主編，《香港教育通史》，頁120。

44　王齊樂，《香港中文教育發展史》，頁122。

45　同上注，頁122-123。

　　1860 年，清政府簽訂《北京條約》，將九龍半島南端並歸英屬香港界內，讓港英政府完全控制了維多利亞海港。1898 年，《展拓香港界址專條》簽署完成，租借新界使得香港的發展有了更多的空間。這時香港政治制度逐漸健全，經濟轉口貿易額與日俱增，華商階層迅速崛起，同期中國境內的各項政治事件一方面促使香港人口基數不斷增多，另一方面迫使大量教育人士和知識分子遷往香港。人口階層的多元化和教育需求的增加，以及政治經濟社會的巨變，使得政府進一步調整公眾教育政策。在鮑寧總督大力推行世俗教育的官立學校基礎上，其繼任者羅便臣爵士（Sir Hercules Robinson）沿此路徑繼續改革。於是，在香港教育發展史上具有里程碑意義的《教育革新計劃》便應運而生。

　　《教育革新計劃》由當時主持教育局的理雅各博士（James Legge）擬定，目的是停辦所有位於維多利亞城的皇家書館，將學童集中於一間新的中央書院（Central School），由一位歐籍人士掌院。[46] 該書院在教育諮詢委員會的協助下，能夠監督香港仔和港島各村落的書館。1861 年 3 月 23 日，計劃得到立法局正式通過，批予教育局資金不高於二萬零五百元，購買皇后大道中歌賦街 78 號隸屬美國浸信會的一座大樓。在一系列招商和改建後，1862 年 2 月，中央書院開始接收中環、上環和太平山等書館的學童。[47] 同年 3 月英國人史釗域博士（Frederick Stewart）作為中央書院首任院長兼政府監督學院正式赴港履任。從他對掌院的選擇及書院課程規劃上，能看出理雅各計劃辦理一座以英文為主的書院，但實際情況受到香港社會和需求的影響，教學變為中英文並重。中央書院是當時全港最大的書院，又因有政府背

46　王齊樂，《香港中文教育發展史》，頁 114。

47　Gwenneth Stokes, *Queen's College 1862-1962* (Hong Kong: Standard Press, Ltd., 1962), pp. 16-19.

景，故亦被稱為「國家大書院」。

　　除此之外，港府又設立有筲箕灣皇家書館，掃桿埔學校和西營盤學校等新的官立學校，到 1878 年學校數目增長至三十間，學生達到二千一百零一人。[48] 新創立的政府學校豐富、補充和平衡了傳統書塾教育帶來的一些問題，如新校址選於教育基礎比較薄弱的地方，在一定程度上緩解了香港私塾教育集中導致基礎教育發展不平衡的問題；再如官立女子學校的建立，使女童也能得到社會認可的就學資格。

　　我們知道，傳統書塾大多只收男童，除民間共識「女子無才便是德」外，更重要的是各級科舉考試只對應男性考生，故女子幾乎沒有教育權利，香港也是如此。絕大多數女子只能接受家庭教育，基本讀物如《女兒經》、《女孝經》、《內訓》、《女範》、《女誡》等。皇家書館的建立改變了這種局面。1858 年開始，維多利亞城的皇家書館開始兼收女生。1859 年，政府書館招收女生六十四名，以後有更多政府書館向女童開放。正式專設女子書館，要到 1890 年的官立女子中央書院（Central School for Girls）創立，即後來的庇理羅士書院（Emmanuel Raphael Belilios），亦稱庇理羅士女書院，或庇理羅士女子公立學校。五年間，在校生人數就達到五百三十九人，三百零六名中國女童，二百三十三名其他國籍的女童，發展非常迅速，可見政府書館的創立，對香港女子教育有了質的改變，地位十分重要。[49]

3. 輔助書館計劃與傳統私塾

　　中央書院的開辦和官立學校的創立，花了政府大量財力與精力，因此對於一些小規模的民間私塾，一度維持了任其發展的態度，

48　方駿、熊賢君主編，《香港教育通史》，頁 131。

49　參見方駿、熊賢君主編，《香港教育通史》，頁 147-149；王齊樂，《香港中文教育發展史》，頁 127-128；186-187。

教師和學習內容出當地居民自己選定。這種方式一方面節省了政府的
預算和開支，另一方面也得到香港居民的支持。但在史釗域回訪各鄉
村書館的時候，卻發現了不少問題，例如學童不理解課本內容，師資
拙劣。又如為應付史釗域視察，臨時僱用孩童坐於課室冒充學生；當
地地保威脅村民前往請求任命自己的兒子為教師；更甚者如大潭篤書
館的塾師竟然是一個正在被政府拘控的強盜。[50] 教師的資質問題尚待
解決，教育制度須作改進。當政府意識到問題之後，試圖採取和居民
平分責任，以半任命和半支薪的方式給教師，同時供應校舍，但是結
果並不滿意。

　　在對香港基礎教育進行考察與問題梳理之後，史釗域建議在《科
士達教育法案》（*Forster's Education Act of 1st August 1870*）的基礎上，
針對香港的具體情況制定《補助書館計劃》（*Grant-In-Aid Scheme*），
這項計劃於 1873 年 4 月 24 日獲得立法局批准。接受政府補助的書館
被稱為「輔助義學」（Grant-In-Aid Schools），與政府直接辦理的皇家
書館有所區別。「輔助義學」涵蓋了中文教育的書館、中文教育而有
英文科的書館、西式教育的中文書館、西式教育的任何歐洲語文書
館，以及西式教育的任何歐洲語文，而附有中文科的書館五種私立教
育機構，可見香港原有的傳統私塾書館，也可以申請成為「輔助義
學」，接受政府補助。

　　不過，《補助書館計劃》對申請資格有所要求，包括「公眾認可
的不牟利的初級書館」，「學生人數不低於二十人」，「符合監督學院
視察標準」等。原有傳統私塾的運作方式與申請規則不相應，如許多
傳統私塾中未有設置班級，因此相對西制的學校，能滿足申請條件的
私塾較少，但從整體的香港教育來看，史釗域推行的輔助書館計劃，
確實取得一些進展，無論是書館數目、學童人數還是考試成績等都有

50　王齊樂，《香港中文教育發展史》，頁 158。

顯著提升。中文書館相對於其他書館申請雖然困難，但也有一定的成功率。

三、從「開蒙之學」到「中文教育」

自港英政府對香港教育進行有計劃的改進、引導和發展，香港教育的結構和內容在很短時間迅速發展起來，教育制度開始有官立與私立之分。政府又通過《補助書館計劃》對符合要求的傳統學塾、民間團體義學、教會學校，以及其他社會團體辦理的教育設施進行扶植和資助。傳統學塾不再是香港唯一的教育模式，而依託於傳統科舉系統的「蒙學」在形式之外，內容也因教育政策和香港社會的變化而改變。

1. 官立學校的中文課程

如前所述，設置官立學校是基於推行世俗教育並滿足香港華人社群的教育需要。其中最具代表性的中央書院，於 1862 年初新成立時即作為專門招收中國學生的免費政府學校，雖然對中文教育的發展起到一定作用，但其目的仍是為了英文教育的發展。初時全校分初級漢文班與高級英文班，幾年後分為預備班、低級班和高級班。學童入學時必須中文及格方可進入預備班學習中文，讀完之後，每日上午學習中文四小時，下午自願學習英文四小時，全日均需上課。隨着香港社會對英文人才的需求逐漸增大，以及商界的誘惑，英文教學在中央書院開始成為熱門。1863 年開始，中央書院開始對英文班學童徵收每月五角的學費，到 1865 年，全部學生須繳費入讀，英文科成為必修科目。在最初設置和逐漸演變的過程中，學院將中文設置為學童入學的基本能力，有記錄研習過「四書」方能入學，入後一年專讀「五經」及史傳，學習一年後豁然貫通，方准其學習英語。可見英文位列在中文之上，進入高級班後中文逐漸被忽略。在書院裏，中國傳統的

倫理和文化課程不再受學生重視，以至時人批評學生「失去對父母尊敬」、「謬視中國聖賢」、「中國青年的愚行加上歐人邪惡觀念的表現」。[51]

　　軒尼詩就任港督後，基礎教育「重英輕中」這一點愈發明顯。他提出將中央書院原有的學習時間修改為每天學習英文五小時，中文兩小時半，中文還是選讀而非必修。[52]1881 年，中央書院正式歸入「西式教育的任何歐洲語文而附有中文科的書館」一類。同年 1 月成立考試局，確定中央書院甄別科目亦以英文為首，之後才是漢文和其它科目。[53] 1889 年中央書院擴充後，更名維多利亞書院（Victoria College），1894 年又更名為皇仁書院（Queen's College）。1895 年，皇仁書院有悠久歷史的中文部被取消，只留下供選讀的中文科，直到1904 年書院才「復設漢文」。[54]

　　1904 年 2 月 2 日，在皇仁書院的頒獎典禮中，掌院胡禮博士（Dr. George Henry Bateson Wright）宣佈復設已廢去八年的漢文部，並加聘漢文教習五位，以開講漢文課程。加聘的五位教習都經過挑選後聘定，被認為品學兼優，為後學楷模。他們分別是何務吾、陳達明、羅步登、何奉璋和陳文俊。開辦漢文課程主要是為了中、下班的學生。教學用書如下：初級一班用《蒙學》一、二集、《婦孺淺史》、《通問便集》、《論語》上；初級二班用《蒙學》三、四集、《通文便集》、《論語》下、《婦孺釋詞》；初級三班用《蒙學》五、六集、《訓蒙捷徑》、《故事瓊林》、《寫信必讀》、《孟子》上；中級四班用《蒙學》七集、《論說入門》、《古文評註》、《寫信必讀》、《孟子》上；中級五班用書《蒙學》七集、《古文評註》、《秋水軒尺牘》、《左傳句

51　王齊樂，《香港中文教育發展史》，頁 181。

52　同上注，頁 182。

53　同上注，頁 170。

54　同上注，頁 185。

解》、《孟子》下。[55] 學童除上述中文功課以外,還需練習書法。皇仁書院新書課程的加入,擴充了原先傳統蒙學「三百千」的範疇。何奉璋在《漢文新舊教法說》中認為,教學應參考舊書,另以新書為宗,改變以反覆默讀和背誦達到「修身」、「修性」的傳統方法,以講求「廣其知識」、「廓其心思」的能夠達到「學以致用」目的的新方法教授新書。[56] 皇仁書院教習們認為,舊方法入門困難,即使入門理解能夠熟讀經書,也只是陶冶心性,未必適用;新方法則不同,課程簡單,解釋詳盡,學生學有所用,不論高深,但論變通。[57] 時人均認為新方法是一種更適合學童的教育方式。新生招收方面,皇仁書院也重新定義新生錄取標準:學童讀了三四年漢文,能夠解讀和背誦《千字文》、《三字經》、《幼學詩》等才有資格入學。[58] 皇仁書院這一舉措使有意考入皇仁書院的學童均先選擇到其他中文學塾學習中文課程,這在一定程度上帶動了同時期中文學塾的發展。

2. 華人辦學的變化

　　前文已述,政府通過資助書塾,對書塾的課程設置加以要求,如從 1953 年起要求接受資助的書塾加入「算術」、「地理」等西學課程。1895 年,政府更要求只有以英語為教學媒介者,才能獲得政府補助。[59] 與此同時,香港社會的快速變革使社會職業的需求愈加偏向新式書館的畢業生。再者,1904 年開始,清廷宣佈改革舊式私塾,倡導西式學校,並於 1905 年取消科舉,這些變化也對香港的華人社群有所影響。民眾逐漸從選擇熟悉的傳統私塾偏向更加符合社會標準

55　同上注,頁 258-259。

56　王齊樂,《香港中文教育發展史》,頁 259-260。

57　同上注,頁 259-260。

58　同上注,頁 260。

59　方俊、熊賢君主編,《香港教育通史》,頁 172。

的西學新式書館，華人社群民間辦學所選擇的教育機構形式和課程設置也由此而發生變化。

（1）社會團體義學

十九世紀後半開始，香港的華人社會團體如孔聖會、街坊公所、更練或團防局、保良公局、東華醫院、華人商會所籌辦的「義學」逐漸增多。1871 年，在東華醫院主席梁雲漢的呼籲下，文武廟將廟辦私塾中華書院校舍捐出，由東華醫院代理校務行政，文武廟、東華醫院共同投資，設立文武廟義學。[60] 至 1898 年，東華醫院已有六間完全免費的義學，收容較貧苦的子侄。至 1928 年，分佈在香港、九龍的東華醫院義學已有下列二十一間：[61]

義學名稱	地址
文武廟第一義學	中華書院 4 樓
文武廟第二義學	中華書院 4 樓
文武廟第三義學	中華書院 4 樓
文武廟第四義學	西營盤正街 11 號 4 樓
文武廟第五義學	灣仔大道東 174 號 3 樓
文武廟第六義學	樓梯街 2 號 2 樓
文武廟第七義學	西營盤正街 8 號 2 樓
文武廟第八義學	中華書院 4 樓
文武廟第九義學	大道西 68 號 4 樓
文武廟第十義學	大道西 308 號 4 樓
文武廟第十一義學	太原街 14 號 3 樓
文武廟第十二義學	樓梯街 4 號 2 樓

60　區少銓，〈益善行道：東華三院與香港早期華人義學教育〉，《教育界》，2019 年第 31 期，頁 18。

61　王齊樂，《香港中文教育發展史》，頁 204-205。

（續上表）

義學名稱	地址
文武廟第十三義學	永豐街 10 號 A2 樓
文武廟第十四義學	油麻地天后廟南書院
文武廟第十五義學	跑馬地景光街
文武廟第十六義學	筲箕灣福德祠側
廣福祠第一義學	樓梯街 2 號地下
廣福祠第二義學	德輔道西 248 號 3 樓
洪聖廟第一義學	太和街 15 號 4 樓
天后廟第一義學	油麻地天后廟北書院右邊
天后廟第二義學	油麻地天后廟北書院左邊

東華醫院義學以中文教學，教學內容堅持重視中國語文與文化，同時也注重教育的技術價值和實用價值，注重培養學童的謀生能力。[62] 設立之初基本延續了傳統蒙學的內容，也會教授書寫信札、記賬等實用技能。1904 年後，東華義學開始針對社會需要積極調整教學內容，加入英語、物理、自然科學等課程。

（2）華人開辦新式書院

在當時一般的英文書館中，課程幾乎全部以英文授課。這對於以華語為母語的學生帶來許多障礙，如老師很難具有足夠的中英兩方面知識；英文會話、作文、讀本等學習效果不理想；西方知識和課程並未做出系統的傳授；沒有利用學童已有的中文知識幫助學習英文和西方課程，導致母語和學習為中文的華人學生，無法良好銜接英文教育的內容；學習科目和活動範圍比較狹窄等等。[63]

在英文授課和引進西式課程中，若只移植西方學校的模式，對香港並不合適。後來，不僅政府意識到了這個問題，香港華人領袖及

62　方駿、熊賢君主編，《香港教育通史》，頁 156。
63　王齊樂，《香港中文教育發展史》，頁 245。

部分教會人士也開始有所察覺。1900 年，華商領袖劉鑄伯與久居香港、熱心教育的猶太商人嘉道理（Ellis Kadoorie）一起集資，邀請華人紳商協助，結合社會人士捐款，建立育才書社，為華人貧寒子弟提供中英文雙語教育。1903 年，通過部分華人領袖和教會人士幾經籌辦，坐落於西營盤西邊街的聖士提反書院（St. Stephen's College）正式創校。該書院只招收華籍男童，且多為富有華人的子弟。課程中英並重，傳授基督教教義與西式課程，辦學方面仿效英國貴族學府，同時也注重中英文課程的知識銜接問題。該校畢業生如于文廣、傅秉常等均成為社會知名人士。

　　本章通過對香港開埠後傳統中文基礎教育的梳理，可以看到，香港於英佔時期，依照西式的教育體系，中國傳統的基礎教育在政府和社會層面被定義為「中文課程」，成為一套「能夠以中文教授的有關中國文化的有用的知識系統」。如果我們將「蒙學」作為一種固有的、不變的教育方式，由於香港教育制度的變化，不可避免走向衰微；但中文和傳統經典作為基礎教育的一環，仍具有生命力。只是，在政策偏向英文教育的情況下，儘管香港紳商和華人社群依然支持中文教育，傳統學塾如何提供適應香港發展的中文基礎教育，進而傳統中國文化在香港如何延續和發展，以當時的情況看，前景並不明朗。

第二章

北學南來與經典傳承

　　廣東一帶於明中葉以來，學風上承前代，更為發展，尤於晚清，出現了多位活躍於政界和文壇的政治家和學者，他們在港澳一帶影響力甚大。[1]1898 年戊戌變法失敗之后，倡導維新的知識分子紛紛逃往海外。部分人幾經輾轉來到香港，參與傳統的教育工作。[2]1911年辛亥革命後，清代遺臣中無論是堅定尊崇清王室的「不二」之臣，如溫肅、升允、善耆；還是對民國充滿期待的一些「改革派」，如林紓和梁濟；抑或是對民國態度變化不定的「矛盾派」如鄭孝胥，在不斷經歷民初社會的動蕩和改變，以及不得不面對時人對傳統儒家倫理文化的批評，他們對民初政府可謂極度失望。其中就有不少人南下寓港避亂，為香港傳統教育發展帶來了新的可能性。避亂寓港的清代遺臣，多為朝廷任職的翰林學士，當日適逢香港力推和發展傳統文化，他們從中國內地政局的邊緣身份，搖身一變為影響香港社會、文化發展、傳統教育建立與推廣的舉足輕重人物。以這批翰林學人為核心而建立的學海書樓，吸引了大批碩學鴻儒登台授課、著書立說、刊印典籍，留下了大量珍貴文獻。其教育推廣和發展所及，不僅對香港社會、教育發展，尤其是高等院校及民間國學教育的推廣影響深遠，更輻射東南亞的華文教育，是近代北學南傳過程中不可忽視的重要學術

1　陳明銶、區志堅，〈地域與經世思想的發展：近代廣東學風〉，黎志剛、潘光哲主編，《經世與實業：劉廣京院士百歲紀念論文集》，台北：秀威資訊，2022，頁 90-121。

2　〈論清代廣東詩歌總集編纂與詩話寫作〉，程中山著，《清代廣東詩學考論》（廣州：廣東人民出版社，2012），頁 248-278。有關這群前清翰林與香港中文教育的發展，參見梁基永，《李文田》（廣州：廣東人民出版社，2008），頁 79；區志堅，〈香港高等院校推動中國文化教育的發孕（1920-1927）〉，頁 29-59；王齊樂，《香港中文教育發展史》，頁 258-322。

機構。[3]

一、南下寓港清遺民的群體特徵與代表人物

　　二十世紀香港傳統教育的延續和發展，離不開「寓港清遺民」發揮的作用。何謂「遺民」？歸莊在〈歷代遺民錄序〉中指出，遺民除了「懷道抱德不用於世」，更是「生長在廢興之際，前朝之所遺」，[4]他們無論在心理還是行動上，對故國舊君保有眷戀之情，仍自署前朝臣民；書紀年時亦不用新朝紀年，只書甲子紀年或已亡的前朝年號；論及前朝正統，多表揚忠於前朝的人物及前朝歷史；行為上多作事奉前朝的行為，侍奉恭前陵，穿前朝衣冠等等。對於新朝，他們報以反對或採取歸避隱藏的態度，這並非貪生恐死，而是因其治世態度無以在社會中展開。[5]具有以上特徵與行為者，被視為「遺民」。與中國其它朝代遺民只需面對改朝換代相比，清遺民顯得有些特殊。帝治到共和對於晚清政治、社會結構的改革衝擊；新文化、新文學對於儒學為軸心的思想基調的挑戰；「華夷觀念」的文化主義因中西對比而產生的民族主義，都是民初清遺民要面對的問題。[6]

　　本節將通過多種相關史料，包括清遺民個人出版或未出版的文

3　區志堅、陳明銶，〈中國現代化的廣東因素〉，沈清松主編，《中華現代性的探索：檢討與展望》（台北：政治大學出版社，2013），頁 89-150；區志堅：〈經學知識學術制度化及普及化的發展：以香港學海書樓為例〉，《中央研究院文哲研究所通訊》，4(2021)，頁 163-192。

4　歸莊，《歸莊集》（北京：中華書局，1962），卷 3，頁 170。

5　區志堅，〈明遺民查繼佐（1601-1676）晚年生活之研究〉，《中國文化研究所學報》，新 5 期，1996 年，頁 183-187；〈保全國粹、宏揚文化：學海書樓八十年簡介〉，學海書樓編，《學海書樓八十周年紀念集》（香港：學海書樓，2003），頁 13-25；區志堅，〈發揚文化，保全國粹——學海書樓簡史〉，廣東省政協文化和文史資料委員會編，《香海傳薪錄：香港學海書樓紀實》（北京：中國文史出版社，2008），頁 32-41。

6　林志宏，《民國乃敵國也：政治文化轉型下的清遺民》（台北：聯經出版公司，2009），頁 15-18。

集與輯佚文鈔；清遺民與朋友的往來書信，後人為清遺民撰寫的碑
傳、墓銘、行狀等文字，年譜、日記等紀實資料，時人的評論，筆
記，以及後人的回憶等，對「清遺民」這一群體的特徵進行總結，並
對「寓港清遺民」的代表作扼要介紹。

1. 遺民的行為特徵

（1）生活上搬往租界，互相聯結

　　熊月之在〈辛亥鼎革與租界遺老〉一文指出，清遺民不單有「非
死即降」的兩種選擇，「還可以去租界做遺老」，[7] 如上海、天津、青島
等地，都有不少遺老移居租界。租界能為他們保障比較豐足的物質生
活與寬鬆的環境，並在一定程度上提供復辟的空間。但從根本來說，
租界的領土權仍屬中國，地屬中國城市的某一區域，地理環境上不可
能徹底脫離中國政府和民眾的影響，前往香港，較能減少這種顧慮。
南下寓港的一批翰林學者，相對於生活在租界的遺民來說，處境更加
安穩和寬鬆。遺老們平日可以經常走動，雅集聚會，相互聯繫，我們
可以從他們的書信中看出這一點。

　　鄒穎文編撰的《翰苑流芳：賴際熙太史藏近代名人手札》一書，
收錄有遺民之間的往來書信，使我們得以一見他們的日常交往。如陳
伯陶致賴際熙：

> 　　送上張寓荃所著老子約三本。請存書樓（按：即學海
> 書樓）二本。餘一本送足下鑒定。此請大安。荔垞親家足
> 下。弟陶頓首。初六日。[8]

7　熊月之，〈辛亥鼎革與租界遺老〉，《學術月刊》（2001 年第 9 期），頁 12-15。

8　〈陳伯陶致賴際熙書〉，鄒穎文編，《翰苑流芳：賴際熙太史藏近代名人手札》（香港：
　香港中文大學圖書館，2008），頁 46。

荔垞親家足下。昨談甚慰。拙作七十述哀擬付排印。此不必分三葉。即作一葉便得。字大小照原稿便合。惟校對宜勿誤。請代校或別人妥校何如。此間欲得二百葉分送友人。價若干當照付也。能十三前印訖尤感。昨送書二箱。如書箱不用。擬着人取回。祈轉知書樓（按：即學海書樓）工人為荷。此請大安。弟陶頓首。人日。[9]

荔垞親家足下。示悉。九兒蒙關注。甚感。已轉告誡之。並囑其仍借書樓（按：即學海書樓）食宿。省僕僕之勞。希餁紀照料一切為幸。初八日李瑞琴兄之約。如天氣晴朗。當如期赴召。夜間借書樓歇宿。如仍有風雨，則不能渡海矣。並此佈肊。希先代鳴謝。不勝至禱。此覆。即請道安。弟陶頓首。初七日午下。[10]

可以看出，賴際熙與陳伯陶之間常有往來，在著書印刷，以及學海書樓建設上多有探究，生活上彼此為親家，互有聯姻，對各家子弟亦多有照料。再如陳煜庠與何藻翔致賴氏的書信中，遷屋贈禮、求取、贈送楹聯，亦能看到其生活交往之密切：

煥文同年尊兄鑒。不晤多日。念甚。石根兒（按：據賴際熙幼子賴恬昌先生，石根兒為其同父異母兄長，約於一八八零年代出生。）事久未辦妥。殊歉。舜哥現購得新居在般含道聖士提反里四號。廿六日入火。弟已畫送鏡屏四幅。尊從可否為書壓鏡小聯一對連鏡架送去。又廿四日

---

9 同上注，頁 47。
10 〈陳伯陶致賴際熙書〉，鄒穎文編，《翰苑流芳：賴際熙太史藏近代名人手札》，頁 49。

為其女公子彌月之辰。見意與否。仍候卓奪便是。餘候面敘。此敏起居。並頌潭祺。弟煜頓首。廿二。[11]

荔垞兄太史。本月十九日乃香泉（按：馮香泉）之尊公九十一冥壽之期。其意極欲得我輩遺老楹聯以光家乘。或聯銜「或」專銜。□□其便。其意又不欲受□□。禮物或撰語交本家□書亦可。特請吾兄轉告子礪（按：陳伯陶）。徽五（按：區大典）、毅夫（按：溫肅）、敏仲（按：岑光樾）等。勿吝玉也。此候午安。藻翔叩上。[12]

區大原致溫肅一函中則描述了一場書樓的聚會：

昨年書樓之會，弟以為最難得。亦應有之嘉會，後此或不能如是之齊集云。蓋謂鄉省港散處，或難湊合，非謂如賴老之飄然高舉也。何不幸而言中乎。周同年（按：應為周廷幹）芽香周甲，加以康健，最為難得。昨年已求其寫壽而康三字，即此意也。茲有此盛典，擬再求其寫條幅一張，以為紀念。請代轉致為盼。[13]

（2）情感上效忠清室，以擁護帝制為公約數

以忠孝倫理為規範體系的中國傳統思想，在清遺民身上也有廣泛而深刻的體現。林紓九次崇陵，梁濟殉道，他們對於倫理綱常抱有強烈的歸屬感與價值認同感，尤其在容易產生傳統文化學術之風的士

11　同上注，頁 50。

12　〈何藻翔致賴際熙書〉，鄒穎文編，《翰苑流芳：賴際熙太史藏近代名人手札》，頁 14。

13　陳雅飛，〈區大原致溫肅函〉，《傳統的移植：香港書法研究（1911-1941）》（杭州：浙江大學出版社，2019），頁 260。

1929 年，遺老趕赴天津張園為溥儀賀壽

族鄉紳聚集地方，清遺民的特點愈加明顯。廣東便是個很好的例子。廣東東塾學派與本地清遺民關係密切。東塾學派之學海堂以及後繼而起的廣雅書院，在當地培養了大批士子，士子之間互通有無，入朝亦互相關照。[14] 他們當中就有我們熟悉的學海書樓奠基者如賴際熙、陳伯陶、溫肅、何藻翔、朱汝珍、梁鼎芬等人。

　　他們是清室堅定的擁護者，刻意保留服飾、髮辮等清室象徵，積極參與遜位皇帝溥儀的一切活動，如婚禮、壽辰等等。1922 年溥儀大婚，陳伯陶赴紫禁城為其賀壽，溥儀親自接待，此事成為陳伯陶一生的榮耀。[15]1929 年，各地遺老趕赴天津張園為溥儀賀壽，包括鄭孝胥、袁大化、康有為、溫肅等人，各遺老至北京太極殿叩賀三宮太妃，旋卸蟒服換朝衣冠上御乾清宮正殿受賀三跪九叩首禮。[16]

14　參見李緒柏，《清代廣東樸學研究》（廣州：廣東省地圖出版社，2001）；麥哲維著，沈正邦譯，《學海堂與晚清嶺南學術文化》（廣州：廣東人民出版社，2018）。

15　張學華，〈江寧提學使陳文良公傳〉，陳紹南編，《代代相傳——陳伯陶紀念集》（香港：編者自刊，1997），頁 32。

16　林志宏，《民國乃敵國也：政治文化轉型下的清遺民》，頁 108。

對忠於清室的遺老們來說，「擁護帝制可能是他們最大的公約數」，但在具體的政治抉擇上，無論是洪憲稱帝、張勳復辟還是滿洲建國，各遺老的態度又不盡相同。[17] 相較於其它地區來說，廣東一系比較傾向於傳統文化的重建。但也有一些人對政治高度關注，不滿足於僅在理論層面攻擊、批評民國的共和體制，而是在行動上反對共和、謀求恢復帝制。這一類遺老比較典型的，如溫肅與何藻翔。辛亥革命後，溫肅就開始四處奔走，聯絡保皇派謀求恢復皇室：

> 先嚴（溫肅）託同年周恪叔太史先奉余太夫人南返，而以一身留京，欲圖補救。梁文忠恰來，寓於先嚴官宅，常宵深規劃，即先嚴所謂「曾停郭泰輪」也。壬子五月，遂馳赴瀋陽，謁趙爾巽，欲從齒岐舊治，復會東都，而建周宣之中興，辛言不見納……癸丑，四謁恭邸於青島，兩訪張忠武於兗州，勤王事洩，玉節愍公春、朱貞愍公江為賊害，殉難。[18]

溫肅、何藻翔一類遺老不支持共和，除了出於本身立場以外，還認定共和是「空想」。何藻翔認為，中國面積寬廣，人口眾多，共和體制無法使人團結，勢必分裂，[19] 且共和體制不符合中國的政治傳統，[20] 國民之屬性無法生出對民主的需求，[21] 故共和制在中國能夠實施，

17　同上注，頁 365。

18　溫必復等，〈溫文節公哀啟〉，卞孝萱、唐文權編，《辛亥人物碑傳集》（北京：團結出版社，1991），頁 645。

19　吳天任編著，〈何翽高先生年譜〉，何藻翔著，吳天任編，《鄒崖詩集：附年譜》（香港：大利文具圖書印刷公司，1958 ），頁 130。

20　沈曾植，〈答某君論孔教會書〉，中國科學院近代史研究所中華民國史組編，《中華民國史資料叢稿》，特刊輯 2，頁 43。

21　吳天任編著，〈何翽高先生年譜〉，何藻翔著，吳天任編，《鄒崖詩集：附年譜》，頁 152。

純屬天方夜譚。因此，中國必須仍回到君主為準繩的制度，他認為
「中國君主，並非專制，實放任百姓自由，故能歷朝相安」，清室沒有
兵力，已經被逼退位，自然不願意復位，但「民心厭亂而思清室」，
可以「仿歐洲迎立異族為君主之例」。[22] 袁世凱稱帝時，以何藻翔為首
包括溫肅等人，便藉君主政體風潮提議恢復清室。他們集合了三十三
人推舉馮國璋、張勳共同主持大局，後促成了曇花一現的張勳復辟事
件。[23] 溫肅更在 1912 年，前往瀋陽勸東三省都督趙爾巽起兵復清。

　　中國歷代遺民「寧留氣節於人間，不作低頭階下臣」的傳統，
使遺民群體雖身居歷史政治舞台的邊緣，仍保留一定的社會地位與尊
嚴。但是，整個復辟事件使遺老們的名聲一落千丈，葉德輝便稱其
「為了謀金錢而復辟」，加上中國已經開始激烈批評傳統文化的五四
運動 [24]，反孔尚新的風氣逐漸升溫 [25]，遺老們愈加不容於時下中國，一
部分選擇追隨東北日本支持的溥儀政權，另一部分則選擇南下港澳一
帶。沿着這條脈絡，我們便可了解在清遺民的整個群體中，寓港翰林
對於清室的情感深厚程度，以及對共和體制的批評和反對都比較深。
這也能在一定程度上解釋了他們為何即使離開故土來到英人統治下的
香港，仍舊持續不斷地參與各類緬懷先朝、文化重建和教育的活動。

22　同上注，頁 152-153。

23　康有為曾在〈致溫毅夫、萬繩栻、商雲汀函〉（1917 年 2 月 19 日）中談及：「風雲少息
　　矣！東方選舉定矣。萬一東政府易，則吾等益難望，為此，晝夜繞室，特遣門人鄧白
　　川來徐竭貴府主。白川曾在江南，又在順德，志節正大，一切可談，望介見而助成
　　之，中國在此舉可先也。敬請 公雨 毅夫 雲汀 三公大安」，鄧巧兒編，〈一九一七年丁
　　巳復辟前：康有為致張勳、溫毅夫函件摘錄〉，《春秋》（2000 年第 896 期），頁 35。

24　參見林毓生著，穆善培譯，《中國意識的危機》（貴州：貴州人民出版社，1988），
　　頁 1-62；〈二十世紀中國的反傳統思潮、中式馬列主義與毛澤東的烏托邦主義〉，《中
　　國激進思潮的起源與後果》（台北：聯經出版公司，2019），頁 95-154；張灝，〈中國
　　近百年來的革命思想道路〉，《時代的探索》（台北：聯經出版公司，2019），頁 209-
　　228。

25　楊華麗，《「打倒孔家店」研究》（北京：人民出版社，2014），頁 21-59。

（3）文字上抒發情感，構築記憶與歷史

歷代遺民（如宋、明兩代）多在嶺南地區活動，廣東地區的學風又自成一系，傳統士子群體出於傳統的學風歷史，具有較高的凝聚力。朝野變更後，他們通過文字，敘述本地歷史人物故事、建立地域歷史，緬懷先賢的一系列行為，如搜集歷代遺民的文稿、畫作、遺物；在地方上尋找、修復和重塑歷史遺跡；記錄和書寫地方歷史文獻以及歷史人物事跡等，自然成為當地清遺民建立遺民群體的價值感、存在感以及合理性的重要方式。

溫肅拾明遺民陳恭尹（1631-1700）詩文，編有《陳獨漉路先生年譜》；[26] 並集合一眾友人修建陳邦彥（1603-1647）之墓，親題墓文「勝朝捐軀死義之盛，與新朝章志貞教之隆，皆互千古而無匹」[27] 吳道鎔為明遺民屈大均（1630-1696）撰寫墓誌銘文；[28] 又仿效屈氏，甄錄嘉慶、道光以來的七百餘家嶺南諸家文士共上千篇遺作軼文，以二十年之久彙成《廣東文徵》等。[29]

寓港翰林撰修的地方志和人物志，如陳伯陶修有《東莞縣志》、《勝朝粵東遺民錄》、《東江考》、《宋東莞遺民錄》、《西部考》、《明東莞五忠傳》、《袁督師遺稿》、《增補羅浮志》、《重修東莞縣志》；賴際熙寫有《崇正同人系譜》、《增城縣志》、《赤溪縣志》；溫肅著有《陳獨漉年譜》、《龍山鄉志》、《龍山文錄》、《龍山詩錄》、《溫氏族譜》；朱汝珍撰有《清遠縣志》、《陽山縣志》；吳道鎔著有《廣東文徵》；梁鼎芬主導撰有《番禺縣續志》，以及參與撰修《廣東通志稿》。出

26　張學華，〈誥授朝議大夫昏暗優貢知縣王君行狀〉，《闇齋稿》（廣州：蔚興印刷廠，1948），頁27。

27　溫肅，〈明陳忠湣公墓碑〉，《檗庵文集》，《溫文節公集》（香港：學海書樓，2001），卷3，頁164-165。

28　吳道鎔，〈屈翁山先生墓碑〉，《澹盦文存》（台北：大華印書館，1968），卷2，頁1-2。重印本據民國三十二年（1943年）吳氏門人陳善伯編印本影印。

29　吳道鎔，〈與姚君慇書〉，《澹盦文存》，卷1，頁29。

於遺民身份，觀文獻，自可見作者流露的感情，如陳伯陶在《勝朝粵東遺民錄》中，就對遺民的行為多有褒獎，「勝朝」一詞，看起來像說明朝，實有懷清之意。[30] 地方志編修方面，因為牽涉到是否侍奉民國，更體現了不同遺民的立場和態度。政府邀約的地方志編修工作，很多遺民是心存抵抗，不予合作的。願意參與者，如陳伯陶受邀撰修《東莞縣志》，亦會盡量說明緣由：「款從沙田公產出，吳應縣尹聘，受粟肉之嫌。」[31]

　　除了上述通過敘述歷史和緬懷先人的方式外，還有更多包含情感、傳達自我認同和關係連接、以撰作為寄託的文字書寫，出現在寓港遺民的文集和詩作裏。如陳伯陶的《孝經說》，將「忠」的觀念轉化為「孝」[32]；再如溫肅編輯的《感舊集人名錄》，追懷同僚，收錄了陳伯陶、梁鼎芬、何藻翔、王國維、陳寶琛等清遺民的詩詞舊作，其中盡書對世事變化、毀棄古舊求其新、千百年綱常滅裂的痛恨與悲憤；亦表明了忠君的堅定心念：

〈懷樊菴〉梁鼎芬

諸公負國但謀身，獨憶朱雲千載人。

隻手尚思迴落日，兩心猶與惜餘春。

市兒都愛五斗米，橘叟來收九斛塵。

忠義研磨吾不及，看君肝膽與喉唇。[33]

30　梁啟超言，陳氏為清遺民，隨處民國，但溥儀猶在，不忍視清廷已然亡國，故稱明為「勝朝」。梁啟超，〈陳子礪勝朝粵東遺民錄〉，許衍董編，《廣東文徵續編》（香港：廣東文徵編印委員會，1986），冊 1，頁 596。

31　劉聲木，〈遺民修東莞縣志〉，《萇楚齋三筆》，卷 8，《萇楚齋隨筆續筆三筆四筆五筆》（北京：中華書局，1988），頁 639；林志宏，《民國乃敵國也：政治文化轉型下的清遺民》，頁 167-171。

32　林志宏，《民國乃敵國也：政治文化轉型下的清遺民》，頁 189。

33　溫肅，〈錄溫毅夫太史輯「感舊集」（下）〉，《春秋》，總第 897 期（2000 年 10 月），頁 39。

（4）在時代變化中重塑傳統文化秩序

近代遺民面臨中西文化的衝擊和傳統文化受到質疑與挑戰，便更為重視日常文化生活，積極籌辦、參與文化活動。

文化生活方面比較典型的，是以詩文為表現方式的文化集會，如雅集與詩社。遺民們在雅集中詩文題詠、書畫觀摩、翰墨揮毫，以詩文書畫相馳騁，頗具風雅。這些文化活動除了讓遺民們能日常聯繫，抒發情感，更是遺民通過保留原有生活方式，以創作緬古昭今，重建過去，為自己的處境塑造正當理由，來展現文化影響力，維繫傳統文化秩序的途徑。

寓港太史最著名的一次香江雅集創作專集，便是《宋臺秋唱》。

依史籍記載，1276 年（德祐二年），元兵攻陷南宋都城臨安（今杭州），擄走恭帝和太后。南宋大臣陸秀夫、陳宜中、張世傑等，奉益王和廣王逃到福建，益王繼位，是為端宗，改元景炎，封趙昺為衛王。不久元兵追至，陳宜中、張世傑奉端宗及衛王入海至潮州，經惠州，想去廣州，但因受阻，乃改入碙州。1277 年（景炎二年），端宗於農曆二月至梅蔚山，四月住官富山（九龍山），九月移淺灣（經許地山考證，即今荃灣），十一月淺灣陷落，復避至秀山（虎門），西航至井澳（今珠海市橫秦島），途中遇颶風，幾乎淹死，西奔至謝女峽（又叫仙女澳，在珠海市橫琴島），入海至七里洋。在七里洋時，陳宜中逃走。廣州以西的高州、雷州、化州，守軍均向元兵投降，端宗不得西進。張世傑部隊擊敗元兵，恢復淺灣。端宗乃從廣東東返，於翌年（1278 年）三月回至碙州，四月崩逝。陸秀夫等人將其遺體葬於赤灣（今深圳市蛇口）。復擁衛王為帝，是為宋帝昺，改元祥興，升廣州為翔龍府，碙州為翔龍縣。其後宋軍移駐新會崖山，為元軍所敗，陸秀夫負帝昺投海殉國。[34]

34　張知明編著，《香港掌故》（香港：豐年出版社，1960 年代），頁 42；葉林豐，〈港九的南宋史蹟（附圖）〉，簡又文主編，《宋皇臺紀念集》（香港：香港趙族宗親總會，1960），

　　傳說在此期間，帝昺被元兵追到今日馬頭涌的一座小丘上，山上一塊巨石突然崩裂，帝昺遂躲入石縫中得以逃脫。後來人們為了緬懷宋帝，就在石塊上刻了「宋王臺」三個字。也有一說「宋王臺」是宋帝築的觀賞臺。當然，相較而言，前者傾向於神話的說法。據說在「宋王臺」不遠處，還建有「二王殿」。後來村民為了紀念宋帝，將「二王殿」所在地改名為「二王村」。[35] 這便是關於宋王臺的歷史背景。

　　太史公們移居香港之後，常常流連山海，弔古感懷。陳伯陶太史對宋二帝在九龍史跡進行考證，又集結好友於宋王臺遺址雅集，追薦宋代遺民趙秋曉的生辰，一眾文人唱和詩作甚多。陳伯陶又作宋王臺懷古詩，和者尤多。後蘇澤東將有關宋王臺及其他古跡題詠惆悵之文集、詩歌並附刊部分詩作書跡手稿成冊而成《宋臺秋唱》。

　　《宋臺秋唱》一書中能看到陳伯陶太史作有關九龍懷古、與友好酬唱之古今體詩，皆大含細入，戛戛獨造。[36] 其〈宋皇臺懷古並序〉敘述自己所考證的宋王臺的歷史脈絡，發思古之幽情：

　　　　九龍，古官富場地，明初置巡司。嘉慶間，總督百齡築砦，改名九龍。道光間復改官富巡司為九龍巡司，而官富場之名遂隱。其地東南有小山，瀕海，上有巨石，刻曰「宋王臺」。新安縣志，以為帝昺駐蹕於此。考明錢士升南宋書，稱端宗景炎二年二月，帝舟次梅蔚，四月次官富場，九月次淺灣。三地俱新安縣界，相去不遠。宋史二王紀，只云至元十三年十一月，昺次甲子門（在惠州），十四

35　詳見黃淳等撰、陳澤泓點校，《厓山志》（廣州：廣東人民出版社，2018），2 卷，頁72-75；姚道生、黃展樑，〈空留古廟號侯王：論九龍城宋季古蹟的記憶及侯王廟記憶的歷史化〉，《思與言》，55 卷 2 期 (2017)，頁 17-69；曾定駿，〈記憶所繫之處：以宋皇臺的故事為例〉（香港：香港樹仁大學歷史系文學士學位畢業論文，2022），未刊稿。

36　蘇澤東編，《宋臺秋唱》（東莞：廣東編譯公司刊本，1917）。

頁 110-113；簡又文，〈宋末二帝南遷輦路考（附圖 13）〉，簡又文主編，《宋皇臺紀念集》，頁 122-174。

年十月，劉深攻淺灣，昺走秀山（今虎門）。無次官富場之
文。然宋史杜滸傳云：文天祥移屯潮州，使滸護海舟至官
富場。元史唆都傳云：至元十四年，塔出令唆都，取道泉
州，泛海會於廣之富場（即官富場，史省文）。又云：唆都
進攻潮州，知府馬發不降，恐失富場之期，乃舍去。皆景
炎二年事。當時遺臣奔赴，敵人會攻，並指茲地。南宋書
所云，當得其實，二王紀偶失載耳。逮至元十五年四月，
端宗崩於碙州（即今大嶼山），帝昺立，六月，遷厓山，不
再至茲地。然則台乃端宗駐蹕之所，非帝昺也。一統志稱宋
行宮三十餘所，可考者四，其一為官富場。廣州府志則云殿
址猶存。今惟厓山最著。茲地改稱為九龍，世罕有知之者
矣。登眺之暇，因而考證諸書，以著其實。石刻舊稱宋王，
以史稱二王而然。茲正之曰宋皇，蓋使後之人無惑焉爾。

　　朔方白雁翔杭湖，五更頭叫頭白鳥。龍爪合尊朝上
都，遺二龍子南溟遘。金甲神人斗膽龐，船閩廣相提扶。
行宮草創三十所，富場椻栢閎規模。零丁惶恐節義徒，麻
衣草屨來於於。鐵石忠肝一團血，誓徇塊肉捐微軀。秀山
癘疫井澳颶，當年弓劍號龍胡。不知天佑趙氏無？黃龍復
隱碙州郛。浮沉袍服魚腹見，慈元殿下生青蕪。茲臺兀立
海裔孤，西望厓山血模糊。化為朱鳥張其味，海潮不起群
噍呼。皋羽所南足跡絕，遺黎老死云誰吁。君不見，臨安
宮禁啼鶗鴂，蘭亭壞土冬青枯。建炎陵闕一朝盡，何況航
海行崎嶇。噫，庚申帝亡亦如此，和林草荒雪塞塗，彼送
子英胡為乎？元蔡子英為明太祖所得，不肯屈。太祖命有司送
出塞，令從故主於和林。[37]

37　蘇澤東編，《宋臺秋唱》，頁 17b-18a。

陳太史又作〈九龍山居作〉二律云：

蓬蒿三徑少人行，擬托幽居老此生。迷路東西逢子慶，在山南北法高卿；井華近汲龍湫曉，雲絮遙披鶴嶺晴。傍晚鯉魚門外望，滄浪還喜濯塵纓。

布衣皂帽自徘徊，地北遼東亦痛哉。異物偶通柔佛國，遺民猶哭宋皇臺；驚風蓬老根常轉，浮海桑枯葉已摧。欲學忘機狎鷗鳥，野童溪叟莫相猜。

與陳太史同於宋王臺追薦趙秋曉生日者，還有張學華、賴際熙、汪兆鏞、蘇澤東等十餘人。[38]

關於賴際熙太史，陳伯陶太史曾作詩謂其「智公有道者，溷跡塵囂中。誰辟招隱館，授此雷次宗？」[39]賴太史作詩氣象壯闊，其〈登宋皇臺作〉二律云：

九州何更有埏垓？小絕朝廷此地開。六璽螭龍潛海面，百官牆壁倚山隈；難憑天塹限胡越，為訪遺碑剔草萊。宋道景炎明紹武，皇輿先後總南來！

登臨遠在水之湄，豈獨興亡異代悲。大地已隨滄海盡，怒濤猶挾故宮移；殘山今屬周原外，塊肉曾無趙氏遺。我亦當年謝皋羽，西台慟哭只編詩。[40]

38　《宋臺秋唱》，頁 29b。
39　陳伯陶，〈大風雨欲渡海訪智公不果〉，《宋臺秋唱》，頁 36b。
40　《宋臺秋唱》，頁 21a。

汪兆鏞的古詩文辭，以樸厚可傳著稱。其詩文〈九月十七日官富場宋皇臺下拜趙秋曉先生生日，次秋曉生朝觴客韵陳勵老同作〉云：

狼烽海上驚浮槎，忠憤鬱勃起夐遐。靈兮歸來駕青霞，莊台冥冥酹殘茶。菜羹茅屋何為家，一成一旅勇倍加。厓門風雨摧蠹牙，遺址今作桃源花。誰識故侯東陵瓜，飄忽桂旗辛夷車。匪云廢苑懷昌華，俯仰獨悲去國賒。[41]

此外，未參與追薦趙秋曉生日盛會而居港頗久，亦嘗為宋王臺唱和者，有吳道鎔、桂坫、何藻翔、丁仁長等二十餘人。[42]

身為光緒翰林的吳道鎔，以古文著稱，在粵任書院山長甚久，吳氏為《宋臺秋唱》作序，其詩〈夜過真逸宅聽蜑公彈琴〉亦體現出遺老間由宋王臺懷古而建立的感情連結：

琴留唐故物，地近宋遺宮。惆悵一揮手，高寒生暮空。沈沈信國響，寂寂水雲風（汪水雲，宋遺民）。七百年來望，知音誰與同。[43]

何藻翔後稱鄒崖遁者，嘗輯錄《嶺南詩存》，擷擇頗精的詩作。其詩亦深得唐人意態，如〈九月十七日宋皇臺祝趙秋曉先生生日和真逸〉云：

嶺南今士族，半是宋遺民。重話咸淳事，都為龍漢人；雲車風馬想，甲子大奚濱。一盞薦寒菊，秋風吹角巾。

41　汪兆鏞，《辟地集》，《微尚齋詩續稿》（鉛印本，1940），頁 3b。

42　羅香林，《香港與中西文化之交流》（香港：中國學社，1961），頁 197。

43　吳道鎔，《澹庵詩存》（民國二十六年刊本），頁 16-17。

設位兼林謝，招魂復趙方。儘教亡國鬼，坌集化人場；
生死還今日，興亡盡此觴。茫茫十七史，何必問滄桑？

攬揆登高後，江山秋氣多。併為三日哭，且續七哀歌；
天命已如此，古人無奈何。菜羹行處有，初念肯蹉跎。[44]

桂坫學粹品高，詩尤深切，得溫柔敦厚之旨。不矜奇使氣，自然大雅。在港所作懷古詩，如〈九日登宋臺作〉等，落落大方，其詩云：

慣從客裏度重陽，垂暮棲遲滯海傍。一晌白雲千萬變，九秋黃菊兩三行。遺書大陸知珍重？舊籍中原半散亡。徒倚宋臺高處望，茫茫百感話滄桑。[45]

丁仁長寓港後，為陳伯陶編校《東莞宋遺民錄》。他於光緒九年（1883 年）成進士，為翰林院庶起士，散館授編修。二十二年充侍讀，轉日講起居注官。會丁憂歸粵，遂任越華書院山長。辛亥後，絕口不言時事。陳伯陶以祀趙秋曉生日詩索和，仁長為賦七古一篇，其詩云：

海上辟兵跼斗室，手校蟫編師宋逸。篁墩舊錄須補遺，開卷玉淵呼即出。公詩多態態不群，公氣勇激榴花軍。魯連蹈海恨不早，靈旗長繞厓山雲。薦菊何人奠瓊蕈，龍湫道人好事者。未辦祠堂傍宋台，先築衣冠迎汐社。拜坡生日陳坡詩，西陂韻事誰嗣之？茆屋菜羹興不淺，可似溫塘題壁時？況公本是文山客，柴市蒼涼痛葑碧。百拜宜兼畫像懸，孤貞

44　《宋臺秋唱》，頁 7b；羅香林，《香港與中西文化之交流》，頁 203-204。

45　羅香林，《香港與中西文化之交流》，頁 204；另參見區志堅，〈鐵路展館與宋元文化知識的流播：以港鐵宋皇臺站為例〉（將刊稿）。

還有朱鳥食。噫吁嘻，禾油歌罷歌黍離，前人倘識後人悲。

原將鎧夢君臣意，寫入神弦迎送詞。[46]

羅香林品評丁仁長詩，認為其詩出入杜蘇，漸漬變化，能如其意所出，故為當時所推重也。[47]

《宋臺秋唱》是遺老們於宋王臺雅集時，賦詩之餘，揮毫題詠。可見，雅集是一個通過遺老文人們的聚集，以詩文、書法、繪畫等綜合性的文化活動。

除了組織雅集、詩社，開辦傳統文化教育也是遺民們實踐治世抱負和追求的方式。歷經革命洗禮後，一切建立在君主至上的價值準則遭到全面瓦解，而新的價值尚未建立。遺老深感民國，尤其是五四狀況乃一亂局，解決亂局必須恢復舊有秩序，恢復三綱倫常。在寓港遺老來看，「神州文化，行見陸沉」，香港是唯一「倖存之地」，只有於此地興學，存綱常名教，才可延續中華文化。因此，寓港遺老不斷在香港尋覓和建立中國傳統文化教育的實踐場所，力求在港保存與日弗墜的中國文化。[48]

2. 翰林遺民代表人物介紹 [49]

賴際熙（1865-1937）

賴際熙，字煥文，號荔垞，廣東增城人。學海書樓創辦人，

46　丁仁長，《丁潛客遺詩》（出版地不詳，九曜坊翰元樓，己巳年刊 1929）。見田浦源於新界大埔自闢「桃源洞」精舍所刻《桃源洞詩》序文。見羅濂，《勺菴文集》，《勺菴小傳》（自傳），又參見林大魁編，《青山禪院大觀》顯奇與夏德攝相題記及附錄。

47　羅香林，《香港與中西文化之交流》，頁 205。

48　賴際熙，〈籌建崇聖書堂序〉，賴際熙著，羅香林編，《荔垞文存》，頁 32。

49　部分資料信息摘錄、整理自廣東省政協文化和文史資料文員會編，〈學海書樓人物錄〉，《香海傳薪錄：香港學海書樓紀實》，頁 295-328，學海書樓官方網站「創辦者簡介」欄目及吳佰乘先生整理及撰寫的學海書樓重要人物生平。

書樓成立之初的講學太史之一。早年就讀廣雅書院，光緒十五年
（1889）中舉人，光緒二十九年（1903）癸卯科考中進士，欽點翰林
院庶吉士，奉派進士館習法政，畢業後擔任翰林院編修、國史館纂
修，旋晉總纂。辛亥革命後，賴際熙與其他太史「竄身孤島」[50]，南移
香港，後得到華商的經濟支持，[51] 於 1913 年出任香港大學中文學院教
授兼中文總教習。[52]

　　居港期間，賴際熙開拓客家研究 [53] 及推動香港地區的中文及中國
文化教學，[54] 又以遺老自居，為表思念清朝，1915 年籲請香港政府「劃
地數畝」永作宋王臺遺址，[55] 以保育香港歷史瑰寶，供後人憑弔，此
地即今九龍宋王臺公園。1921 年他任香港崇正總會臨時會長，並連
任首五屆理事會會長，後被委託編輯《崇正同人系譜》，亦與華商相
交甚篤，[56] 可見賴太史在華人社群中地位顯赫。

　　1923 年，賴氏有感五四運動批判傳統文化，為了弘揚國學，使

50　賴際熙，〈送檗老副憲同年奉召入直南齋序〉，羅香林編，《荔垞文存》，頁 36。

51　賴際熙曾言：「幸海濱商旅，愛重逢萌，日與陳述國恩，宣揚聖德……賴氏既任教席，
　　便應敷奏教化……湛恩汪濊，必有以慰海隅蒼生矣。」見賴際熙，〈送檗老副憲同年
　　奉召入直南齋序〉，羅香林編，《荔垞文存》，頁 35。

52　楊永漢，〈學海書樓的創建〉，《國文天地》，第 33 卷，第 10 期（2018 年 3 月），總
　　394 期，頁 19。

53　有關賴氏對客家人源流之考究，參見賴志成，〈簡述學海書樓創辦人賴際熙對近代學
　　術的貢獻〉，《國文天地》，第 33 卷，第 10 期（2018 年 3 月），總 394 期，頁 31。

54　賴志成，〈簡述學海書樓創辦人賴際熙對近代學術的貢獻〉，《國文天地》，頁 33-34。

55　當時港紳李瑞琴捐建石垣圍繞宋王臺之榜書巨石，巨石屹立其中園前兩旁矗立〈九龍
　　宋王臺遺址碑記〉，詳敘其事：「香港大學教授賴際熙籲請政府劃地數畝，永作斯台遺
　　址……香港重光後，有司本保存古跡之旨，在機場之西南距原址可三百尺，闢地建公
　　園，削其石為長方形，移真園內，藉作標識，亦從眾意也。」

56　賴氏辭世後，後人為他完成生前編撰的文集，其中有〈馮平山先生七秩榮慶序〉、〈清
　　誥朝議大夫香港定例局議員少岐周府君墓表〉、〈誥授榮祿大夫檳榔嶼領事官星嘉坡總
　　領事官戴公府君墓表〉、〈利公希慎墓表〉、〈戴芷汀大兄六十壽序〉、〈與陳子丹書〉、
　　〈東蓮覺苑祖堂記〉等文，又承賴恬昌教授相示其收藏的信函，其中有朱汝珍、商衍鎏
　　等，一部份遺老給賴氏的函件，收入 Lai T.C.（賴恬昌），A Scholar in Imperial China（Hong
　　Kong: Don Bosco Printing Company, 1970）一書內，從這些文章與書信中得見賴際熙的
　　人際網絡。

「鄒魯即在於海濱」，遂創立學海書樓，既以藏書，且為講學。[57] 書樓成立後，賴太史先後邀請各太史及何藻翔等在書樓講學，賴氏亦在 1926 至 1936 年親自講授「課經史或授詞章」，又講《文獻通考》序。[58] 除俞安鼐先生外，賴太史早年講學次數最多，其後各太史先後謝世，則敦聘國學名宿主講。書樓自創立迄今，除日本侵港的數年外，國學講座從未間斷，書樓對國學之推廣，創始者賴氏居功至偉。

賴際熙一生以推行中文教育為己任，積極倡導傳統經學教育。港督金文泰推崇漢學，時賴際熙已受聘於香港大學中文學院，教授經學多年，乃邀其於香港大學創辦中文學系。他又為香港大學圖書館籌置中文藏書，後值馮平山七十壽辰，賴際熙復請其捐建中文圖書館，即今香港大學馮平山圖書館。[59]

賴氏晚年注籍羅浮酥醪觀，道號圓智。逝世後，香港大學中文系為紀念其創系之功，曾集其詩文，刊印為《荔垞集》行世。遺著尚有《清史大臣傳》、《荔垞文存》、《增城縣志》、《赤溪縣志》等。[60]

區大典（1877-1937）

區大典為書樓成立之初講學太史之一。字慎輝，號徽五，別號遺史氏，廣東南海人。光緒丁酉科舉孝廉，光緒二十九年（1903）癸卯科會試，賜進士出身，授翰林院編修。[61] 區大典為學博大精微，熟悉經、史、兵學、地理等，堪稱通儒，尤好韓愈、歐陽修之古文，以及周敦頤、二程（程顥、程頤）理學。[62]

57　曾漢棠，〈香港學海書樓與粵港文化的傳承關係〉，頁 71-78。

58　鄧又同編，〈賴際熙太史事略〉，鄧又同編，《香港學海書樓主講翰林文鈔》（香港：學海書樓，1991），頁 47。

59　〈學海書樓人物錄〉，《香海傳薪錄：香港學海書樓紀實》，頁 298。

60　同上注。

61　同上注，頁 303。

62　同上注。

辛亥革命後，區太史移居香港，在書樓成立初期旋被聘為講師，1927 年至 1935 年間，區氏曾在學海書樓「講經學，談易經，揚儒學」，令「青年學子，獲益良多」。[63]1927 年，區氏應聘為香港大學中文學系專任講師，講授「經學大要」、「經學通論」等課程。後香港大學中文學會成立，他更任中文學會首屆會長。居港期間，區太史歷任香港大學堂經學總教習、香港皇仁書院男女師範校長、尊經學校校長等，又創辦《平民報》向社會推廣國學。[64] 區太史學藝兼修，其楷書秀勁峭拔，行書清秀靈動。[65] 區氏晚年專注易學研究，以畢生所學撰寫《易經講義》一書。[66] 岑光樾太史於區公逝世後親撰〈輯區徽五前輩〉聯語，稱：「下筆輒千言，遺史每多憂世論；知交齊一慟，尊經誰續等身書」[67]，具體概括了區太史的特點與貢獻，區氏好學且誨人不倦的風範，堪為提倡國學而澤被於世之翹楚。

區大原（1869-1945）

區大原為書樓成立之初講學太史之一。字裕輝，號季海，廣東南海人。光緒二十九年（1903 年）癸卯科會試，賜進士出身，欽點翰林院庶起士，授翰林院檢討。曾任廣東法政學堂監督。[68] 辛亥革命後移居香港，先後受聘於香港大學、漢文中學、嶺島中學、學海書樓中文教習，講經史多年。1933 年兼任香港孔教學院副院長，曾參與創辦西樵官山的雲瀛書院。

63　鄧又同編，〈區大典太史事略〉，《香港學海書樓主講翰林文鈔》，頁 33。

64　〈學海書樓人物錄〉，《香海傳薪錄：香港學海書樓紀實》，頁 303。

65　同上注。

66　鄧又同編，〈區大典太史事略〉，《香港學海書樓主講翰林文鈔》，頁 33。

67　岑光樾撰，岑公焴編，《鶴禪集》（香港：自印本，1984），頁 116。轉引自許振興，〈清遺民經學家寓居香港時期的史學視野——區大典《史略》考索〉，《中國學術年刊》，2012 年第 34 期（2012 年 3 月），頁 35。

68　鄧又同編，〈區大原太史事略〉，《香港學海書樓主講翰林文鈔》，頁 91。

　　書樓成立之初，區太史已任學海書樓國學講席，1932 年講課次數最為頻密，[69] 講學內容為「課經史，授詞章」。[70] 居港期間亦與一眾前清太史，如江孔殷、桂坫、談道隆、朱汝珍、溫肅、賴際熙等組織「正聲詩社」，課詩之外，競為詩鐘，[71] 將各人所賦之詩彙編成《正聲吟社詩鐘集》。

　　1941 年日本入侵香港，區大原拒絕合作，回家鄉南海開館授徒。1944 年夏天，西江大漲決堤，鄉人成立築堤修圍籌委會，推區大原為主任。區太史帶領鄉人修築堤欄，搶插晚稻，最終積勞成疾，翌年二月去世。區氏力行教學及處理地方事務，卓然有成，為「真正儒家讀書人」。[72]

　　區氏擅書法，書風秀勁穩健，風華俊麗，求書者甚眾，香港大學馮平山博物館藏有其墨跡。今西樵山仰雲廬內尚保存其「通德」二字刻石。[73]

岑光樾（1876-1960）

　　岑光樾為書樓成立之初講學太史之一。原名孝憲，字敏仲，號鶴禪、鶴壽，道號圓靜，廣東順德人。十五歲師從大儒簡朝亮（1851-

---

69　參考許振興教授搜集報刊檢得資料，區氏先後在 1932 年 4 至 7 月、1932 年 9 月、1932 年 11 月至 12 月、1937 年 3 月為書樓擔任主講。參見許振興，〈日本侵佔香港前學海書樓的講學活動〉，2017 年 12 月 9 日「單周堯教授七秩華誕國際學術研討會」會議論文，未標頁碼 [未刊稿]。

70　鄧又同編，〈區大原太史事略〉，《香港學海書樓主講翰林文鈔》，頁 91。

71　詩鐘是中國古代文人的一種限時吟詩文字遊戲，於固定時間內（古時為一柱香）吟成一聯或多聯，時限一到立即鳴鐘。鐘響後再以核心聯句各補綴成一首律詩。詩鐘詳細介紹可見王鶴齡，〈詩鐘考源〉，《中國典籍與文化》，1999 年，第二期，頁 62-67。香港詩鐘作品可見白福臻編，《寒山社詩鐘選‧甲乙集》（香港：香港聯謎社，2001），另見氏編，《寒山社詩鐘選‧丙集》（香港：香港聯謎社，2003）等。

72　區建英，〈序言〉，區兆熊主編，《區大原太史翰墨集》（廣州：廣州今人彩色印刷有限公司，2019），頁 2。

73　〈學海書樓人物錄〉，《香港傳薪錄：香港學海書樓紀實》，頁 300。

1933）。光緒二十五年（1899）己亥科攷，古學歷史第一，院試冠軍，補邑庠生。光緒二十七年（1901）中舉人，光緒三十年（1904）甲辰恩科會試，中式第三十二名貢士，殿試二甲第廿四名，賜進士出身，授翰林院庶吉士。光緒三十二年（1906）奉派赴日本，入讀東京法政大學，光緒三十四年（1908）卒業歸國，投翰林院編修，並賞侍講銜。宣統元年（1909）授奉政大夫，嗣升通議大夫，歷任國史館協修、纂修、實錄館協修等職。[74]次年任庚戌考試舉貢裏校官。辛亥後，岑老攜眷移居香港，嘗至羅浮山問道於陳伯陶，後自號圓靜道人，後又自號「鶴禪」。

1925 年，他應賴際熙太史之邀至學海書樓講學，「主講經史，弘揚儒學」，以「四書」、「五經」為主，闡揚孔孟之道與《春秋》微言大義。[75]次年，受聘於新創辦之官立漢文中學（今金文泰中學），兼漢文師範日夜校講席，1938 年退休。是年秋天任西南中學文史教員。1945 年，他離港避居故里，於順德芥舟祖祠設帳授徒。1947 年返港，於港島軒尼詩道創辦私立成達中學，並自任校長，為成達中學撰寫校歌。因求學者眾，遂於次年在洛克道增設分校。[76]

岑氏擅書法，字體端莊秀麗，能作擘窠大字，有聲於時。工詩，擅寫對聯，在香港利舞台、保良局及東華醫院等建築物留下不少楹聯墨寶，生平著有《鶴禪集》。[77]

陳伯陶（1855-1930）

陳伯陶字象華，一字子礪，另署勵道人，東莞縣人。生於咸豐五年（1855），卒於民國十九年八月（1930）。光緒五年（1879）中

74　鄧又同編，〈岑光樾太史事略〉，《香港學海書樓主講翰林文鈔》，頁 107。

75　〈學海書樓人物錄〉，《香海傳薪錄：香港學海書樓紀實》，頁 303。

76　同上注，頁 302。

77　鄒穎文編，《翰苑流芳：賴際熙太史藏近代名人手札》，頁 103。

己卯科解元，七年（1881）選學海堂專課肄業生。十五年（1889）考取內閣中書，充咸安宮教習，館李文田家。十八年（1892）中壬辰科進士，廷試一甲第三名，授翰林院編修，歷充雲南、貴州、山東副考官、武英殿纂修、國史館起居注協修、文淵閣校理、國史館總纂。光緒三十一年（1905），入直南書房。三十二年（1906），學部奏派赴日本考察學務，署江寧提學使。三十四年（1908）七月，署江寧布政使。宣統元年（1909）五月，再署江寧布政使。十一月，實授江寧提學使。[78] 二年（1910）三月，入覲，請假修墓。旋由粵督代奏開缺養親。民國改元，奉母避地九龍，因家居所在關係，自號「九龍真逸」，沈潛於著述。民國四年（1915），因東莞邑人邀請，於九龍設志局，纂修《東莞縣志》。民國十年（1921）書成，凡九十八卷。民國十一年（1922），齎萬金入京，賀滿清廢帝大婚。後卒於九龍，年七十六。[79]

陳伯陶是書樓成立之初講學眾太史之一。幼年隨父陳銘珪讀書於羅浮山酥醪觀，曾注籍觀中，後為陳澧學生。陳氏通醫術、地理，擅畫，工書法，以楷體見長。光緒十八年（1892），伯陶公殿試一甲第三名（探花）[80]。甲午戰爭起，他因知識淵博奉命到南洋偵察英國人協助日本之虛實，光緒三十二年（1906）被派往日本考察教育。任國史館總纂時曾參與擬定《擬增輯儒林文苑傳條例》共二十一條，任署江南布政使期間又曾改革賦稅徵解制度問題，以及與英方商定「禁煙

---

78 〈學海書樓人物錄〉，《香海傳薪錄：香港學海書樓紀實》，頁 296。

79 陳紹南，〈陳伯陶生平〉，陳紹南編，《代代相傳：陳伯陶紀念集》（香港：編者自刊，1997），頁 10-11。

80 陳伯陶於殿試中本為第一名，因把「宣撫司」誤寫為「宣慰司」而改列第三。陳伯陶，〈七十述哀一百三十韻〉詩註，載《瓜廬詩賸》（民國 21 年 [1932] 刊本）卷下，頁 49。轉引自李緒柏，《陳伯陶評傳》（廣州：廣東人民出版社，2014），頁 59。

之約」。[81]

　　辛亥革命後，他因不願接受民初國情，遂於 1913 年 2 月移居香港，並至九龍城署，署所居曰「瓜廬」[82]。初隱九龍後，陳氏即發起憑弔宋王臺之舉，並作〈九龍宋王臺新築石垣記〉，刻於山坡建亭上，又為表示心繫清朝，常與其他遺老酬唱於宋王臺，並在 1917 年把其作品刊為《宋臺秋唱》。[83]1923 年，陳氏與同為書樓創辦人賴際熙等人共同籌建學海書樓，即使隱居九龍，亦常「欣然渡海，登壇說經」[84]，講學內容主「闡述經義，有關世道人心，多所啟導」[85]。陳氏藏書豐富，因此還有贈書予書樓之舉。[86]

　　陳氏一生學養深厚，著作甚多，計有《東莞縣志》九十八卷（附《沙田志》四卷）、《明季東莞五忠傳》二卷、《增補陳琴軒羅浮志》十五卷、《孝經說》三卷、編有《袁督師遺稿》三卷、《瓜廬文剩》四卷，又著遺民錄以表忠於清朝，寧以遺民自居，有《勝朝粵東遺民錄》四卷、《宋東莞遺民錄》二卷，尤以《東莞縣志》和《勝朝粵東遺民錄》為學界推崇。[87]

　　陳伯陶主要著作如下：[88]

81　有關陳伯陶任國史館總纂及江南布政使之政績，參見李緒柏，《陳伯陶評傳》，頁 123-128，159-165。

82　「瓜廬」既有居處簡陋，也有借東陵侯自況。李緒柏，《陳伯陶評傳》，頁 179。

83　李緒柏，《陳伯陶評傳》，頁 181。

84　〈癸卯（1903），甲辰（1904）科同人敘於香港學海書樓〉，《香港學海書樓主講翰林文鈔》（香港：香港學海書樓，1991），缺頁碼。

85　鄧又同編，〈陳伯陶太史事略〉，《香港學海書樓主講翰林文鈔》，頁 1。

86　例如他給〈賴際熙信〉說：「送上張寓苓（按：豫泉，名張其淦 [1859-1946]，廣東東莞人，清末知縣，官至安徽提學使。辛亥革命後，在上海隱居，與陳伯陶是同鄉好友。）所著《老子約》三本，請存書樓二本……荔垞親家足下。弟陶。」鄧又同編，〈學海書樓講師陳伯陶太史（探花）墨跡〉，《香港學海書樓講學錄選集》（香港：學海書樓，1990），頁 9。

87　〈學海書樓人物錄〉，《香海傳薪錄：香港學海書樓紀實》，頁 296。

88　盧曉明整理，〈陳伯陶年表〉，陳伯陶著，盧曉麗校注，《陳伯陶詩文集校注》（廣州：中山大學出版社，2021），頁 566-572。

1、《孝經說》三卷。

2、《勝朝粵東遺民錄》四卷。

3、《宋東莞遺民錄》二卷。

4、《東莞五忠傳》二卷。

5、《重纂東莞縣志》九十八卷。

6、《瓜廬詩賸》四卷。

7、《瓜廬文賸》四卷，《外編》一卷。

8、《宋臺秋唱》一卷。

9、《輯袁督師遺稿》三卷。

10、《東江考》四卷。

11、《西部考》二卷。

12、《增補羅浮志》十六卷。

陳氏更為推動香港的九龍城宋王臺（即宋皇臺）歷史化研究，保存宋王臺遺址，甚有貢獻。香港九龍城馬頭涌的宋王臺花園內〈九龍宋皇臺遺址碑記〉，記載了陳伯陶及富商協作將宋王臺遺址保存下來一事。雖然不少學者認為宋王臺宋帝南下的故事，為陳伯陶選取史料建構出來的，但陳氏於二十世紀初，登上其時宋王臺一地，藉憑弔宋室南下所做的詩文，如：〈宋皇臺懷古〉、〈宋行宮遺瓦歌〉、〈宋皇臺之北有楊太妃女晉國公主墓〉等，特別是〈九龍宋王臺麓新築石垣記〉，都是日後研究宋帝南下香港，以及這一故事如何影響香港社會與文化的重要文獻。[89]

溫肅（1878-1939）

溫肅為書樓成立之初講學太史之一。字毅夫，原名聯瑋，又字清臣，號檗庵，晚號清臣，卒謚文節，廣東順德縣人。早年在省垣遊

89　區志堅，〈鐵路展館與宋元文化知識的流播：以港鐵宋皇臺站為例〉（將刊稿）。

學，二十五歲由國學生舉順天鄉試，為第三名舉人，次年（1903）聯捷成進士，後授翰林院庶吉士，三年後授編修，充任國史館、實錄館協修。宣統二年（1910），補授掌湖北道監察御史，建言五十餘摺彈劾權貴及不職疆臣，有聲於時。1917 年，他被授予都察院副都御史，未到任而張勳復辟，後來加入張勳幕府四年，志復清國，事敗後隱居鄉間。1924 年隨溥儀到天津，溫太史進《貞觀政要講義》。[90]

溫公流寓香港時，嘗與眾太史共襄成立學海書樓，弘揚國粹，講授詩歌源流，書樓成立後，溫太史成為書樓講學太史之一，「講學多闡發人倫大道忠孝節義」。[91]

他在香港大學中文學院期間，任教先秦哲學及文詞兩科，並任中文學會副會長。溫公擅書法，深得米元章體法楷，兼歐柳而有之。[92] 溫氏長於撰述鄉邦文獻及史學著作，曾總纂地方志書《龍山鄉志》，為明末忠臣著《陳獨漉先生年譜》、記錄清德宗（光緒）之《德宗實錄》以表心志，另著《哲學講義》、《溫氏族譜》等，又擅寫詩，著有《遺民詩》、《感舊集》若干卷，其子溫中行把父親著作合刊為《溫文節公集》。[93] 又嘗與黎湛枝、歐家廉太史以私人財力合撰《德宗景帝聖訓》，成書一百四十五卷，目錄一卷，進呈稿本，得溥儀獎賞。[94] 溫太史於 1939 年逝世，予諡文節，[95] 他把其中二子名為必復（長子）和必清（六子），可見溫氏「復清」之心志。

90　〈學海書樓人物錄〉，《香海傳薪錄：香港學海書樓紀實》，頁 305。

91　鄧又同編，〈溫肅太史事略〉，《香港學海書樓主講翰林文鈔》，頁 69。

92　鄒穎文編，《翰苑流芳：賴際熙太史藏近代名人手札》，頁 107。

93　鄧又同編，〈溫肅太史事略〉，《香港學海書樓主講翰林文鈔》，頁 69。Francis Wann（雲中燕）ed., *The Other Wen Su* (Hong Kong: Offset Printing Co., Ltd, 2020).

94　陳三井：〈史論〉，載氏著，《八十文存：大時代中的史家與史學》（台北：秀威資訊，2017），頁 220。

95　〈學海書樓人物錄〉，《香海傳薪錄：香港學海書樓紀實》，頁 305。

俞叔文（1874-1959）

俞叔文為書樓成立之初講師及首任司理。本名安鼎，字叔文，以字行，晚年自號彌遜老人。俞氏祖籍浙江山陰，自幼負笈北京譯學館，矢志研求經世學問。民國建立後，舉家移居香港，並設館課徒，紳商名流相率遣送子女從學。

1923 年起，俞氏擔任學海書樓司理，積極為書樓廣羅圖籍、編纂書目，並主講《詩經》等經史文辭諸學，為書樓早期講學名家，亦是 1926 至 1936 年間書樓講學次數最多的講師。隨着賴際熙、區大典等名宿相繼逝世，講學的責任便多由朱汝珍、岑光樾及俞氏等人分擔。1938 年後，俞老更不時成為唯一的講者。[96] 俞氏自 1948 年書樓復講開始，每週親自主講一次，直到 1957 年辭去常務董事與義務司理，始為講學書樓的生涯劃上句號。

1941 年末，日軍侵港，叔文舉家北返廣州祖居避亂，並在嶺南大學任教。日本投降後，他迅即聯同李景康、李海東等竭力奔走，矢志恢復學海書樓舊貌，並設法領回戰時寄存香港大學馮平山圖書館的書樓藏書。在此期間，俞老繼續擔任書樓的司理和主講，兼教德明、敦梅、麗澤、寶賞諸校。[97] 1959 年 2 月，俞公逝世，享壽八十六，以教育終其身。後人因俞老桃李滿門，尊他為「老教育家」。

俞氏著有《古文評註辨正》及詩詞合刊《三十六溪花萼集》，曾為書樓編印《學海書樓講學錄第二集》等，後人把俞氏文章編纂為《俞叔文文存》傳世。[98]

96　許振興，〈俞叔文與學海書樓〉，《國文天地》，頁 45。

97　〈學海書樓人物錄〉，《香港傳薪錄：香港學海書樓紀實》，頁 302。

98　許振興，〈俞叔文與學海書樓〉，《國文天地》，頁 44。

何藻翔（1865-1930）

何藻翔為書樓成立之初的講師之一。初名國炎，字梅廈、翽高，號溥廷，晚號鄒崖遺者，廣東順德馬寧人。早年肄業應元學院。光緒十八年（1892）進士，授兵部主事，官至外務部員外郎，曾隨張蔭棠出使西藏商訂《印藏條約》。光緒二十一年（1895）上書彈劾軍機大臣兵部尚書孫毓汶（1834-1899）「貪驕誤國」六大罪，同年參與組建強學會於京師，研究新學，翌年補授總理各國事務衙門章京。光緒三十二年（1906）又為議約大臣張蔭棠的參贊官任赴印度，為「固國權、積弊、開民智、盡地利，多所盡力」。[99] 兩年後回京，補外務部主事，轉員外郎。1915 年南歸廣州與易學清、汪兆銓等應聘為廣東通志館總纂。其後歷任廣州醫學實習館館長和學海堂學長，致力溝通中西醫學，弘揚傳統文化，執教之餘行醫濟世，頗受時人稱譽。[100]

何氏在辛亥革命後因感「白髮滿簪，寧堪再嫁，貳臣傳末，位國殊難」，[101] 遂在 1920 年秋南移香港「以教讀糊口」，[102] 歷任聖士提反中學教席、漢文師範教席、湘父學校、富商馮平山家教席等。書樓成立後，旋任講師，以其「滿腹經綸，咳珠吐玉」[103] 精彩講課引得四方學生紛紛前來聆聽，對書樓名聲傳播、知識普及發揮重要作用，奠定書樓創立根基。

1925 年他又與劉景堂、蔡哲夫等創北山詩社。何氏學識廣博，曾總纂《順德縣志》，晚年校理《東塾遺稿》，著有《嶺南詩存》、《藏語》等，遺作由後人及門生按遺願於逝世三十年後輯入《鄒崖集》，

---

99 〈學海書樓人物錄〉，《香海傳薪錄：香港學海書樓紀實》，頁 299。

100 同上注。

101 何藻翔著，吳天任編，《鄒崖詩集：附年譜》，《何翽高先生年譜》，頁 132。

102 同上注，頁 151。

103 〈學海書樓人物錄〉，《香海傳薪錄：香港學海書樓紀實》，頁 299。

受後人推崇。[104]

朱汝珍（1870-1942）

朱汝珍為書樓成立之初講學太史之一，原名倬冠，字玉堂，號聘三，別號隘園，廣東清遠人。先世自福建永定，遂徙居翁源，再遷清遠。他幼年喪父，家境清貧，倚長兄汝琦為活，乃發奮攻讀。[105]

朱太史為光緒二十九年（1903）順天鄉試舉人，次年甲辰恩科榜眼，授翰林院編修。光緒三十二年（1906），朱氏與同榜劉春霖、商衍鎏等被派赴日本東京法政大學堂就讀法律，歸國後任京師法律學堂教授，續纂修法律。宣統元年（1909）奉命創定商律，翌年任首次法官考試貴州主考，返京後授南書房行走，奉派修纂《德宗實錄》，歷任實錄館總校、纂修和國史館、武英殿、翰林院、法律館協修、纂修官。

書樓成立後，太史常來學海書樓講學，主講〈兩都賦〉，除課經史外，朱太史宣揚國學亦不遺餘力。[106]1930 年，他從津門南歸故里，次年受聘香港大學中文學院，為文史哲講師。[107]

1933 年朱氏創立香港孔教大成書院，自任院長兼附中校長，曾赴東南亞諸國宣揚孔教。

1940 年太平洋戰事爆發，次年香港淪陷，朱氏與居港同鄉組織歸鄉指導委員會，又與清遠同鄉會同仁籌集藥品，協助同鄉疏散返回內地。1942 年自滬返京後病逝，終年七十二歲。[108] 朱氏工書法，其字

104　同上註。

105　同上註，頁 300。

106　朱汝珍生平，詳見清遠市地方志編纂辦公室編，〈人物〉，《清遠縣志》，卷 30，1995，頁 992；盧展才，〈朱院長聘三太史略歷〉，《弘道年刊》，第 1 期，1971，頁 4-8；以及鄧又同編，〈朱汝珍太史事略〉，《香港學海書樓主講翰林文鈔》，頁 95。

107　〈學海書樓人物錄〉，《香港傳薪錄：香港學海書樓紀實》，頁 300。

108　同上註。

端正圓潤，遒勁清麗，詩文見《學海書樓主講翰林文鈔》，編著有《詞林輯略》、《詞林姓氏韻編》、《清遠縣志》及《陽山縣志》等，對保存史料及文獻甚有貢獻。[109]

左霈（1875-1936）

左霈，字雨荃（一作雨泉），廣州駐防漢軍正黃旗人，原籍瀋陽鐵嶺人。左氏十歲喪父，家有母親和一位姐姐。光緒二十九年（1903）癸卯科一甲第二名進士（榜眼），受翰林院編修。歷任翰林院秘書郎、雲南麗江府知府。他與學海書樓創始人賴際熙以及學海書樓早期的主講者溫肅、區大原等太史是同科，故交往甚密。他曾講學於香港學海書樓。左氏擅書法，取法唐代歐陽洵，筆力險勁，結體嚴謹。左氏 1937 年於香港離世。[110]《左霈日記》記錄了其 1902 年至 1936 年間的日常生活，是研究晚清民國廣東生活的珍貴史料。

吳道鎔（1852-1936）

吳道鎔，原名國鎮，字玉臣，曾入羅浮山酥醪觀注籍庶道士，號永晦（一作用晦），晚號澹庵。先世浙江會稽（今紹興）人，寄籍廣東番禺。年十七，補縣學生，時李文田乞假返粵，主講於應元書院，吳尤器重之。清光緒元年（1875）吳為乙亥科中式舉人。光緒六年庚辰進士，授翰林院庶吉士。光緒十二年散館授編修。時李文田仍值南書房，以吳道鎔為記室，並命授其子淵碩讀書。留京都數年間，經常得到李氏指導，學習書法，造詣日深。吳氏性淡泊，無意仕進。旋返穗垣，於廣府學宮設館授徒，從學者數百人。先後主講於三水之

109　同上注。

110　〈左雨荃太史在港逝世〉，《香港華字日報》，1937 年 12 月 28 日，香港公共圖書館數碼館藏；左振，〈左霈生平簡介〉，左振、左斯明整理，《左霈日記詩文摘編》（香港：出版者不詳，2010），頁 6。

肄江、惠州之豐湖、潮州之金山及韓山、廣州之應元諸書院,並任
學海堂學長。他學識淵博,精通經史、算術,以及泰西政學之書。
光緒三十年廢科舉,改廣雅書院為廣東大學堂,旋復改為兩廣高等
學堂,前後任監督凡八年。宣統年間(1909-1911)他被舉為廣東學
務公所議長,辛亥鼎革後杜門著述。吳氏擅詩文,下筆匠心獨運,
氣銳詞雄,自成一家,晚年崇信道教。1936 年閏三月於廣州病逝,
終年八十四歲。他於 1933 年蒙溥儀賞匾額。歿後,又賜額「報璞懷
貞」[111],其遺命以道服收殮,「國變」後曾注籍羅浮酥醪觀。[112] 編著有
《澹庵詩存》、《澹庵文存》、《明史樂府》、《番禺縣志》、《海陽縣志》
等,又耗畢生精力,輯成《廣東文徵》二百四十卷,收入自漢迄清共
六百餘家,並附〈作者考〉十二卷。未及付梓而抗戰軍興,其女攜稿
避地澳門,重加修訂合七百十二家。1947 年葉恭綽返粵主持廣東文
獻委員會時集資油印,後由香港中文大學教授李棪改編印行,此書為
保存嶺南文獻功不可沒。吳氏書法,初習柳誠懸,居北京李文田家中
時,得見李所藏漢、魏、隋、唐諸碑拓,其後致力魏碑,李親為臨摹
示範,書學日進。書風勁挺蕭穆,尤長於榜書碑版。

桂坫(1867-1958)

　　桂坫,桂文燦之子,字南屏,生於廣東南海。光緒二十年
(1894)進士,成為國史館撰修官及浙江嚴州知府,授翰林檢討。入
民國後,往來穗港兩地。1921 年來港,於陳子褒學校教授經史。桂
氏擅詩、古文辭,編著有《續修南海縣志》、《說文解字釋例》等,
與賴際熙等人創立學海書樓。

---

111 張學華,〈誥授通奉大夫翰林院編修吳君行狀〉,吳道鎔,《澹盦文存》,卷首,頁 2-3。
112 同上注,頁 3。

周廷幹（1852-1936）

周廷幹，字孟年，號恪叔，順德龍山人，光緒十二年（1892）壬辰科中式舉人。光緒二十九年（1903）癸卯科進士。其後曾任翰林院檢討（光緒三十三年至宣統三年）及國史館纂修官。他和溫肅為同科進士，二人合著有《龍山鄉志》十五卷。1922 年參與編纂《順德縣續志》，總董局務。辛亥革命後曾任教於香港學海書樓。周氏精書法，工楷書，清雅秀麗，風格近李北海。[113]

梁鼎芬（1859-1919）

梁鼎芬，字星海，號節庵，廣東番禺人氏。清末民初官員、學者。光緒二年，順天鄉試中舉，六年（1880）進士，選翰林院庶吉士，九年，散館授編修。光緒十年（1884）中法戰爭中，時任直隸總督兼北洋大臣的李鴻章力主議和，梁鼎芬彈劾李鴻章六大可殺之罪，指責李鴻章與法國議約時在中越問題上處理失當。梁鼎芬卻因此疏開罪慈禧，以「妄劾」治重罪，後因大學士閻敬銘力阻而免，仍連降五級，到太常寺去做司樂小官，故他憤而辭官，到鎮江焦山海西庵閉門讀書，還鄉後任惠州豐湖書院山長。時張之洞任兩廣總督，慕其才名，先後聘他為肇慶端溪書院院長、廣雅書院首任院長。張之洞移任湖廣後，梁鼎芬追隨充當幕僚。張之洞在武漢辦《楚學報》，聘請王仁俊為坐辦，由章太炎主筆。梁鼎芬見章太炎寫〈排滿論〉六萬言，兩人發生衝突。王仁俊向張辯解，謂章本是個瘋子，「即日逐之出境可也」。梁鼎芬讓轎夫用抬轎子的木杠子痛打章的屁股。梁嗜食魚翅，張之洞舉辦宴會時，必準備魚翅一大盤給他大快朵頤。戊戌變法時，梁鼎芬支持張之洞查封上海強學會，稱康有為、梁啟超「提倡維新」是「邪教、邪說，心同叛逆」。張之洞死後，梁鼎芬親往送葬至

南皮。一路上痛哭失聲，響徹雲霄。送殯完畢，梁在張宅門前徘徊多時，不忍離去。

　　1911 年武昌起義爆發，革命形勢發展迅速，很多省份相繼宣佈獨立。梁鼎芬等與頭面士紳主持廣東諮議局，10 月 25 日在廣東省城下九甫文瀾書院召集省中各大團體，討論「維持廣東公安事宜」。會上通過三條決定，即「決議保全廣東大局議案」，決定廣東不再向「亂事省份」調兵、撥餉、撥械，並派人到香港與革命黨聯絡；同時即時將決議案函送兩廣總督張鳴岐。張鳴岐也隨即奏請清廷罷免親貴，改組內閣，特赦黨人。辛亥革命後，梁鼎芬在陳寶琛的引薦下擔任溥儀師傅。梁在張勛復辟時曾積極參與，代表清室前往總統府逼黎元洪奉還大政。梁鼎芬於 1919 年 11 月 14 日在北京病逝，葬於崇陵右旁的小山上，廢帝溥儀賜諡文忠。

陳煜庠

　　陳煜庠，生卒年未詳。字壔伯，廣東花縣人。清光緒二十九年（1903）進士，參加光緒癸卯科殿試，登進士三甲第一百零一名。同年閏五月，着交吏部掣籤分發各省，以知縣即用。工繪事，嘗習繪墨蝶於方默谷，有陳蝴蝶之譽。民國後遁跡香港，任教官立漢文中學，並曾在學海書樓講學。[114]

陳念典

　　陳念典，字敦甫，廣東增城新趙鎮人。清光緒二十九年（1903）癸卯科進士，與香港學海書樓的創始人賴際熙是同鄉，也是同科進士。中進士後，陳念典即被任命為知縣，後任郎中、禮部光祿司行走等職。陳念典的父親陳熙泰致力於教育事業的發展，曾捐巨資修增城

---

114 鄒穎文編，《翰苑流芳：賴際熙太史藏近代名人手札》，頁 106。

文武廟、設書院等。陳念典繼承父親樂善好施的傳統，捐資數千金建立增城官立學堂。他因捐資建學堂的事而受皇帝讚賞，賜建「急公興學」牌坊。辛亥革命後，陳念典曾居香港，是學海書樓創辦早期的董事之一，積極襄助學海書樓的發展。二十世紀三十年代，陳念典居於廣州高第路，與廣東的士紳常有交往，他代表香港學海書樓邀請交往的廣東士紳積極捐資或捐書，得到廣東士紳的積極響應。他又為學海書樓積極捐資及捐書，促進了學海書樓的發展。民國六年（1917），陳念典與同鄉賴際熙等同修增城縣志，即《增城縣宣統志》。[115]

二、學海書樓的建立

　　賴際熙太史秉承「宏振斯文，宜聚書講學」的理念，在寓港之後，租賃香港中環堅道 27 號樓下，聘請何藻翔太史每週兩次主講國學，闡釋發揚儒家孔孟學說，以及諸子百家經典、詩文辭賦等。後於1923 年，在香港紳商何東、利希慎、李海東、郭春秧等人支持，以及各界熱心人士的捐助下，購置了中區般含道 20 號，邀請名師鴻儒開壇設講，按照講學體制定期講學，可謂「月有文課，週有講學」；又購買典籍，並向香港各界名流巨賈募捐，籌集購書和運輸經費。在書樓創始不久，藏書即有一千九百餘種，兩萬六千八百零九冊，包括經、史、子、集各國學巨著，以備眾閱，成為香港最早的公共圖書館，可謂「大興文教於港中」，「開港中文獻之先聲」。[116]

　　學海書樓不僅承擔着一眾遺老保存傳統文化與價值的使命，更在重商輕文的香港播下文化種子，開闢了中國文化價值的另一生機，而學海書樓的設立與發展，亦與當時香港的具體情況緊密相關。本節

---

115 〈學海書樓人物錄〉，《香海傳薪錄：香港學海書樓紀實》，頁 304-305。

116 王韜，〈徵設香海藏書樓序〉，《弢園文錄外編》（光緒九年序刊本），卷 8，冊 4，頁 6-7。

將從三個方面展開分析：（1）政府中文教育政策的變化；（2）華商的推動；（3）清代廣東書院文化在香港的延續。

1. 政策的嬗變

　　清末社會動蕩，使得避入香港的華人不斷增長，而香港不斷壯大的華人社群又與內地緊密聯繫，加上 1898 年新界地區通過租借劃入了英國的控制範圍，為了更好地管理華人社群，港府開始重新審視既有的教育政策。進入二十世紀後，港府的教育政策也發生了變化。1901 年，由當時的統計總署署長、教育司司長及華人領袖何啟博士共同組成教育委員會，着手對香港的教育情況進行調查，並於 1902 年發表調查報告書。[117] 報告書針對當時香港的教育問題進行總結和分析。在報告書中，提到對於英文講授方式的調整，以及需要增加歷史、地理等科目的建議，而對中文教育而言，也有一項重要的轉變，即提議「華人的兒童應多採他們中國語言的訓練」。[118] 1903 年《新教育補助法》頒佈，要求英文書館對華籍學生提供漢文教學，同時放寬漢文書館獲得政府補助的要求，[119] 可見政府針對中文教學的政策已經逐漸調整。不久，中國革命思潮通過課堂在香港產生不少影響，港府對於中文教育的關注度進一步提升。

　　1911 年，香港教育司專門設立「漢文教育組」，負責資金籌集、籌建學校。當年底，著名漢學家威禮士牧師（Rev. H. R. Wells）被派往皇仁書院主管中文課程，在他的主持下，皇仁書院開始實施「中英並重」的教育方針，要求所有華籍學生中英科目及格才可以升級。[120]

117　王齊樂，《香港中文教育發展史》（香港：波文書局，1983），頁 244。

118　阮柔，《香港教育：香港教育制度之史的研究》（香港：香港進步教育出版社，1948），頁 42。

119　王齊樂，《香港中文教育發展史》，頁 249-250。

120　王齊樂，《香港中文教育發展史》，頁 274。

第二年，政府為進一步調整中文教育政策，委託巴魯（Barlow）
對全港中文學校進行調查。報告指出，在很多學生的印象中，香港仍
是中國的領土；一些場合經常聽到蔑視外國人的言論；國文教材仍是
百年前的書籍；很多學校沒有分班制度；貧窮階層的男孩未有受到教
育；教法新穎的學校學生比較聰明，對外國人缺少敵意等。報告最終
的意見是：港府應該在增加教育投入的前提下，加強對於中文學校
的監管，提高師資和辦學水準，減少學生對外國人的敵意，以此維
護香港的穩定。根據《巴魯調查報告》，教育司擬定了《香港教育法
例》，並於 1913 年 8 月 7 日正式通過，這是香港有史以來首次經由
立法程序確立的教育法規。《香港教育法律》實施後，所有公、私立
學校均須接受政府的監督。所有學校，除非獲得特別豁免，否則一律
需依法向教育司署註冊，並需遵守《教育條例》的規定。申請註冊，
需由學校負責人向教育司詳細呈報學校的校舍、師資，以及開課內容
等具體信息。未經正式註冊的學校被認為是「非法學校」（Unlawful
School）。「非法學校」的負責人，一經教育司起訴，可能需繳付五百
元內的罰款。[121]

同年，為配合學校註冊的實施，教育司委任卡華利（Mr.
Cavalier）為漢文視學官（Inspector of Vernacular Schools）。卡華利
在華籍助理的協助下，對全港的私立漢文學校進行全面調查，區分各
種辦學情況，給予不同的支援。[122]

巴魯的調查報告，以及《香港教育法例》的制定無疑與港府希
望更有效管理華人社群不無關係，但同時也為提高香港中文教育質量
和完善教育體系提供了可能性。

《香港教育法例》頒佈以後，香港的中文基礎教育逐漸開展出新

121　同上注，頁 275。
122　王齊樂，《香港中文教育發展史》，頁 275-278。

的局面。由於政府的定向資助和強化管理，私立學校的辦學條件和教學質量均有改善。漢文學校的補助數量由 1915 年的三十六間遞增至 1919 年的五十四間。[123] 之後學校的數量也在不斷增加。雖因太平洋戰事爆發，未能完全按照 1939 年上任的教育司司長梳利士（Mr. C. G. Sollis）所草擬發展中文小學的計劃——五年內創辦五十間模範小學——但在此之前，尤其是 1920-1939 年間，香港新開展的漢文小學和中學也有相當的數量。根據 1939 年的估計，當時的香港中文中學約有二百一十間，小學則超過六百五十間。[124] 為進一步滿足中文教育師資的需要，香港逐步設立官立實業專科學校師資班、官立女子師範學堂、官立男子師範學堂、大埔師範學校等幾所「漢文師範」，[125] 進而使基礎中文教育更系統化和制度化地置於政府的管理之下。

　　另一方面，考慮到美國、日本紛紛開始通過合作辦學等方式對中國高等教育和學術領域滲透，英國也希望通過增加高等院校教育增強對華影響。而當時香港的華人亦想開辦本地大學，一方面可以就地得到外國的高等教育，省掉一些留學的費用；另一方面，也可使青年得到家長看管。由此，原本因英國政府和港督意見不一而一直被擱置的在香港設立高等教育機構的計劃，被重新提上日程。[126] 在港督盧押（Fredrick Lugard）的推動下，香港大學根據《大學條例》，在 1911 年以學者組織的自治團體在香港成立，並於第二年正式落成啓用。大學最初設有三個學院（faculty），包括以 1887 年設立的香港醫科大學為基礎設立的醫學院，工程學院，以及文學院。

---

123 方美賢，《香港早期教育發展史（1842-1941）》（香港：中國學社，1975），頁 113-116。

124 王齊樂，《香港中文教育發展史》，頁 340-346，頁 351-353。

125 方駿，〈官立漢文女子師範學堂：香港僅有的女子師訓院校〉，《教育曙光：香港教師會學報》，（48）2003，頁 56-57。

126 方駿、熊賢君主編，《香港教育通史》，頁 210。

由於經費問題，文學院至 1913 年才正式成立，仍以英語授課為主，其宗旨在於比較研究中西文化，通過強化官方英語在遠東的影響力，加強英國在遠東政治與經濟上的利益，特別是中英之間的聯繫。[127] 文學院下的中文科分為經、史兩部，課程為選修，教學與研究的重點也非普及和發展中國文化，而是側重於職業訓練，尤其是中文在商業活動的應用。[128]

雖然從基礎教育到高等教育，政府支持中文教育的目的並非推動文化的發展或推廣中國文化，而是維持殖民統治，增強英國對中國的影響，但這些學校和課程的設立，也為南下文人帶來了施展的空間。除了自己開設傳統私塾外，這些文人也參與到新式中小學的中文教育，以及「漢文師範」的教學中，如成達書堂由賴際熙一手創辦；官立漢文師範男校中，任教的講師有區大典、桂坫、區大原、俞叔文；漢師女校中有桂坫、區大典等。

香港大學文學院的中文科，最初準備在皇仁中學漢文教習中遴選兩人升任大學教席，但其教習最高學歷僅是前清秀才，不符合大學的教學資格。按規定，香港大學的漢文教習必須聘請前清翰林充任。[129]

1913 年香港大學正式開課後，中國文學教習最初屬意吳道鎔太史，吳不就，推薦門生區大典充任，繼而屬意於丁仁長太史。丁氏以事居廣州，母老不能來港，後聘賴際熙任香港大學漢文總教授，講授史學；區大典教授經學，以《易經》教義教授學生。起初以授課時間多少記酬，每月僅得港幣一百至二百元，後改為專任待遇，月薪增為五百至六百元，但與英國籍教授待遇相較差額仍很大，且不提供住

127　區志堅，〈學海書樓推動中國文化教育的貢獻〉，《香海傳薪錄：香港學海書樓紀實》，頁 85。

128　同上注，頁 83。

129　伯子，〈遜清遺老與香港的國文教育〉，《香海傳薪錄：香港學海書樓紀實》，頁 125。

宅，不給侍應，與普通英文中學教師待遇相同。[130] 由於文學院的學生必須修習翻譯，1916 年，校方增聘賴際熙與區大典的學生林棟（畢業於香港大學文學院的首屆文學生）擔任學院專任翻譯。經學、史學、文學、文詞學均由賴際熙與區大典負責。

　　賴際熙與區大典在香港大學任教經學，注重「四書」、《左傳》，史學採用《通鑑輯覽》，旁及多家史論。至於入學考試，漢文則以四書義、史論命題，如「人之患在好為人師義」、「學而不思則罔義」、「岳武穆奉朝班詩論」、「宋穆公論」等，每令投考者不知所措，但閱卷時給分尚寬。根據當時大學規定，四年學制分為兩個階段，首兩年的中期課程（intermediate course）與末兩年的終期課程（final course）。賴際熙教授史學負責選取二十四史、《資治通鑑》、《續資治通鑑》、《通典》、《通考》、《通志》、《通鑑輯覽》與宋元、明的歷史，分別於中期課程講授三代至東晉，終期課程教授南北朝至明朝的歷史。區大典教授文學課程如朱熹，以及其他學者對「四書」、「五經」的評注。[131] 文學的中期課程，1917 年明確為「四書」、「春秋三傳」與《周禮》。史學與文學規定，由賴與區共同負責講授「十三經」的基本原理與內容。許振興認為，這是香港大學對教學內容採用的「模糊處理的包容手法」，「既無法否定中國精英史學的傳統，又不能漠視經學與史學都不屬於西方現代學術分科的事實」。然而，也正是由於這種相悖而強行使其分科的方式，經學和史學能夠以另一種形式躋身於現代學科當中，如《詩經》應歸入文科，《尚書》、《左傳》應歸入史科等，從而使香港大學文學院成立初期提供的文學科成為一種有

130　同上注。

131　參看 University of Hong Kong, *University of Hong Kong Calendar1913-1914*.（Hong Kong: The Newspaper Enterprise Ltd, 1914）, pp. 60,100. University of Hong Kong, *University of Hong Kong calendar 1914-1915*.（Hong Kong: The Newspaper Enterprise Ltd, 1915）, pp. 73, 77.

癸卯、甲辰科同人敍於香港學海書樓

實無名的經學教育。[132] 由於香港大學入學考試側重「四書」及史論，故有意讓子女考入香港大學者，不能不令子女強化經史。[133]

　　綜上所述，學海書樓創辦前後數十年間，香港政府對中文教育的重視程度、政策傾向，以及伴隨而生的教育成果都有所變化。隨着移居香港的華人數量增長，對中文教育的需求也在增加，政府意識到強化對中文教育的管理，無論對香港的殖民統治，還是強化英國對中國的影響，不無裨益，由此使中文教育和中國文化研究有更多發展空間，亦為南下學人提供發揮所長，傳達自身教育理念的機會。

---

132 許振興，《經學、教育與香港大學：二十世紀的足跡》（香港：中華書局，2020），頁39。

133 伯子，〈遜清遺老與香港的國文教育〉，《香海傳薪錄：香港學海書樓紀實》，頁125。

2. 華商的推動

　　英國佔領香港的目的是為了推進貿易，對於意識形態或者文化認同上同化港人並無多大興趣。相對寬鬆的政策管控，有利於華人社會自我組織和建立各項社會組織。其中，由於貿易活動的推進，尤其是與中國貿易的推進，離不開華商的參與和支持，華商亦依此積累財富與社會影響力，成為華人社會中享有話語權的群體。除了設立各類商業組織之外，華商也積極參與各種社會組織和文化社團。因此，在港英政府眼中，華商是促進香港社會穩定的關鍵力量之一。然而，華商非文化階層，難以用文化領袖與中華文化代表的身份引領華人社會。此時大批廣東籍清移民包括一眾翰林太史相繼南來，為華商和政府解決了這一問題。[134] 於是，在各方力量的配合下，在香港中文教育的發展中，一度出現了以前清翰林太史為文化核心，政府作為政策引導，華商在其中穿針引線並提供各種支援的配合方式。[135]

　　學海書樓的創建同樣離不開社會名流、紳商大官的慷慨捐資。賴際熙太史交友甚廣，賓客來往不乏達官巨賈，學海書樓的構想一經提出就得到多位富商支持和捐助。華僑陳棉生贊助書櫃十具，使學海書樓逐漸開展出講學與藏書的規模；南洋華僑商戴芷汀出資贊助印刊書目，分送海內外各大圖書館和研究機構；華商何東、周壽臣、郭春秧、利希慎、李海東、陳步墀、鄧志昂、馮平山、羅旭龢等熱心公益，弘揚國學，多年來捐資購置書籍，資助翰林主講，不少更擔任書

---

134 賴恬昌先生曾在訪問中提到，當時不少華商喜歡領帶居港的前清遺老前往飲宴，希望遺老簽名為擔保人，方便向錢莊及銀行借錢。遺老作為文化領袖的社會影響力可見一斑。參見賴恬昌口述，區志堅訪問及整理，〈賴恬昌先生訪問稿〉，未刊稿，此文承蒙鄭培凱教授批准使用，特此致謝。

135 區志堅，〈闡揚聖道，息邪距跋：香港尊孔活動初探（1909- 今）〉，湯恩佳編，《儒教、儒學、儒商對人類的貢獻》（香港：香港孔教學院，2006），頁 537-554。

樓董事等行政職位，[136] 為書樓可謂盡心盡力。下文將對幾位重要儒商略作介紹[137]：

馮平山（1860-1931）

馮平山為戰前學海書樓董事。祖籍廣東新會，是香港著名華人企業家、銀行家和慈善家。年青時在泰國營商，從事行絲綢和土產雜貨貿易，其後在廣州創辦兆豐行，從事藥材買賣，後遷往香港，發展為南北行著名商號，並開設香港維吉利銀號，亦安銀號和東亞銀號，成為香港東亞銀行大股東及永遠董事。[138]

---

136 至今沒有資料顯示二三十年代書樓董事的名單，若依 1936 年「癸卯、甲辰科同人敘於香港學海書樓」的照片所見，共有 10 人合照，而照片中有六人曾參與書樓演講，所以就此推論為書樓的主要人物，可能是以下諸位：陳煜庠、左霈、朱汝珍、區大典、周廷幹、賴際熙、區大原、陳念典、岑光樾、溫肅，而以陳伯陶、朱汝珍、溫肅、區大典、區大原、岑光越均是書樓主講的主要人物。同時，我們可見當時書樓既是一個講學的地方，也是一個圖書借閱的機構，務求「保存國粹，聚書講學，兼而有之」。參見廣東省政協文化和文史資料委員會編，《香海傳薪錄：香港學海書樓紀實》，頁 36。茲檢出所存資料，考 1941 年以前主持學海書樓行政事務工作之義務職員如下：主任：賴煥文太史、羅旭龢紳士、洪錦興先生、李海東先生（兼司庫）、俞叔文老師（兼司理）。董事計有王辰頌、王德光、尹文楷、江筱侶、江貽孫、江瑞英、阮文村、阮次霭、安得臣、李亦梅、李梓芳、李冠春、李瑞琴、李雲敘、李翰墀、李榮光、李右泉、李尚銘、李景康、何曉生、何澤生、何棣生、何世榮、何世亮、何世光、何世傑、何世奇、利希慎、宋奏雲、吳穗疇、周壽臣、周東生、岑伯銘、招文卿、馬敘朝、洪子良、洪子義、洪子榮、胡恒錦、梁保三、梁燕孫、梁季典、梁孔鑴、梁仁甫、容子名、容子靜、容兆焯、容禮珍、陳省三、陳殿臣、陳伯益、陳廉伯、陳哲如、陳廉孚、陳子丹、陳夢熊、陳星梅、陳敦甫、馮香泉、馮平山、馮璞庵、馮玉森、馮達衡、郭春秋、郭輔庭、郭炯彤、郭少流、區徽五、區廣、黃麗生、黃鉅川、黃培初、黃奉周、黃梓林、黃伯宸、高寶森、曹允善、莫幹生、姚鉅源、張定庵、曾富、傅翼鵬、楊寶君、葉履剛、鄧志昂、劉漁防、劉少泉、劉季焯、劉亦焯、蔡耀公、盧醴蕖、盧舜雲、鐘仲芍、謝家寶、簡玉階、簡煥章、戴培基、羅持友等 98 人。主要為一群華商、學者及其時士紳，可見其時香港的上層人士十分積極支持中國文化的活動。參見廣東省政協文化和文史資料委員會編，《香海傳薪錄：香港學海書樓紀實》，頁 100。

137 部分人物資料來自吳佰乘先生所整理及撰寫的學海書樓重要人物生平。

138 彭淑敏，〈香港華商與學海書樓〉，《國文天地》，第 33 卷，第 10 期（2018 年 3 月），總 394 期，頁 27。

　　馮氏樂於發展慈善事業，尤重興辦義學，[139] 如倡立官立漢文中學（今金文泰中學）、協助香港大學創辦中文學院，並捐資興建香港大學中文圖書館，故圖書館命名為「馮平山圖書館」，館內圖書開放給全港市民借閱。抗日戰爭期間，為保存書樓珍貴藏書，曾把部分藏書移至馮平山圖書館暫存。[140] 1961 年，馮平山圖書館遷至香港大學圖書館總館後，馮平山樓變成博物館，今被評為香港一級歷史建築。馮氏因對社會熱心貢獻，獲委任為太平紳士。

　　馮氏逝世後，區大典太史為其撰寫〈馮平山先生墓誌銘〉謂：「公常痛恨失學，乃發憤興學，自邑而都而港，所助學，疑先後幾及百萬金，於道喪文蔽之秋，慨然以經正俗為己任，資富能訓，公其庶幾乎」，可見馮氏對教育的熱心貢獻。[141]

　　賴際熙盛讚馮平山的各種善舉，認為馮氏辦學目的不在傳達西方的知識，而在保存中國傳統文化。賴際熙認為，二十世紀二三十年代，社會風氣敗壞，只能藉辦學重振社會道德，故開辦的課程也「尊經復古為主，明體達用為歸」，既強調讀中國傳統經籍，也要求學生身體力行，修養善德，使「數千年聖賢墜緒，得延一線於此島」，「海濱商旅，能竭心盡力，以敬教勤學，助國家作人之未逮，其壽考必更無疆矣。」馮氏支持香港開辦中學及大學，具有保存中國傳統文化的貢獻。[142]

---

139 吳道鎔，〈新會馮平山墓表〉〔香港大學馮平山圖書館特藏（據 1931 年拓本）〕，參見〈馮平山墓表〉，載氏著，《淡盦文存》（沈雲龍主編：《近代中國史料叢刊》）（台北：文海出版社，1975），頁 81-84。

140 「1959 年法國敦煌學家伯希和（P. Pelliot）參觀圖書館時，檢視藏書目，盛稱圖書館藏書已足為研究中國學術之用；而 70 年代，香港大學中文系教授也謂：『此圖書館之設置，貴能為有生機之機構非僅以庋藏印刷品而已。』」有關後人對馮平山圖書館之評價，參見區志堅，〈學海書樓推動中國文化教育的貢獻〉，《香海傳薪錄：香港學海書樓紀實》，頁 121-122。

141 區大典，〈馮平山先生墓誌銘〉（香港大學馮平山圖書館特藏），缺出版年份。

142 區志堅，〈學海書樓推動中國文化教育的貢獻〉，《香海傳薪錄：香港學海書樓紀實》，頁 95。

陳步墀（1870-1934）

　　陳步墀，捐資襄助學海書樓的儒商之一。字子丹，一字又儕，號慈雲，廣東饒平前溪鄉人。他曾入讀國子監，年幼時參加諸生考試，成績優等，補博士弟子員，為廩生。宣統元年（1909）以恩貢生的身份入讀國子監。科舉制度廢除後，陳步墀棄學從商，參與由其父在上環文咸西街創設的家族企業乾泰隆號。陳氏熱心公益，曾出任保良局總理，是在香港活躍的前清遺老儒商。[143] 陳氏曾受業於陳伯陶太史門下，與賴際熙、溫肅等宿儒詩文交往，交誼深厚，又與陳伯陶生前更有「孰為後死，當為先死撰狀」的訂盟。陳氏素來支持諸位太史的志業，多年來一直捐資予書樓。陳氏擅詩詞，在二三十年代的香港詩壇中，自成一家，著有《繡詩樓集》，輯錄陳氏的《繡詩樓詩》、《繡詩樓詩二集》、《茅茨集》、《宋臺集》、《寒木春華齋詩》、《有光集》、《雙溪詞》、《十萬金鈴館詞》八種，以上著作收入《繡詩樓叢書》（三十六種），先生作品保存了大量清末民初罕見的文獻和早期香港文學的資料。[144]

利希慎（1879-1928）

　　利希慎，戰前學海書樓董事。原名利應，又名輯世，字廷羨，祖籍廣東新會，夏威夷出生。十七歲回香港入讀中央書院（今皇仁書院），畢業後留校任教，其後入職香港上海滙豐銀行。在仰光開辦雙德豐船務公司後，他被派往香港任經理，又創辦南亨船務公司，投資怡和洋行及註冊希慎置業公司。除承繼父親企業外，利希慎把生意獲利用以收購中環、灣仔、銅鑼灣區大量地皮，奠下利氏家族「地產王

143　彭淑敏，〈香港華商與學海書樓〉，《國文天地》，頁 28。

144　〈學海書樓人物錄〉，《香海傳薪錄：香港學海書樓紀實》，頁 301；黃坤堯，〈陳步墀《繡詩樓叢書》與晚清文學在香港的延續和發展〉，《香港詩詞論稿》（香港：當代文藝出版社，2004），頁 2-17。

國」的基礎，並投資金融市場而獲巨利。利氏因在銅鑼灣發展利園山一帶，加上對社區基層有很大貢獻，「希慎道」因而以他命名。[145]

利希慎曾出任戰前學海書樓董事，熱心弘揚國學，推動香港教育發展，如在母校中央書校成立「利希慎獎學金」，出資成立香港大學學生舍堂利希慎堂、利希慎醫科圖書館、香港中文大學利希慎音樂廳和香港都會大學利希慎實驗室。[146] 其子乃著名文物藏家利榮森，曾任學海書樓董事會主席，創辦北山堂基金，並以基金資助學海書樓出版國學叢書，致力把國學知識廣傳民間，對書樓發展貢獻良多。[147]

羅旭龢（1880-1949）

羅旭龢，戰前學海書樓行政主任。祖籍廣東寶安，香港出生，是巴斯華人混血兒，兼有歐亞裔血統，於拔萃書院和皇仁書院畢業。1913 年任裁判司署首席文案，後被選為第一位華人官守太平紳士。1916 年後晉升為布政司署首席文案，在準備每年香港的財政預算時均有出色表現。同年，羅旭龢辭職經商，創辦旭和洋行，從事留聲機出入口及投資地產業務，香港半山高級住宅區旭龢道便得名於他。1923 年他獲委任為香港立法局議員，並連任三屆。1926 年獲香港大學授予法學博士學位，先後歷任香港工務委員會委員、團防局紳、保良局紳、香港大學董事會，又獲委任為行政局議員。[148]

羅氏曾擔任戰前學海書樓行政主任，戰前有紀錄為書樓行政主任者，僅有賴際熙太史、洪興錦先生、李海東先生（兼司庫）及俞叔文先生（兼司理）。羅氏善言辭，有「銀舌」之稱譽，省港大罷工，

---

145 有關利氏投資經過，詳見鄭宏泰、黃紹倫，〈投資〉，《一代煙王：利希慎》（香港：三聯書店，2011），頁 142-163。

146 彭淑敏，〈香港華商與學海書樓〉，《國文天地》，頁 28-29。

147 〈學海書樓人物錄〉，《香海傳薪錄：香港學海書樓紀實》，頁 305。

148 同上註，頁 306。

曾出任華商代表與罷工委員會，成功向英國政府借款應付困局，成為中英及官民之間的重要橋樑。現時聖保羅男女中學內可找到羅旭龢爵士堂，又可在香港中央圖書館中找到羅旭龢像及他的珍貴藏書——「羅旭龢爵士特藏」。[149] 羅氏生平代表著作有《森林學》、《政治原理》等。[150]

李海東（1891-1973）

李海東，戰前學海書樓行政主任兼司庫。廣東新會七堡鄉人。海東少受庭訓，長大後投身商界，經營的事業多有所成。

學海書樓創辦期間，李氏對於國粹極力保存，與何東、郭春秧、利希慎等紳商捐資購買古籍，加上各方人士送贈與自購經史著作，豐富書樓典藏。當時香港政府及市政局尚未設立公共圖書館，而學海書樓藏不少圖書，設有閱覽室供大眾借閱，是香港最早的民辦圖書館之一。李氏作為早期捐資商人，對書樓發展功不可沒。直到1945年二戰結束，書樓同人謀求重振舊業，李海東遂積極籌辦書樓復課事宜聘任陳湛銓、吳天任、李景康等人輪流講學，對戰後書樓復課及發展有重要推動作用。[151]

李氏熱心公益，1927年被選為東華醫院主席，1929年任保良局總理，次年獲香港政府委任為太平紳士。歷任新會商會主席、華商會所主席、商業通濟財政監督、保護兒童會第一任義務司庫、聖士提反學校董事會主席、校董等職，可見他熱心參與社會事務，對香港發展作出一己貢獻。[152]

---

149 彭淑敏，〈香港華商與學海書樓〉，《國文天地》，頁 29。

150 〈學海書樓人物錄〉，《香海傳薪錄：香港學海書樓紀實》，頁 306。

151 彭淑敏，〈香港華商與學海書樓〉，《國文天地》，頁 29。

152 〈學海書樓人物錄〉，《香海傳薪錄：香港學海書樓紀實》，頁 307。

周壽臣（1861-1959）

　　周壽臣，名長齡，字壽臣，祖籍廣東寶安，香港出生，為戰前學海書樓董事，英國管治香港時代第一位華人議政局成員。1972 年入讀中央書院（即今皇仁書院），後被清政府選派赴美進哥倫比亞大學校留學。回國後，他被派往朝鮮邦辦海關稅務。光緒二十年（1894）任朝鮮仁川領事，後任天津輪船招商局總辦、京奉鐵路總辦、錦新營口分巡兵備道兼山海關監督、外務部參議等職，期間獲袁世凱授予三等嘉禾勳章。1912 年，周氏回港經商。1933 年，獲香港大學授予名譽博士學位。[153] 周壽臣從商數十年，甚有成就，創辦中華總商會，歷任中華娛樂置業公司、中華百貨公司等董事會主席及南洋兄弟煙草公司、香港電話公司、香港電車公司等公司董事，參與創立東亞銀行，出任董事會主席長達三十多年。[154]

　　周氏熱心參與教育事務，如捐巨款支持成立香港大學，擔任香港大學校董，創辦香港仔工業學校及倡辦兒童工藝院等。周氏亦熱心公益，如出任東華三院、保良局、香港賽馬會名譽顧問及董事，因而獲委任為太平紳士。[155] 此外，周氏被香港政府委任為潔淨局官員和定例局官員，更是第一位獲委任為議政局成員的華人，又被英皇喬治五世冊封為爵士，是二十世紀初期香港政商界的著名人物。香港政府因周氏對香港發展作出重大貢獻，把他居住的地方定名為「壽臣山」，又把環繞該山的道路命名為「壽山村道」。[156]

---

153 同上注，頁 297。

154 有關周氏從商經歷，詳見鄭宏泰、周振威，《香港大老：周壽臣》（香港：三聯書店，2006）。

155 鄭宏泰、周振威，〈第八章服務社會〉，《香港大老：周壽臣》，頁 175-189。

156 彭淑敏，〈香港華商與學海書樓〉，《國文天地》，頁 27-28。

何東（1862-1956）

何東，原名啟東，字曉生，捐資襄助學海書樓儒商之一。香港出生，父親是荷蘭裔猶太人何仕文，原是歐亞裔血統，家族籍貫跟隨母親廣東寶安，以華人家族自居，自幼讀私塾學習國學，遂入中央書院（今皇仁書院）接受西式教育。何東畢業後，加入香港怡和洋行中國部任職初級助理員，專職翻譯，光緒八年（1882）升任怡和洋行屬下香港火險公司經理及廣東水險公司經理，兩年後升任怡和洋行華總經理。後來何氏創辦何東洋行，初期從事食糖買賣，其後開展航運和地產業務，一度成為當時的香港首富，物業遍佈港九、新界，亦在上海、青島和澳門等地投資。[157]

何東一生熱心香港社會公益，曾出資成立學海書樓，又與儒商郭春秧、利希慎和李海東捐資購置藏書。何氏也捐巨款支持香港大學、東華醫院、鏡湖醫院、澳門寶覺義學等。[158]

何東社會地位顯赫，經濟實力雄厚。光緒三十二年（1906）成為首位在太平山山頂居住之華人，曾協助受省港大罷工影響的業主，組織九龍塘花園會所，九龍南部之「何東道」亦由此命名。[159] 光緒二十五年（1899），何東獲香港太平紳士銜，次年開設生記商號後兼任滙豐銀行、黃埔船塢有限公司、香港電燈有限公司、香港電車有限公司、香港置地有限公司、渣甸輪船有限公司主席、東華醫院總理、保良局總理等。1915 年獲英皇喬治五世冊封為下級勳位爵士，1919年獲香港大學授予名譽法學博士學位。[160]

---

157 有關何東生平，詳見鄭宏泰、黃紹倫，《香港大老：何東》（香港：三聯書店，2007）。

158〈學海書樓人物錄〉，《香海傳薪錄：香港學海書樓紀實》，頁 297。

159 同上注。

160 彭淑敏，〈香港華商與學海書樓〉，《國文天地》，頁 28。

鄧志昂（1858-1932）

鄧志昂，原籍廣東南海縣兒江鄉。二十餘歲來港經商，後獨資設「鄧天福銀號」，運籌帷幄，成為港中巨富。鄧氏熱心公益，曾出資捐助書樓，後又慷慨捐出港幣八萬餘元興建香港大學中文學院院舍，一心義助諸位太史宣揚傳統文化。

鄧志昂戰前任學海書樓董事，於十九世紀末，在中環與友人合辦鴻裕銀舖，其後自立門戶，獨資創立鄧天福銀號，與倫敦渣打銀行有業務往來，奠下香港銀行家基礎，更成為本世紀初香港著名銀號。[161] 鄧氏早年熱心捐款籌辦學海書樓，書樓成立後，遂成為董事之一。他也重視香港的中文教育發展，二戰前，鄧氏已希望在香港大學建立中文學院，在港督金文泰支持下捐款興建大樓，大樓即今天位於香港大學內的「鄧志昂樓」。直至五十年代初，大樓最初亦用於教授中文及其他文科課程。「鄧志昂樓」因極具保育價值，今天已成為香港的法定古蹟。其子鄧肇堅秉承父志，持續推行香港中文及中國文化教育，成為學海書樓的名譽顧問及名譽主席。鄧志昂一生熱心社會公益，曾出任東華醫院主席，獲港英殖民政府授予華人太平紳士銜，以顯鄧氏對社會的重要貢獻。[162]

何耀光（1907-2006）

何耀光，原籍福建永定。父親楊貴榮為窮所迫，過嗣何家，何耀光出生於廣東省南海縣，早年畢業於香港菁莪英文中學，後入廣州中山大學修讀理科。何氏畢業後受聘為香港建利建築公司工程師，其後創辦福利置翻譯工作者業有限公司、福利地產有限公司和福利建築有限公司，任董事長兼總經理。1952 年任香港建築商會會長，連任

---

161 〈學海書樓人物錄〉，《香港傳薪錄：香港學海書樓紀實》，頁 296。

162 彭淑敏，〈香港華商與學海書樓〉，《國文天地》，頁 28。

多屆；1955 年倡建何氏宗親總會，任會長，曾創辦香港建築商會學校、醫療所、建安保險有限公司、東林安老院等，並任東華三院總理、博愛醫院總理。1981 年設立何耀光慈善基金；1984 年捐資興建廣州珠海區新滘鎮何貴容紀念中學。1966 年獲授員佐勛章（MBE）。何氏一直支持學海書樓，貢獻良多。何耀光曾經出版《黎明集》、《立身要旨處世經驗漫談》、《儆世詩五十首》等書。他熱心公益事業，曾向中國大陸教育贊助數千萬元，1990 年代捐贈三百五十萬元予廣州市海珠區社會福利院，有關當局為表彰何老先生興助桑梓之懿德，將該福利院又以其母親名義命名為「海珠區何貴榮夫人福利院」。

　　何耀光以「至樂樓」為書齋名稱收藏中國書畫，是香港三大中國書畫私人收藏之一（其餘兩大收藏是「虛白齋」及「北山堂」）。收藏方面，何耀光以「先人品而後藝事」作為選擇藏品的準則，深信「忠義仁孝之士，其作品中自有一種剛正之氣存乎筆墨之間」，透過觀賞其手跡，可「追慕其為人，因而生仰止之心」。反之，「若人品虧缺，作品雖佳」，縱使技藝高超，亦絕不入收藏之列，以中國書畫來說，除了筆墨技法的賞析，作品背後的藝術家人格，所秉持的信念及價值觀，同樣是精髓所在，故其藏品大多為明末清初之「遺民」書畫。

　　香港中文大學文物館及美國大都會藝術博物館曾為至樂樓舉辦專題展覽及學術研討會，香港藝術館亦曾於 2010 年與至樂樓合辦名為「明月清風 —— 至樂樓藏明末清初書畫選」展覽，深受好評。2021 年底，香港藝術館將會外借五十多件至樂樓藏品予巴黎賽努奇亞洲藝術博物館展出。

馮秉芬（1911-2002）

　　馮秉芬，祖籍廣東新會，出生於香港，畢業於香港大學中文系。1951 年後任香港政府市政等部門議員，代表香港出席聯合國遠東經濟委員會首席代表，香港馮秉芬有限公司、香港啟祥洋行董事

長、東亞銀行董事等。馮氏平素熱心社會公益和教育事業，曾任香港大學、香港中文大學校董會董事，還捐資創建十餘間中小學校。抗日戰爭期間，學海書樓藏書幸賴寄存馮平山圖書館，得以逃避戰火蹂躪，使這一批珍貴文化遺產得以保存並弘揚。他又長期擔任學海書樓名譽顧問及名譽主席等職。

黎時煖（1923-2022）

黎時煖，廣東順德樂從鷺洲鄉人，少時就讀廣州祥和國文學校，未冠隨堂兄黎昌宜經營綢緞業，抗戰勝利後從廣州轉到香港發展，主理上海綢緞業務莊。1953 年起先後創業辦四海及萬邦綢緞公司，自建四海大廈，商譽日隆[163]，成為綢緞業巨子。黎氏除了是香港綢緞業鉅子外，也愛好書法。[164] 他賦性忠厚，品德高尚，數十年來樂善不倦。1963 年他曾任九龍西區扶輪社社長，更為創社社員。1969 年起歷任東華三院主席、學海書樓董事會主席、保良局甲辰年總理、香港東華三院歷屆主席會義務秘書、香港佛教聯合會副會長、佛教醫院名譽監督、香港佛教聯合會學務管理委員會主席及多間中小學校監和校董、香港順德聯誼總會總監、香港童軍總會宗教諮詢委員會主席、香港童軍總會名譽會長、油尖旺區文化藝術協會會長、油麻地分區委員會會長、油尖旺區少年警訊會會長、香港友好協進會永遠名譽會長、香港綢緞行商會理事長等。1971 年獲香港政府頒授銅紫荊星章，由於他熱心家鄉公益，被授予佛山和順德市榮譽市民稱號。擔任學海書樓主席期間，黎時煖對推動書樓發展貢獻良多，深獲好評。[165]

---

163 彭淑敏，〈香港華商與學海書樓〉，《國文天地》，頁 29。

164 同上註。

165 〈學海書樓人物錄〉，《香海傳薪錄：香港學海書樓紀實》，頁 323；李紀欣主編，陳興、張醒熊，《慧覺慈懷——黎時煖先生九秩回顧》（香港：出版者不詳，無出版年份），頁 1-106。

伍步剛（1937-）

伍步剛，祖籍廣東順德，繼承祖父伍若瑜及父親伍宜孫之家族事業。他曾出任學海書樓董事會主席及董事，亦出任伍絜宜有限公司、香港永隆銀行副董事長、常務董事及替任行政總裁，另出任香港銀行學會副會長、國際商會中國香港商務局執行委員會副會長，並獲委任為太平紳士。現時，伍絜宜慈善基金有限公司重視社會公益事務，慷慨支持香港高等院校之發展，如捐贈香港浸會大學以資助中醫藥學院「癌症炎症研究中心」的研究及發展，中心命名為「岑堯寬岑碧泉紀念癌症炎症研究中心」，以紀念兩位已逝世的家傭，反映主僕情長；另在香港中文大學成立胡秀英植物標本館的科研、教育和社會服務項目，以及支持香港嶺南大學興建學生宿舍及成立香港專業教育學院（柴灣）伍絜宜紀念堂等。

許晉義

許晉義，祖籍廣東湛江，是香港望族許愛周之孫，畢業於美國麻省理工學院及史丹福大學，取得電子工程學士及碩士學位。1957年他與友人合資創辦中建企業有限公司，購入位於皇后大道中的香港大酒店原址，建成中建大廈，後成為香港著名地產發展商之一。1966年祖父許愛周逝世，其家人捐資香港大學，建許愛周科學館。家族支持社會教育事業，他又支持學海書樓的發展，曾出任董事會主席，現為義務司庫及董事，更把父親許士芬博士珍藏的大量地質藏品，如石頭、礦物及化石樣本捐贈予香港大學，成立許士芬地質博物館，為推動香港地質研究提供寶貴資源，並積極支持香港大學成立地球科學系及課程發展，現為香港大學名譽大學院士。他創辦的中建企業有限公司，成為香港著名地產商之一。[166] 許晉義繼承先祖遺風，愛國愛鄉，

---

166 彭淑敏，〈香港華商與學海書樓〉，《國文天地》，頁 30。

不遺餘力地捐助祖國和家鄉公益，為文教等事業作出巨大貢獻。更令人欽佩的是，他們雖然屢捐巨資，卻從不留名，默默奉獻。許氏現任福勖置業有限公司董事，曾被推選為學海書樓董事會主席，對書樓貢獻良多。

3. 從學海堂到學海書樓

　　賴際熙太史等人南下創立學海書樓，除政府政策與華商團體的支持，還有一個比較重要的動力──粵區自有的學術文化脈絡與以書院為陣地緊密聯繫的文化群體。[167] 因戰事遷移和各種歷史原因，自明清以來，廣東地方的精英便來自不同地區，書院成為了這些不同地區的文化精英彰顯學術與文化理念，維繫精英身份的社會空間。[168] 嘉慶二十二年（1817 年），阮元擔任兩廣總督。深受乾嘉漢學影響的阮元上任之後，在廣州設立學海堂，以積極倡導重訓詁、考據的「實學」，此舉受到了廣州城市文人的支持。[169] 學海堂在城市環境中成為社會文化精英相互交流和匯聚的空間之一；學術上，從清帝國地方的文人來看，學海堂則代表了廣東、珠三角以及更廣闊的中華文化領域中的學術成就。學海堂為清代最有影響的書院之一，也成為諸多廣東文人可能認同的文化產生基地。[170] 由學海堂凝聚並發展的文化認同，即使在歷史已翻轉入新一頁時，也繼續沿襲了下去。比較有代表性的有二，一是黃任恆、黃榮康，聯合時任省長張錦芳在 1920 年復興的廣州學海堂考課，借清水濠省圖書館，聘周朝槐、潘應祺、汪兆鏞、

167　李緒柏，《清代廣東樸學研究》（廣州：廣東省地圖出版社，2001），頁 199-201。

168　麥哲維著，沈正邦譯，《學海堂與晚清嶺南學術文化》（廣州：廣東人民出版社，2018），頁 11-15。

169　鄧洪波，《中國書院史》（台北：國立台灣大學出版中心，2005），頁 628-641；麥哲維著，沈正邦譯，《學海堂與晚清嶺南學術文化》，頁 14。

170　麥哲維著，沈正邦譯，《學海堂與晚清嶺南學術文化》，頁 3-5。

姚筠俊、何藻翔、汪兆銓、沈澤棠、林鶴年八人為學長，後因張錦芳去省長一職，學海堂考課如曇花一現，僅二年復廢。[171] 另一位便是賴際熙太史於香港創建的學海書樓。以下從創辦理念與命名，以及地理位置與功能這幾方面分析學海堂與學海書樓之間的傳承關係。

（1）「學海」之命名與創辦理念

　　學海堂創建者阮元[172] 在主政兩廣期間內，認為廣東學子耽於「帖

171　李緒柏，《清代廣東樸學研究》，頁 263-264。

172　容肇祖《學海堂考》謂：「阮元字伯元，號雲臺，江蘇儀徵人。生乾隆二十九年正月二十日（1764），卒於道光二十九年十月（1849）。乾隆五十一年（1786），中丙午科舉人。五十四年（1789）己酉科進士，選庶吉士，散館第一，授編修。五十五年（1790），大考翰詹，高宗親擢第一，超擢少詹事，命直南書房，懋勤殿，修《石渠寶笈》。晉詹事，充石經校勘官。五十八年（1793），督山東學政，撰《山左金石志》。五十九年（1794），調浙江學政。六十年（1795），擢內閣學士。嘉慶元年（1796），徵刻《淮海英靈集》。二年（1797），修《經籍纂詁》百一十六卷，又選《兩浙輶軒錄》，注《曾子》十篇。三年（1798），擢兵部侍郎，轉禮部，仍直南書房。四年（1799），調戶部侍郎，經筵講官，己未會試副總裁。五年（1800），授浙江巡撫。六年（1801），立詁經精舍，祀許慎、鄭玄兩先生，延王昶、孫星衍主講席，選高材生讀書其中，課以經史疑義及小學、天文、算法，許各搜討書傳條對，不用局試糊名法，刻其文尤雅者曰《詁經精舍集》。又以浙東多古帝王名臣先賢陵墓，繕冊疏報，得旨勤加防護修葺，撰《兩浙防護錄》。八年（1803），立海寧安瀾書院。又修《海塘志》。九年（1804），撰《經郊》，以及《海運考》、《兩浙金石志》、《積古齋鐘鼎彝器欵識》。十年（1805），六月，丁父憂歸里，成《十三經校勘記》二百四十三卷，撰《皇清碑版錄》，編《瀛舟書記》。重刻《石鼓文》，置揚州府學。十二年（1807），入都，進四庫未收書六十種，作《提要》上之。補兵部侍郎。命赴河南勘獄，再撫浙江。十四年（1809），為失察學政劉鳳誥辦監臨場科場舞弊事，落職。以編修在文穎館行走，十五年（1810），遷侍講，兼國史館總纂，創立《儒林傳》，得百四十六人，又擬創《文苑傳》，未就。又集天文律算諸家，作《疇人傳》。十六年（1811），官內閣學士，十七年（1812），遷工部侍郎，八月授漕運總督，十九年（1814），調撫江西，改建江西貢院號舍。校刻《十三經注疏》，以惠士林。二十一年（1816）調撫河南，十一月，遷湖廣總督。二十二年（1817），調兩廣總督，冬初，到粵。奏建大黃窖、大虎山、肇慶府各礮臺。又奏建南海縣屬桑園圍石隄（案《揅經室三集》卷五有〈新建南海縣桑園圍石工碑記〉）。又奏請開局重修《廣東通志》，以謝啟昆所修《廣西通志》體例為本，而有所增損（《揅經室二集》卷八有〈重修廣東省通志序〉）。道光元年（1821）春，始倡學海堂課，於經義子史前賢諸集，下及選賦詩歌古文詞，示諸生以取捨之途，如詁經精舍例。是秋兼辦廣東巡撫監臨事，見貢院號舍湫隘，即倡儀改建。二年（1822）閏三月，成《廣東通志》三百三十四卷，六月，貢院改建，工成。四年（1824）九月，復建學海堂於粵秀山半，十一月，堂成。復選刻《學海堂集》

括之術」,「視六籍為支離,薄訓詁研索為末務」,[173] 於是在廣州城西的文瀾書院設學海堂講學,希望廣東士子「以實阿虛,以博啟陋」。

阮元在《學海堂集序》中曾言明取名意旨:

> 昔者何邵公學無不通,進退忠直,聿有學海之譽,與康成並舉。惟此山堂,吞吐潮汐,近取於海,乃見主名。多士或習經傳,尋疏義於宋齊;或解文字,考故訓於《倉》、《雅》;或析道理,守晦庵之正傳;或討史志,求深寧之家法;或且規矩漢、晉,熟精蕭《選》,師法唐宋,各得詩筆。雖性之所近,業有殊工,而力有可兼,事亦並擅。[174]

阮福(阮元子)為其父的一首詩作注時寫得更加明晰:「學海」是來自何休的一則軼事,被記錄在王嘉《拾遺記》中。《拾遺記》卷六云:「何休木訥多智,《三墳》、《五典》、陰陽算術、河洛讖諱,及遠年古諺,歷代圖籍,莫不咸誦也。門徒有問者,則為注記,而口不

初集十六卷。六年(1826),頒定學海堂章程,並撥番禺縣八塘海心沙坦二十三頃四十畝零,又鎮涌海心沙坦二頃三十七畝零,每年共租銀五百七十五兩,作為堂中經費。元在粵九年,兼署廣東巡撫者六,曾奏設恤嫠局,修廣州城及城北鎮海樓,建三水行臺書院,刻《江蘇詩徵》百八十三卷,《皇清經解》百八十餘種,千四百卷。是年夏,調雲貴總督。十二年(1832),遷協辦大學士,仍留總督任。十三年(1833)二月,陛見,充會試副總裁。四月,回任。十五年(1835),拜體仁閣大學士,管兵部事,充經筵講官,教習庶吉士兼左都御史。入都。十八年(1838),因足不能行,予告致仕。瀕行,加太子太保。二十六年(1846),加太傅銜,二十九年(1849)卒,年八十六。諡文達(據《清史稿》列傳一五一);李元度《國朝先正事略》卷二十一)……他曾撰有《學蔀通辯書後》,附錄在《學海堂集》卷五(並見《揅經室續集》卷三),後來他自説道:『嶺南學人惟知尊奉白沙(陳獻章),甘泉(湛若水),余於《學海堂初集》大推東莞陳氏(建)《學蔀》之説,粵人乃知儒道。東莞山長李繡子(黼平)送行文云,五百年來儒不入祠者,雲臺先生而已(見《揅經室再續集》卷六,〈小暑前坐宗舫船遊北湖南萬柳堂宿別業〉詩自注)』他作〈學蔀通辯序〉(《揅經室續集》卷三)又云:『粵中學人固當知此鄉先生學博識高,為三百年來之崇議也。』」《學海堂與晚清嶺南學術文化》,頁 499-501。

173 轉引自曾漢棠,〈香港學海書樓與粵港文化的承傳關係〉,學海書樓七十五周年紀念特刊編輯小組編,《學海書樓七十五周年紀念集》(香港:學海書樓,1998),頁 13。

174 阮元,〈學海堂集・序〉,《學海堂集》,光緒啓秀山房刻本,頁 1-2。

能說。作《左氏膏肓》、《公羊廢疾》、《谷梁墨守》，謂之《三闕》。
言理幽微，非知機藏往，不可通焉。及鄭康成鋒起而攻之，求學者不
遠千里，贏糧而至，如細流之赴巨海。亦師謂康成為『經神』，何休
為『學海』。」[175] 除了阮福的注釋和幾篇慶賀學海堂創建的文字指明
何休是書院命名的靈感外，還有幾篇紀念文章和詩作把「學海」跟
揚雄的〈法言〉相關聯。「百川學海而實至於海，丘陵學山而不至於
山。」[176] 其中「百川歸海」就是「百川」在「學着大海的樣子（學海）」。
這樣，既宣揚了學海堂的經史之學和文學折衷相容的廣度，又象徵將
學問傳遞到帝國邊陲的南海之濱。[177]

　　由此看來，學海書樓的創辦契機與學海堂的創辦初衷很相似。
清帝退位後，賴際熙太史移居香港，深感香港社會邪說愈張，正學愈
晦，為弘振斯文，籌設崇聖書堂（院），開課宣講，以尊崇孔孟，羽
翼經訓為主，賴太史自述崇聖書堂（院）之辦學目的：

> 　　一書堂建設以尊崇孔聖羽翼經訓為主，故耴名崇聖藉
> 標宗旨；
> 　　一書中國書籍浩如淵海，四部燦深，百家雜出，無
> 論專門之學，叢考之編，凡足以羽翼聖訓，即所以維持世
> 教，力所能致，皆當遍采，蓋讀書雖貴專精而藏書則務求
> 完備，殆以中外古今通例也，更仿廣雅藏書之例，其正經
> 正史，通常必習之書，而又非寒士力所致者，每種必多備

175　其中王嘉描述了何休廣博的學問，聯繫到何休曾寫文章為《公羊傳》辯護，又曾寫文
　　章批判《左氏傳》。然後王嘉又提到在鄭玄批判了何休之後，學者們紛紛湧向何休，
　　「如細流之赴巨海」，所以當時在京城，人稱鄭玄為「經神」，而稱何休為「學海」。
　　王嘉撰、蕭綺錄，《拾遺記》（香港：中華書局，1981），頁 155。
176　台灣商務印書館編審委員會編，《增修辭源》（台北：台灣商務印書館，1978），卷上，
　　頁 602。
177　麥哲維著，沈正邦譯，《學海堂與晚清嶺南學術文化》，頁 127。

數本以免閱者向隅。

　　一藏書必有閱書者，閱書必有講習、討論者，乃能振發精神，維持久遠。今擬書堂建成之後，必延聘通儒為學長，常駐堂以便閱書隨時問難，以時訓課，按次指授；更聘名宿分期講學，以收實益。其常駐堂之學長，應聘能操正音粵語者，以便各國各省學，皆可通達答問……

　　一閱書諸生擬仿學海堂例，分專課及通時講課二途。其專課生，則月考一課，以覘識力。其隨時邁課生，則年考四課（分四季），其專課生，又仿廣雅書院例，各備一簿，每日閱書或有疑難，或有議論，隨筆錄，匯交學長，依次批答。[178]

　　由此可見，賴太史的辦學理念，深受學海堂影響，而之後創設學海書樓，亦實踐了崇聖書堂（院）的籌辦宏願，以保存國粹、聚書講學、弘揚聖道、弘振斯文為主旨，「仿廣州學海堂之例，創立學海書樓」，求「徵存載籍」，欲達到「存古」、「衛道」、「順人心」、「拯世道」的宏願。書樓創辦時，賴際熙先後邀請清季儒林翰苑僑居香港近十人，計有陳伯陶、溫肅、區大典、區大原、朱汝珍、岑光樾以及國學名宿何藻翔、俞叔文等。各太史登壇講學，經史、詞章、國粹，可謂用心良苦，希望通過「相與討論講習於其間」，能夠「一時海隅治學之風，為之丕變」，把「官禮」存於「城外」，把「鄒魯」存於「海濱」，這是「欲繼山堂之遺緒」活生生的表現。

178　賴際熙，〈崇聖書堂源起〉（按：因此文沒有題目，故題目為筆者自擬），此文為未發表的文稿。此文與《荔垞文存》內〈籌建崇聖書堂序〉的內容，略有不同。又承賴恬昌教授借出有關賴際熙創辦崇聖書院的原稿，也承蒙賴教授所示書樓上承崇聖書堂（院）的辦學的目的。

（2）選址與功能

　　學海堂初設時，以廣州城西的文瀾書院作為臨時地址。隨着學子漸多，阮元開始計劃另選他址。「初擬於前明南園舊址，略覺湫隘，又擬於城西文瀾書院，以地少風景，最後擬於河南海幢寺旁，亦嫌近市。相視久之，遂定於粵秀山，枕城面海，因樹開門。」[179] 學海堂最初建築規劃十分嚴格講究，始於四年（西元 1824）九月，是年十一月方落成。[180] 學海書樓在選址上，不論嚴格程度以及選址標準，亦效仿學海堂。可於〈籌建崇聖書堂序〉中見其一斑：「藏書之樓閣必須顯敞，閱書之窗几，必須明淨，而建設之地，尤須適中雅靜。此堂擬在附近大學堂左右擇地建築，上層書，中層講習，以便大學及大學以外諸校學生或非學生隨時觀覽焉」。[181] 學海書樓從香港中環半山堅道 27 號樓下搬至般含道 20 號，環境優美，又地處香港大學堂（香港大學前身）附近，一層講學，一層藏書，可見賴際熙在選址和環境上，對學海書樓周邊的環境以及自身的設置非常嚴格，實與當年阮元建學海堂無異。

179　麥哲維著，沈正邦譯，《學海堂與晚清嶺南學術文化》），頁 503-504。

180　「堂繚以周垣，堂後為啓秀山房，居山之前，故名。堂東石磴坡陀，梅花夾道，西達於山房。其東最高處有亭，曰至山。與山顛相接。堂後垣外稍東，即越王臺故址。堂之西亦有磴道可抵山房。樹陰草色間，以石為几。堂南有室三間，東一室藏書，西二室司闇所處。堂之外門西向，與文瀾閣外門相對，中間石徑，即可登山。由石徑南行東出，即藏書室。牖前竹木之中，自有石砌南下以達於通衢。」（參見黃培芳繪《學海堂圖》，據《學海堂志》）「學海堂在周垣之中，三楹九架。東西南三面，深廊環繞，兩旁別有畫欄。其北餘地，連接土山，若為山房前導者。堂階木甚高，花時如繡。堂中北塘之東，尊藏阮元小像石刻，北塘之西，嵌蒼山洱海圖，大理石畫也。」（石為阮元至雲南後所寄）西序刊石者為〈學海堂集序〉，阮元教士網領節目，隱括於此。堂南為門者三，門兩旁翼以短垣，其上窗櫺駢疊，內外洞然。東西牆窗櫺各一而加敞。皆湘簾靜護，塵土不侵。堂前一望，則萬戶炊煙，魚鱗層湧，花塔峙於西，琵琶洲塔峙於東，珠江如帶，獅子洋虎頭門，隱約可數。每當綠陰藻夏，長日如年，山雨欲來，催詩入聽。登堂坐久，人人有觀於海之意云。」〈學海堂志〉，麥哲維著，沈正邦譯，《學海堂與晚清嶺南學術文化》，頁 504。

181　賴際熙，〈賴太史手跡〉，賴恬昌編，《學海書樓八十年》（香港：學海書樓，2003），頁 14-15。

　　學海堂的創建和發展，很大程度上改善了廣東學風，「志在實學、不務聲氣之士」比比皆是。學海堂治學規模弘大，諸生成績斐然，有晚清廣東學界會通漢宋的名家，如陳澧、朱次琦兩人，皆桃李滿門。此外，學海堂藏書極為豐富，刊刻圖書規模龐大。據劉伯驥《廣東書院制度沿革》所考，學海堂共編纂、刊刻的圖書有三十六種一千二百五十四冊，三千三百三十四卷，一方面保證學海堂學子優秀課藝文章得以出版，當中收錄了多位學海堂學長著作的《學海堂叢刻》，共二函，十二種，十四冊二十七卷。第一函和第二函各六種。第一函刻於光緒三年，有阮元《石畫記》五卷、林伯桐《供冀小言》一卷、張維屏《聽松廬詩略》二卷、黃子高《續三十五舉》一卷、楊榮緒《讀律提綱》一卷、吳蘭修《桐花閣詞鈔》一卷。第二函刻於光緒十二年，有曾釗《周禮注疏小箋》四卷、《面城樓集鈔》一卷、張杓《磨豳齋文存》一卷等；另一方面重刻經典史學著作，如為學生學習經史古文而重新編輯《皇清經解》，計一千四百卷，續集八卷，共三百六十冊卷；《廣東圖志》、《學海堂志》、《學海堂專課章程》、《四庫全書總目提要》、《西漢會要》、《四庫附存書目》、《廣博物志》、《通典》、《續通典》和《皇朝通典》等，內容豐富，分屬經史子集四大不同門類，由漢至清，時間跨度很大，當中保存了許多珍貴的史料。[182]

　　從賴際熙所述崇聖書堂之辦學目的，我們看到其設置的初始目標：「藏書必有閱書者，閱書必有講習、討論者，乃能振發精神，維持久遠。今擬書堂建成之後，必延聘通儒為學長，常駐堂以便閱書隨時問難，以時訓課，按次指授；更聘名宿分期講課，以收實益。其常川駐堂之學長，應聘能操正音粵語者，以便各國各省學者，皆可通達答問……閱書諸生，擬仿學海堂例，分專課及通時講課二途。其專

---

182 翁筱曼，《學海堂與嶺南文化》（廣州：中山大學博士論文，2009），頁 202。

課生，則月考一課，以覘識力。其隨時講課生，則年考四課（分四季）。其專課生，又仿廣雅書院例，各備一簿，每日閱書或有疑難，或有議論，隨筆錄記，匯交學長，依次批答。」[183] 學海書樓的規制，如講學形式、教學規制、藏書、修書、刊書、刻書，以及具有現代圖書館圖書管理意義的借閱制等，均與學海堂及由學海堂而發展的廣東學術文化有着密切聯繫。

綜上所說，學海堂的建立在很大程度上給予學海書樓以啟發。學海堂建立在廣東學術文化豐沃的土壤上，而其肄業生徒中佼佼者如陳伯陶，便是學海書樓重要人物之一。學海書樓在近代文人南下寓港的浪潮中建立起來，其設立者與重要參與者，不乏肄業於學海堂，或深受學海堂影響。學海堂的建立離不開當時社會精英對文化資本的渴求，學海書樓亦由於政府與華商的興波助瀾而得以更好的發展；學海堂推動了訓詁、考據之學在廣東的傳播與發展，並形成了具有本地特色的淳樸篤實、兼容並蓄的學風，堪稱近代粵東學術文化發展史上的一大盛事，學海書樓亦是於香港端正學風，王韜（1828-1897）稱美學海堂可「興文教於港中」、「開港中文獻之先聲」。[184] 學海堂藏書講學既是文獻傳承的過程，也是文化傳統傳承的過程，這也在學海書樓得到延續和發展。可以說，由學海堂到學海書樓，由嘉道到民初，由民初到現在，一代又一代學人才士將鄉邦情懷、文化精神、學術事業與文獻保存、整理相結合，為保存和發展傳統文化做出不可磨滅的貢獻。

183　賴際熙，〈賴太史手跡〉，《學海書樓八十年》，頁 15-16。

184　王韜，〈徵設香海藏書樓序〉，《弢園文錄外編》，卷 8（上海：上海書店出版社，2002），頁 184。

第三章

振興文教，保全國粹

一、學海書樓的藏書與出版[1]

書樓創立之初,目的之一為了保存古籍,希望能夠「搜採而靡遺,元儒文史之書,亦網羅而勿失」。[2]書樓設閱覽室,讓公眾借閱,國學知識也藉此從另一途徑傳播民間。此時香港政府尚未設立公共圖書館,書樓自是香港有史以來第一所民間設立的公共圖書館。

書樓藏書的來源,主要是幾位翰林太史的私人藏書及廣東與海內遺民的著作。書樓早期藏書由俞叔文任司理,負責書籍管理和徵集。據俞孫女俞秀舜回憶,她與叔父曾住於書樓藏書處,內裏藏書圍壁滿地,時常睡臥在書海中。根據陳伯陶先生之孫回憶,光是陳伯陶的藏書就有萬餘冊之多。[3]賴際熙太史與朱汝珍太史也相繼將家中藏書襄贈。當時藏書以廣東版本的書籍為多,如菊坡精舍、學海堂、廣雅書局、粵雅堂叢書、嶺南遺書、廣雅叢書、粵十三家集翠琅玕館叢書等。[4]從書目上看,書樓的藏書多是中國傳統經史典籍,結合太史宿儒講學的內容,可見書樓學者再生產的知識,也以傳統經史知識及道德涵養的人生哲理為要。

根據鄧又同先生統計,上世紀八十年代書樓藏書共有近三萬冊,具體數目如下:

學海書樓藏書種類,共有經部二百七十四種,共三千三百六十三冊;史部凡三百二十種,共三千四百五十冊;子部凡九十八種,共六百四十冊;集部凡一千二百零八種,共一萬九千三百四十七冊。

1　本文由〈香港學海書樓藏書考〉添加及刪改而成,原文載於《香海傳薪錄:香港學海書樓紀實》。感謝本文作者黎恩與梁基永博士提供。完成此文時,黎恩為中山大學古文獻研究所 05 級碩士,中山大學古文獻研究所博士。

2　賴際熙,〈籌建崇聖書堂序〉,賴際熙著、羅香林編,《荔垞文存》,頁 32。

3　見黎恩、梁基永,〈香港學海書樓藏書考〉,《香海傳薪錄:香港學海書樓紀實》,頁281。

4　鄧又同,〈香港學海書樓歷史概況〉,《香海傳薪錄:香港學海書樓紀實》,頁 28。

集部分為九類：

  （一）藏書及書目類：凡三十三種，共三百三十冊。

  （二）叢書及文集類：凡八百十九種，共一萬七千四百九十六冊；

  （三）倫哲及修養類：凡六十五種，共一百六十五冊；

  （四）會典及法律類：凡十九種，共三百七十六冊；

  （五）教育及武術類：凡十一種，共二十九冊；

  （六）宗教與經典類：凡一百一十六種，共三百一十冊；

  （七）術數與天文類：凡二十五種，共一百五十一冊；

  （八）兵法與軍事類：凡十四種，共七十七冊；

  （九）醫學典籍類：凡一百零六種，共四百一十三冊。[5]

  以下為學海書樓藏書的內容及特色，分四類扼要介紹。

1. 廣東刻書與嶺南文獻

  書樓藏書中很多是廣東一地的刻本，其中比例最大的是廣雅書局的刻本。

  嘉慶年間，阮元由江西巡撫升調兩廣總督，繼在江西校刻《十三經注疏》及《校勘記》之後，又在廣東輯刻《皇清經解》，並且一補再補，加刻了馮登府的《石經考異》及《三家詩異文疏證》等，使《皇清經解》成為有清一代的經學名著。

  光緒時，張之洞任兩廣總督，繼阮氏遺規，創設廣雅書院，與粵秀書院、粵華書院，加上原有的學海堂、菊坡精舍合稱五大書院，講學之餘編纂校訂群籍，由廣雅書局刊印行世。當時提調的是王秉恩，校勘人有武進屠敬山、元和王仁俊、長洲葉昌熾等名家，故前期刻書比較精審。廣雅書局前後刊印書籍約有三百多種，連學海堂、菊

---

5 有關書樓的藏書情況，參見鄧又同編，《香港學海書樓藏書目錄》（香港：學海書樓，1988）一書；又參見〈學海書樓藏廣東文獻書籍目錄〉，鄧又同編，《學海書樓歷年講學提要暨歷史文獻書籍目錄》（香港：香港學海書樓董事會，1995），頁 151-167。

坡精舍舊版，所刻版片多至十五六萬片，遠遠超過江浙地區所刻。書樓藏書囊括了廣雅書局有代表性的刻書，如清光緒三年（1877）和十二年（1886）的《學海堂叢刻》初、二函和清光緒二十五年（1899）的《聚珍叢書》。另外，比較有影響力的還有菊坡精舍刻印的《十三經注疏》、《通志堂經解》和《東塾集》；學海堂刻印的《皇清經解》、《學海堂集》，以及蔚興書局、文明書局、廣州書局、大新書局、粵華書局、通亞書局、廣州南京書局、廣州聚珍印務局、廣東亞東印書局、汕頭志成書局等刊印的一批書籍，為了解清代後期廣東刻書情況提供了極有價值的材料。

　　除了公開的出版物之外，藏書中也有不少是廣東私人版本，且以叢書居多，例如南海伍崇曜所輯的《粵雅堂叢書》和《楚庭耆舊遺詩》；伍元薇所輯的《粵十三家集》；伍元薇、伍崇曜所輯的《嶺南遺書》；清光緒年間順德馮氏所刻、馮兆年輯的《翠琅玕館叢書》；清道光廿九年潘仕成所刻的《海山仙館叢書》；清光緒壬午年（1882）嶺南雲林仙館所刻的《知不足齋叢書》；清光緒己丑（1889）譚獻印刊的《半庵叢書》等。由於在古代，叢書之刻，勝於單行，正如張之洞在《書目答問》所言：「叢書最便學者，為其一部之中可該群籍，搜殘存佚，為功尤巨。」張之洞還表彰這些刻書人，說「其書終古不廢，則刻書之人終古不泯。歙之鮑、吳之黃、南海之伍、金山之錢，可決其五百年中必不泯滅，豈不勝於自著書，自刻集乎！」乃至後來演變成「藏書不如讀書，讀書不如刻書。讀書以為已，刻書以利人。上以現作者之精神，下以惠後來之修學，其道甚廣」的思潮，在書樓收藏清代豐富的私刻叢書中，正體現出這一特點。

　　此外，由於書樓的創辦者都是粵中人士，「平日於鄉邦文獻多有纂述」。因此，藏書中嶺南文獻數量眾多，種類豐富，其中以方志、地理志和粵人文集最多。書樓收藏的方志有《廣東通志》、《廣州府志》、《東莞縣志》、《清遠縣志》、《潮州志》、《嘉應州志》等多種，以及《羅浮山志》、《禺峽山志》、《鼎湖山志》等山川地理志。粵人

文集，總集有劉彬華輯的《嶺南群雅》、黃玉階編的《粵東三子詩抄》等，別集更多不勝數。從明末清初的袁崇煥、張家玉、陳邦彥、鄺露，到嶺南三大家中的陳恭尹和屈大均、清代榜眼譚宗浚，以及對清末士子影響巨大的學者陳澧和朱次琦，刊印萬木草堂叢書的康有為、梁啟超師徒，民國的葉恭綽、張其淦，嶺南才女冼玉清，一直到五十年代後執教香江的羅香林、何藻翔、饒宗頤、陳湛銓等，從中大約可以梳理出一百多年來嶺南地區的學術源流。一些地方文獻雖然所收不多，但別有特色，例如幾位嶺南名臣和入粵名臣的奏議和年譜，如林則徐所撰的《林文忠公政書》，道光二十一年壬辰科進士、花縣人駱秉章的《駱文忠公奏議》，以及咸豐辛亥舉人、官至安徽巡撫的順德人鄧華熙的《鄧和簡公奏議》和其孫鄧又同編訂的《鄧和簡公撫皖撫黔奏議未刊本》，還有道光十五年乙未科進士、官至左都御史、戶部尚書的順德人羅惇衍的《羅文恪公年譜》，以及張學華的《張提法公年譜》等。值得一提的是，書樓藏書中有粵人藏書的題跋集，如順德龍氏中和園刊印龍官崇的《自明誠樓題跋零篇》、葉恭綽所輯的《矩園餘墨序跋》和東莞縣人莫伯驥的《五十萬卷樓群書跋文》。據《學海書樓藏書目錄》記載，莫氏「少好讀書，廣收群籍，日積月累，蔚為大觀，成五十萬卷樓，日陷羊城，書樓被劫，蕩然無存。吾粵文化之浩劫，此為甚者」，此書在其他地方並不多見，是嶺南地區重要的文獻。

2. 學海書樓創辦人及主講者著述

學海書樓不但收集了大量地方文獻，而且也保存了與學海書樓本身關係密切的文獻資料，如一手創立書樓的諸位前清翰林著作，包括陳伯陶所撰的《孝經說》、《瓜廬文剩》、《宋東莞遺民錄》和《羅浮指南》，以及他主編的《東莞縣志》；賴際熙所編的《崇正同人系譜》，以及 1974 年為紀念賴氏創辦香港大學中文系四十周年、羅香林所輯的《荔垞文存》；溫肅的《溫文節公集》和《貞觀政要講義》。溫肅曾經當過溥儀的老師，丁巳復辟失敗後進呈此《講義》，被陳寶

琛讚為「虎口餘生益倔強，講義敷陳即諫章」；朱汝珍的《詞林輯略》、
《詞林姓氏韻編》、《清遠縣志》和《清遠縣志校勘記》；還有吳道鎔
的《明史樂府》、《廣東文徵作者考》和《澹庵文存》兩卷；張學華
的《暗齋稿》和《采薇百詠》等。

　　日軍投降之後，一眾太史公「或已歸道山，或年高不任講席」，
書樓因應時勢，先後聘請李景康、吳天任、唐君毅、羅香林、饒宗頤
等學者講學，其立足點一如既往弘揚傳統文化，其著作也帶有這種
特色，如唐君毅《孔子與人格世界》和溫中行的《古文學今譯》，後
者 1980 年由學海書樓出版，其中選譯了中國古典文學名著若干篇為
語體，筆法與注釋並重；另外，受到前輩的影響，後人在重視傳統
經籍的同時，也着重弘揚鄉邦文化，如李景康的《廣東疆域沿革》，
吳天任的《龍龕道場銘考》，以及張學華的弟子黃梓林所輯的《廣東
文獻輯覽》和鄧華熙之孫鄧又同的《清代廣東翰林考》，當中著錄了
二百五十三名廣東士子，按朝代、名次簡介生平。學海書樓的公開講
學吸引了大批聽眾，不同時期的發展反映出香港對傳統和嶺南文化的
汲取和消化，藏書中講義有兩種，一是李景康評注的《歐陽生文集序
評注》，另一種是四集四冊的《學海書樓講學錄》，收錄了 1955 年到
1964 年的講學資料，詳細記錄當時講學的題目和內容。

3. 經部藏書

　　書樓上承學海堂和廣雅書院宗旨，致力於弘揚國學，非常重
視經部書籍的收集，「讀書雖貴專精，而藏書則務求完備。…… 其
正經正史，常通必習之書而又非寒士力所致者，每種必多備數本，
以免閱者向隅」[6] 因此，在四部當中，經部藏書二百七十四種，共
三千三百六十三冊，當中不少是經典性的經學著作，如《十三經注

6　賴際熙，〈賴太史手跡〉，賴恬昌編，《學海書樓八十年》，頁 14。

疏》、《欽定七經》、《皇清經解》、《皇清經解續編》、《通志堂經解》、《經學叢書》、《古經解匯函》、《小學匯函》、《五禮通考》、《儀禮通考》等；另外還收入《四庫全書》經部的《呂氏家塾讀詩記》、《敖文書說》、《易學濫觴》、《春秋集傳纂例》、《別雅》和四部叢刊中的《毛詩》、《韓詩外傳》、《尚書》、《尚書大傳》、《周易》、《焦氏易林》、《周禮》、《儀禮》、《纂圖互注禮記》、《大戴禮記》、《春秋經傳集解》、《春秋公羊經傳解詁》、《春秋繁露》、《說文解字》、《說文解字繫傳》、《釋名》、《大益廣會玉篇》、《方言》以及民國時上海商務印書局「國學基本叢書簡編」中的《經學通論》、《說文解字注》和《廣韻》等。

雖然中國科舉制度在 1905 年結束，研讀經書不再是士子晉升的唯一途徑，經書的實用價值大大降低，但由於書樓建設之初有感於世道人心的淪喪，希望延續傳統文化的一脈香火，因此講學的內容不但着重於闡釋經義，藏書也偏重於傳統典籍，方便聽眾課外研讀，稽查資料，例如書樓還保存着古代各種版本的經書，出現分歧時作用標準的《開成石經》和《相台五經》。另外，雖然《孝經》一書在《十三經》內一直被疑為偽經，但是書樓創辦人之一陳伯陶太史還是寫了《孝經說》，不單是解經，且有一種「官禮得存諸域外」[7] 的使命感。

4. 珍貴版本及其它

包括複本在內共三萬多冊藏書中，不乏珍貴版本，如陳獻章的《白沙子全集》，此書是陳氏受業門人湛若水所註，是清乾隆三十六年（1771）陳氏家刻本，十卷首一卷末一卷附白沙子《古詩教解》二卷十冊；王在晉所撰的《三朝遼事實錄》，十七卷九冊，清怡府藏抄本；李遜之的《崇禎朝記事》，清光緒三十二年（1897）盛氏舊抄本；朱舜水《陽九述略》手抄本，日源光氏輯，清抄本；鄺露的《嶠雅》，

---

7 賴際熙，〈籌建崇聖書堂序〉，賴際熙著，羅香林編，《荔垞文存》，頁 32。

清光緒末年（1898-1908）扶南酈氏海雪堂重刻本，以及錢士馨《甲申傳信錄》抄本，此本是戊辰春酈道人（即陳伯陶）據黃節抄本校補。

最後，從學海書樓的藏書中也可以看出一些時代特點，例如清末海戰頻繁，藏書中便有光緒十五年（1899）廣雅版本的張之洞《廣東海圖說》；陳壽朋的《中國江海險要圖說》，以及希理哈撰、英傅蘭雅口譯、華衡芳筆述的《防海新論》；知新子所編、光緒壬寅（1902）仿泰西法石印的《歷代史事防海》。清末國力衰弱，飽受列強欺凌，洋務派提出「師夷長技以制夷」，一時間出版了不少反映各國情況的書籍，如馬君武譯、1906 年由上海廣藝書局再版的達爾文《物種起源》；黃遵憲所編、1898 年由匯文書局印行的《日本國志》；辻武雄著的《東亞三國地志》；法國晃西士加尼所撰的《采路記》；英人慕維廉譯的《大英國志》；蔣百里著的《歐洲文藝復興史》；洛克德著、林紓譯、光緒三十三年（1907）北京學務部官書局重印的《拿破崙本紀》；美惠頓撰、同治三年（1864）京都崇實館存版的《萬國公法》；日本末岡精一撰、光緒丙午（1906）上海商務版的《比較國法學》；斯賓塞著、嚴復譯、光緒二十九年（1903）上海文明書局印的《群學肆言》等。二十世紀二三十年代，新文化運動的旗手魯迅、胡適先後訪問香港，胡適在〈南遊雜憶〉中批評「廣東人的守舊風氣又使他們迷戀中國古文，不肯徹底改用國語課本」，完全處於新文化大潮之外。其實，從藏書目錄來看，中西書籍兼有，這批前朝遺民並非完全反對西學，正如區大典所言：「思潮之洶湧，學海之翻騰，殆將合東西洋而溝通之……取多則用宏，博大則專精，群集大成，蔚為絕學，將必有折衷之聖出乎期間，則中西雜誌亦渤海泰山之一助乎」。[8]畢竟，在一個毫無文化根基的小城固守經典，比因應時勢、改弦易轍要艱難得多，時至今日，更見其良苦用心。

8　　區大典，〈博文雜誌前序〉，《香港大學博文雜誌》，1919 年 10 月，第 1 期，頁 1-2。.

二、學海書樓的講學活動

1. 弘揚中國傳統學問

　　學海書樓未成立之前，賴際熙太史租賃香港中環半山堅道 27 號樓下設壇講學，聘請何翽高先生每週講課兩次。建設之初延攬碩學鴻儒，宣講佈道，意在通過聚書講學弘揚孔孟經義，扶持公道人心，發揚中國國粹，保存中國文化。除太史賴際熙主講以外，還聘請陳伯陶、岑光樾、區大原、區大典、溫肅、朱汝珍等前清遺老擔任，也有名儒俞叔文、何藻翔諸人講學其中，除俞、何二人外，其餘皆為前清翰林。書樓講學活動，「向有定規，兢兢不墜，歷有年所」，[9] 逐漸形成一定規模，擴展並影響整個香港社會的學風。這段時期的講學，主要是以道德文章的宣講和闡釋來褒揚中國傳統文化，闡述經義，激揚世道人心。[10]

　　這時講學的內容，依《香港學海書樓主講翰林文鈔》[11] 所見，主要有：課經史或授詞章（賴際熙）；講述經義，有關世道民心，多所啟導（陳伯陶）；講經學，談《易經》，多揚儒學（區大典）；講學多闡發人倫大道忠孝義節（溫肅）；課經史外，宣揚孔學不遺餘力（朱汝珍）；主講經史，弘揚儒學（區大原）；課經史，授詞章，嘉惠後學（岑光樾）；尤諄諄以辨華夷，明體用詔諸生（俞叔文）[12] 等。可以看出，講授內容「以宋儒義理及《通鑑》，《通考》掌故之學，啟迪後進」[13]。

　　關於「學海書樓」的資料報道分別見於《香港工商日報》、《香

9　俞叔文，〈原序〉，鄧又同編，《香港學海書樓前期講學錄專輯 1946-1964》（香港：學海書樓，1990），頁 61。

10　杜祖貽，〈翰林遺民對香港文化與教育事業的貢獻〉，《學海書樓九十年》，頁 19-33。

11　鄧又同編，《香港學海書樓主講翰林文鈔》（香港：學海書樓，1991）。

12　余祖明編，《三十六溪花萼集》（香港：學海書樓，1973），頁 1。

13　詳情見鄧又同編，《香港學海書樓主講翰林文鈔》一書；俞安鼐，〈自怡悅齋詩（余祖明）俞叔文先生傳〉，余祖明編，《三十六溪花萼集》，頁 1；何藻翔，〈中華民國九年庚申（1920）先生五十六歲〉、〈中華民國十九年庚午（1930）先生六十歲〉條，吳天任編，《何翽高先生年譜》（台灣：商務印書館，1981），頁 151，168。

港工商晚報》與《香港華字日報》，[14] 內容大致為學海書樓每週發佈的講學活動訊息。據資料所記，1926-1939 年，書樓每週講學的次數為：[15]

年	月	每週講學的次數
1926 年	4、5、6、12 月	3 次
1927 年	2、3、5 月	2 次
	6、7 月	3 次
1928 年	8、9、11、12 月	3 次
1929 年	4、5、6、7、8、9、10、12 月	3 次
1930 年	1、2、3 月	3 次
	4 月	2 或 3 次
	5、7、8 月	2 次
1931 年	3、4、5 月	2 次
1932 年	4、5、6、7、9、11、12 月	3 次
1935 年	2、3、4 月	2 次
1936 年	3、7、9、10 月	1 次
1937 年	3、11 月	1 次
1938 年	2、3、4 月	1 次
1939 年	3、4 月	1 次

可見，除有部分年份資料匱乏，無法獲知實情。自 1926 年開始，學海書樓每週講學兩至三次。直到 1936 年，講學頻率在某些月份開始下跌，如 1936 年的 3、7、9、10 月，1937 年的 3 和 11 月，1938 年的 2 至 4 月，1939 年的 3、4 月，每週只講學一次。

1926 年 4 月至 1939 年 4 月於學海書樓講學的太史有五位：賴際

---

14 更多關於學海書樓的報刊報道見於本書附錄第三部，〈《香港工商日報》部分學海書樓講學資訊摘錄〉。

15 許振興，《經學、教育與香港大學：二十世紀的足跡》（香港：中華書局，2020），頁217。

熙、區大典、岑光樾、區大原和朱汝珍。陳伯陶與溫肅則礙於資料
匱乏，未有講學的記錄。[16]1937 年 11 月擔任書樓主講的陳慶保只是廩
生，而不事舉業的俞叔文卻是講學次數最多、時間最長的一位。目前
已知的此二百六十六次講學，俞叔文與賴際熙合佔達七成三。[17] 根據
許振興在〈日本侵佔香港前學海書樓的講經活動〉一文中搜得的報章
資料統計，1926 年 4 月至 1939 年 4 月間學海書樓各講者的講學內容
表列如下：[18]

講者	講授內容	講授日期	次數	講義
賴際熙	《詩經》	1926 年 4 月至 5 月	5	不發
	漢唐宋明黨議	1926 年 6 月	1	/
	《荀子》	1926 年 12 月	6	發
		1935 年 2 月至 1935 年 4 月	4	/
	《管子》	1927 年 2 月至 3 月	2	發
	《書經》	1927 年 3 月至 1928 年 9 月	14	不發
	《史記》	1928 年 11 月至 1931 年 5 月	52	不發
	《文獻通考序》	1932 年 4 月至 1932 年 12 月	9	不發
	《古文辭類集》	1936 年 3 月至 1936 年 10 月	3	或發
俞叔文	韓愈〈與李翊論文書〉	1926 年 4 月	1	/
	鍾嶸《詩品》	1926 年 4 月	2	發
	柳冕與一友論文書	1926 年 5 月	1	/
	曾滌生〈與劉孟蓉書〉	1926 年 6 月	1	/
	戴存莊〈朱建論〉	1926 年 12 月	1	發

16 溫肅子溫必復以溫肅自編年譜為底本編成的〈檗庵年譜〉中，並無溫肅在學海書樓講
　　學的記錄。溫必復，〈檗庵年譜〉，溫肅，《溫文節公集》（香港：學海書樓，2001），
　　卷一，頁 17-23。

17 許振興，《經學、教育與香港大學：二十世紀的足跡》，頁 227。

18 除顯示為「/」者未知實況外，講授單篇文章者大都樂意派發講義。許振興，《經學、
　　教育與香港大學：二十世紀的足跡》，頁 228-230。

（續上表）

講者	講授內容	講授日期	次數	講義
俞叔文	王夫之〈楊時論〉	1926 年 12 月	1	發
	王夫之《宋論》	1926 年 12 月	2	發
	全祖望〈四皓論〉	1927 年 2 月	1	發
	蘇軾〈武王論〉	1927 年 2 月至 1927 年 3 月	2	發
	王慶麟〈王安石蘇洵論〉	1927 年 3 月	1	發
	俞蔭甫〈伯魯論〉	1927 年 3 月	1	發
	俞蔭甫〈盆成括論〉	1927 年 3 月	1	發
	劉大櫆〈難言〉	1927 年 5 月	1	發
	劉大櫆〈續難言〉	1927 年 5 月	1	發
	蘇軾〈范蠡論〉	1927 年 5 月	1	發
	姚鼐〈范蠡論〉	1927 年 5 月	1	發
	朱彝尊〈陳壽論〉	1927 年 5 月	1	發
	侯朝宗〈荊軻論〉	1927 年 5 月	1	發
	錢大昕〈皋陶論〉	1927 年 6 月	1	發
	史論	1927 年 7 月	1 1	發
	《左傳》	1928 年 8 月至 1930 年 8 月	54	不發
	《詩經》	1931 年 3 月至 1932 年 12 月	18	不發
		1939 年 3 月至 1939 年 4 月	3	不發
	《古文辭類纂》	1936 年 7 月至 1936 年 10 月	2	發
	唐詩	1938 年 3 月至 1938 年 4 月	2	不發
區大典	五經大義	1926 年 7 月	1	發
	《周易》大義	1928 年 11 月至 1929 年 9 月	12	發
	《易・上經・乾》	1932 年 5 月至 1932 年 11 月	8	發
	《易經》	1932 年 12 月	1	發
	《孝經》	1935 年 4 月	1	/
	簡朝亮《朱九江先生年譜》	1928 年 8 月至 1928 年 12 月	7	發
	〈文獻通考序〉	1929 年 4 月至 1929 年 5 月	4	發

（續上表）

講者	講授內容	講授日期	次數	講義
區大典	《漢書·藝文志》	1932 年 5 月至 1932 年 12 月	9	發
	《史記·仲尼弟子列傳》	1935 年 4 月	1	/
	《書經》	1938 年 2 月	1	/
區大原	《禮記·曲禮》	1932 年 4 月至 1932 年 9 月	7	不發
	《禮記·檀弓》	1932 年 11 月	1	不發
	《禮記》	1932 年 12 月	1	不發
	《禮記·檀弓》	1937 年 3 月	1	不發
朱汝珍	《四庫提要·經部總敘》	1932 年 5 月至 1932 年 11 月	7	發
	〈兩都賦〉	1932 年 12 月	2	發
	《文心雕龍》	1935 年 2 月至 1935 年 3 月	2	發
	待定	1936 年 9 月	1	/
	《大學》	1938 年 2 月	1	不發
	《中庸》	1939 年 3 月	1	不發
陳慶保	《紀事本末·甲申殉難論》	1937 年 11 月	1	發

　　從以上資料可將各講者的講學內容按經學、史學、子學及其他四類作粗略整理，則知講學活動中經學佔一百三十七次、史學八十六次、子學十二次，其他三十二次。經學講授的次數最多。賴際熙講《書經》與《詩經》；區大原講《禮記》；俞叔文講《左傳》與《詩經》；區大典講《易經》與《孝經》；朱汝珍講《四庫提要·經部總敘》、《大學》與《中庸》；岑光樾講《書經》。史學方面，賴際熙講授此領域最多，除了重點講授《史記》（五十二次），還旁涉《文獻通考序》與漢唐宋明黨議。岑光樾講授《漢書·藝文志》與《朱九江先生年譜》，稍涉〈文獻通考序〉與《史記》。俞叔文講《宋論》，陳慶保講《紀事本末》。子學方面，由賴際熙負責講授。賴際熙前後講授《荀子》與《管子》共十二次。除此之外，俞叔文還講授單篇文章、唐詩與《詩品》，朱汝珍主講〈兩都賦〉與《文心雕龍》，以及賴際熙講授《古文辭類纂》等內容。

2. 教學方法與個人風格

假如講學內容表現了學海書樓主張的學術理念，那學者的學術研究以及文章內容則表達了其學理思想。接下來，我們就將 1926 至 1939 年學海書樓講學的學者的學理情況略作梳理：

賴際熙：「專詣旁證，融用中西」

賴際熙主導書樓的講學活動，主講史學。他的學術理念和研究方法並沒有固守傳統學問的求經求典，而是採用綜合的「專詣旁證」，並且融合中西思想，達到「參互溝通」，融合併用的效果。

在其對於客家文化的研究中，賴際熙努力收集歷史資料，客觀、認真分析、研究客家人的源流，證明客家先民是源於越族拓殖，而客民則源於中原南遷，他提出了「客家先祖中原南遷說」、「客家文化為中原文化」的觀點，其主編的研究客家文化的經典著作，共五冊十五卷的《崇正同人系譜》，於 1925 年在香港出版。賴際熙運用方志、譜牒與正史結合，將客家的形成發展與移民史、文化傳播史相聯繫，深遠地影響香港的民族學與民系學研究，更直接為後來的民族學與民系學大師羅香林的研究理論和方法進一步發展打下了堅實的基礎。[19] 賴際熙在香港大學講授中國史學和經學時亦注重中西文化，參互溝通。

區大典：「博取通義，以經學顯」

區大典於 1927 年入香港大學教授經學，並於同年 7 月開始在書樓講學。區大典的學生吳天放回憶其在香港大學中文學院教學的情景時說：「區教授上課，不挾書卷，而篇章朱註，皆能口誦如流。」區

19　賴志成，〈簡述學海書樓創辦人賴際熙對近代學術的貢獻〉，《國文天地》，第 33 卷，第 10 期（2018 年 3 月），總 394 期，頁 31-32。

大典撰寫了大量著作，著述有〈易經要義〉、〈周易揲蓍求卦法及經傳所載筮易佔驗解說〉、〈博文雜誌前序〉、〈平山先生像贊〉、〈題黃節母秋燈課子圖〉等散篇外，著作《易經講義》、《書經講義》、《詩經講義》、《儀禮禮記合編講義》、《周官經講義》、《春秋三傳講義》、《孝經通義》、《大學講義》、《中庸講義》、《論語講義》、《孟子通義》學著作《老子講義》。這些著作皆可見於《香港大學中文學院經學講義》。[20] 除研究經學以外，他又撰有〈博文雜誌前序〉、〈平山先生像贊〉等文章。[21] 此外，區氏為香港實業學堂編寫歷史教科書《史略》一冊，[22] 足見區氏雖以經學聞名於世，而學問實不止於經學。

《南海縣志》記載：區大典「素性勤劬精密，治學不倦。古文出入韓愈、歐陽修；史學研究兵事地理；經學博宗北宋周敦頤和程頤，純粹精微，不拘於一家學說」。[23] 區大典認為，學問的成功要以「博」取於人，博學才能擴大學問。不獨古學，更要有今學。其善於博舉群書以會通，故強調「通義」的特殊性。他對《論語通義》與《論語講義》之區別有如下說明：「論語一書，聖賢學說之最精粹者也，然弟子記述聖言，不無先後與詳略，其篇次未可執也。予既循章附注，為論語講義。然要未會其通，爰仿朱子孟子要略之體，又成論語通義一書上下卷。」據香港大學許振興研究，《講義》主要是「句剖字釋經書的原文」，《通義》的特點則是「匯集諸義、會通眾說，以求薈萃各家精義於一書」，可見區大典要求治學之博。[24] 此博不僅集各家薈

20　關於《香港大學經學講義》的內容與特色，參見許振興，《經學、教育與香港大學：二十世紀的足跡》，頁 95-99。

21　區建英，〈區大典：一個寓港經學家的奮鬥〉，《國文天地》，第 33 卷，第 10 期（2018年 3 月），總 394 期，頁 41；楊永漢，〈學海書樓的創建〉，《國文天地》第 33 卷，第 10 期，總 394 期，頁 19。

22　區大典編，《香港大學中文學院經學講義》（香港：奇雅中西印務，1930）；許振興，〈區大典的經學講義〉，《經學、教育與香港大學：二十世紀的足跡》，頁 81-103。

23　南海市地方志編纂委員會，《南海縣志》（北京：中華書局，2000），頁 1272。

24　許振興，《經學、教育與香港大學：二十世紀的足跡》，頁 100。

萃之博，更要博兼專，上通古學，下達今學，並且廣求海外知識，
「歐美巨儒，好學深思，名本心得，匯志簡編，問紛羅，灌輸學識。」
要能夠聚合中西學問於香江，「合東西而溝通之」、「群集大成，蔚為
絕學」，以達到中西學兼備。[25]

　　區大典「以經學顯」，善於將書理入世評，用「案」語闡釋微言
大義。如其在為官立實業學堂漢文師範科編寫的《史略》中，分開
「述」與「評」，「以史帶論，先述後議」。闡述「戰國至漢」歷史中，
着力於「闡釋興亡成敗的要道」，實際上體現了區大典個人對民國軍
閥混戰時局的憂意和國家前途的思考。這種經世致用的學風傳承來自
區大典先祖的韓門源流和西樵山的理學源流。以經入世，意味着捍衛
傳統，而又不拘泥於滿清皇權，堅守儒家文人的志向和品格，同時要
順應時代潮流。[26]

溫肅：「崇經術，顯王道」

　　相較於區大典的「以經顯學」思路，溫肅認為，讀經目的是為
了體現王道而得以治術。「崇經術，王道之精義備於經籍，通經而後
本原立，本原立而後人才出。」而不是「一知半解之教員，編支離破
碎之課本」來進行「知識普及」，此等學習不如不學，禍害更甚於焚
書。[27] 因為求六經就是要求知行合一，求經治道是要求人行道義，此

25　區大典〈博文雜誌前序〉及〈平山先生像贊〉二文，參見鄧又同編，《香港學海書樓
　　主講翰林文鈔》，頁 45-46；關於區大典的生平，參見鄧又同編，〈區大典太史事略〉，
　　《香港學海書樓主講翰林文鈔》，頁 33。

26　有關區大典生平及經、史學成就，參見許振興，〈《史略》與區大典的史學視野起〉，
　　蔡長林主編，《變動時代的經學與經學家——民國時期 (1912-1949) 經學研究》（台北：
　　萬卷樓圖書份有限公司，2014），第四冊，頁 365-389。

27　溫肅，〈敬陳王道要義摺〉（1934 年 6 月 27 日），溫肅，〈檗庵奏稿〉，《溫文節公集》，
　　卷 2，頁 109。按此文雖上言溥儀，要求改革，但也可見溫氏對經學的觀點。另參見
　　張學華，〈都察院副都御史南書房翰林溫文節公神道碑文〉，《溫文節公集》（香港：學
　　海書樓，2001），未編頁碼。

是禮樂教化的功用。「敬事而信節用而愛人為道國之要務」，「學問以
斂其耳目口體之欲，而侈心不敢萌，秉無妄之虛衷以行其惠」，「自
其精者言之，則明倫也，察物也，建中和之極而錫庶民之福也。」這
些理念均可在溫肅〈敬事而信節用而愛人義〉及〈漢高祖命叔孫通起
朝儀論〉二文中得到體現。由此可見，溫肅的治學理念是以經入道，
以道治學，偏重道德人格的教育。如其在〈香港大學中文學會說詩〉
一文說詩的作用，他認為「詩之言志，詩中有人方足傳。」即《詩經》
也同樣含有這教化的旨意，是聖人借詩義明教化的根本。

　　對於中西學問的態度，溫肅表達很明確。首先，他不認為西方
哲學能夠與中國思想相融合，彼此是分開的。溫肅於 1929 年至 1931
年任教香港大學中文學院，著有《哲學講義》等，此講義為香港大學
中文學院教材。[28] 溫肅在教授《哲學講義》時，便說明「哲學」的名
稱從西方輸入，不足以包涵中國聖學的意義，也就是說彼此的範圍是
不相同的。西方的哲學只論及思辨，真正的哲學應是中國傳統中所說
的「理學」，應該包含博學審問慎思明辨的基礎，還要尊德性、省察
自身、篤行為本，是一種道德培養的學問。因此，溫肅自文字源流中
求證：「今以哲字名學，在吾儒中僅屬致知之事，且易流為佛氏心學。
《說文》：『理，治玉也』，《玉篇》：『道也』，《禮樂記》鄭注云：『理，
猶性也』，是理包含性道二義，自較哲字為精碻。宋以前多稱道學，
宋以後多稱理學。三代以前，堯舜禹相傳心法曰：『人心惟危，道心
惟微，惟精惟一，允執厥中』，是為理學之祖。」[29]

陳伯陶：「撥亂反正，致命歸仁」

陳伯陶著作甚豐，如《東莞縣志》、《勝朝粵東遺民錄》和《明

28　許振興，《經學、教育與香港大學：二十世紀的足跡》，頁 188。

29　溫肅，〈哲學講義〉，《溫文節公集》，卷五，頁 305。

季東莞五忠傳》等，皆屬享譽士林的傳誦之作，聲名甚高。關於陳伯陶的思想與理念，香港城市大學曾漢棠博士在其文章〈陳伯陶《孝經說》思想三題〉中提到，陳伯陶對於《孝經》一書性質的看法，對忠孝兩存的解釋和對「無君無父」說的批判，都可見其對時人立身處世和社會風氣的澆薄有深刻的感受，因而具有濃重的孝道特點，也具有強烈的撥亂反正的思想精神。[30]

　　文章又提到，陳伯陶以《孝經》和《春秋》並列，意在撥亂反正，滌蕩乾坤，改善禮崩樂壞的政治現實。他認為，人臣為人子者需持正守道，行事恰如其分，不會任由君父胡作非為，流為「專制」的局面。在陳伯陶的《孝經說》中，有很多類似《春秋》筆法批評政治的觀點，且從中提出《孝經》亦具備此項政治功能，說「若父被藥殺，而又懼而出奔，登但孝不至已乎？此孔子所以書為弒也！此孔子所以於成《春秋》後而汲汲焉復作《孝經》也。」他認為，君臣父子各有職守，不能逾越。父子之道等同君臣之義，君臣之義出於父子之道，這是陳伯陶懷有的識見，所以他力斥「無君無父，非聖無法」的「邪說暴行」。[31]

　　除明瞭《孝經》一書的要旨、性質和它的政治功能外，陳伯陶在《孝經說》亦明析了忠孝兩者的彼此關係。他解釋，兒子要孝順父親，這是天性。「子之事母有君道，而妻之事夫有臣道。故《孝經，士章》曰：資於事父以事母而愛同，資於事父以事君而敬此言父至尊也。」如此待人處世，女正位乎子兄兄弟弟夫夫婦婦而家道正，正家而天下定。且《禮記》云「天無二日，土無二王，家無二主，尊無二上」，示民有君臣之別也，因為惟父至尊，此家無二主之義。陳伯陶認為，孝道對穩定社會具有相當的貢獻和功能，孝子無性逆之理，社

30　曾漢棠，〈陳伯陶《孝經說》思想三題〉，《國文天地》，第 33 卷，第 10 期（2018 年 3 月），總 394 期，頁 35-36。

31　同上注，頁 35-36。

會便沒有犯上作亂，擾亂社會安寧等問題。同理，孝子把敬愛父母的心思轉移至人君上，順從長輩上，移孝作忠，便可弭平紛亂，平息利爭。[32]

對於當時社會的禍患，陳伯陶認為均是出於「父子君臣長幼之間，此夫子所深疾也」。解決之道，在於推崇孝道，「故其作《孝經》，曰：人之行莫大於孝，孝莫大於嚴父，嚴父莫大於配天，則周公其人也」。辯證了孝道的方向之後，陳伯陶解釋「致身」的情況，認為只有致命歸仁，完成大節才可。忠孝兩者並不矛盾、相互衝突。[33]

陳伯陶對異端邪說的痛斥，如評說墨子、許行、楊朱和西洋學說，重點是圍繞他們對提倡「無君無父」的針砭。陳氏認為孟子的闢楊，「其義實本於孔子所作《春秋》與《孝經》」。《孝經》記「要君者無上，非聖人者無法，非孝者無親，此大亂之道也」。陳伯陶由《孝經》內容批評當時二三十年的中國流行「無君黨」、「共產黨」和「自由黨」的言論，指出他們同於楊墨諸說，倡無父無君，大壞社會風氣，痛心疾首。[34]

岑光樾：「主講經史，弘揚儒學」

岑光樾 1925 年受聘擔任官立漢文中學及漢文師範學校漢文教席，兼漢文師範日夜校講席。同年他應賴際熙之邀至學海書樓講學，「主講經史，弘揚儒學」，以「四書」、「五經」為主，闡揚孔孟之道與《春秋》微言大義。[35] 目前檢得的資料，他先後在 1928 年 8 月至 9 月、12 月，1929 年 4 至 5 月，1932 年 5 至 7 月、9 月、11 至 12 月，

32　林志宏，《民國乃敵國也：政治文化轉型下的清遺民》，頁 189。

33　曾漢棠，〈陳伯陶《孝經說》思想三題〉，《國文天地》，總 394 期，頁 36-37。

34　同上注，頁 38。

35　鄧又同編，〈岑光樾太史事略〉，《香港學海書樓主講翰林文鈔》，頁 107。

1935 年 4 月，1938 年 2 月為書樓擔任主講。1938 年岑光樾退休，是年秋任西南中學文史教員，1945 年離港避居故里，於順德芥舟祖祠設帳授徒，1947 年返港，創辦私立成達中學於港島軒尼詩道，並自任校長，撰寫校歌。因求學者眾，遂於次年在洛克道增設分校。[36]

俞叔文

民國建立後，俞叔文因不滿時局多變，舉家移居香港，藉設館課徒糊口。由於他教學認真、館規綦嚴、教學內容能夠酌施古今，因而名噪一時，紳商名流相率遣送子女從遊。鄧天福銀號創辦人鄧志昂（1872-1939）的次子鄧肇堅（1901-1986）、東亞銀行創辦人李子方（李作聯，1891-1953）的兒子李福逑（1922-2011）、東亞銀行另一創辦人簡東浦（1888-1963）的兒子簡悅強（1913-2012）和女兒簡笑嫻（馮秉芬 [1911-2002] 妻，1911-2001）、國民黨元老胡漢民（1879-1936）的女兒胡木蘭、政法名人曹善允（1868-1953）的女兒曹麗姬等皆是當年的受業者。他自 1923 年起擔任書樓的司理，積極為書樓廣羅圖籍、編纂書目，並主講經史文辭諸學。俞氏一生雖然著述不多，只有余祖明編纂的《俞叔文文存》傳世，後世卻因他桃李滿門、學貫經史子集而尊他為「老教育家」、「學界泰斗」。由於書樓一直以諸太史講學作標榜，沒有科名的俞叔文在講學上的貢獻，今已無從確知。其實，曾講學書樓的吳天任在 1973 年已指出書樓甫設講學，俞叔文便與賴際熙分主講事。戰後的俞叔文雖已年事日高，仍然樂意繼續成為講壇的中流砥柱，並肩負安排講者的重任。

俞叔文在戰前講授的專書計有：王夫之《宋論》（講授時間為1926 年 12 月）、《左傳》（1928 年 8 月至 1930 年 8 月）、《詩經》（1931年 3 月至 1932 年 12 月、1939 年 3 月至 1939 年 4 月）、《古文辭類

36　〈學海書樓人物錄〉，《香海傳薪錄：香港學海書樓紀實》，頁 303。

纂》（1936 年 7 月至 1936 年 10 月）、《書經》（ 1938 年 2 月）、《大學》
（1938 年 2 月）與《中庸》（1939 年 3 月）。他還曾選講不同時代的
單篇文章，計有：漢朝司馬遷〈伸尼弟子列傳〉（1935 年 4 月）、六
朝的鍾嶸〈詩品序〉（1926 年 4 月）、唐朝韓〈與李翊論文書〉（1926
年 4 月）、柳冕與一友論文書（1926 年 5 月）、宋朝蘇軾〈武王論〉
（1927 年 2 月至 1927 年 3 月）與〈范蠡論〉（1927 年 5 月）、清朝曾
國藩〈與劉孟蓉書〉（1926 年 6 月）、戴均衡《朱建論》（1926 年 12
月）、王夫之〈楊時論〉（1926 年 12 月）、全祖望〈四皓論〉（1927
年 2 月）王慶麟〈王安石蘇洵論〉（1927 年 3 月月）、俞樾〈伯魯
論〉（1927 年 3 月）與〈盆成括論〉（1927 年 3 月）、劉大樾〈難言〉
（1927 年 5 月）與〈續難言〉（1927 年 5 月）、姚鼐〈范蠡論〉（1927
年 5 月）、朱彝尊〈陳壽論〉（1927 年 5 月）、侯方域〈荊軻論〉（1927
年 5 月）、錢大昕〈皇陶論〉（1927 年 6 月）及未標篇名的史論篇章
（1927 年 7 月）。此外，他亦嘗選講若干唐詩（1938 年 3 月至 1938 年
4 月）。他在 1928 至 1932 年間明顯傾向於《左傳》與《詩經》的講授。

　　1941 年底日軍侵佔香港，俞叔文舉家北返廣州祖居避亂，並在
嶺南大學任教，直至 1945 年 8 月日本戰敗投降後，才匆匆趕回香
港，立即聯同李景康、李海東等竭力奔走四方，矢志恢復書樓舊貌，
並設法領回戰時寄存香港大學馮平山圖書館的書樓舊藏。

　　五六十年代的學海書樓仍位於港島半山的般含道二十號，與現
時的基督教合一堂毗鄰，由教堂向西行，經舊雅麗氏那打素醫院，有
一列舊式樓房，高約四層，依山而立，斫向維港，學海書樓就是其
中一層樓房內。時人已感到「一進書樓即有一種寧靜、溫雅的古典
氣息」，地方並不寬敞，講堂是一個人廳，一邊靠牆攤滿高高的舊式
書櫃，裡面是線裝古籍」，聽中央放置一張大枱。[37] 聽者圍枱而坐，

37　姚欣能，〈五十年代的學海書樓〉，陳紹南編，《學海書樓九十年》（香港：學海書樓，
　　2013），頁 209-211。

老師站着講學，不時漫步講堂，輕鬆愉悅。俞叔文常駐書樓，身材高大，穿唐裝，喜講宋代詩詞，較好蘇軾、陸游。陳湛銓老師講授〈離騷〉等楚辭，另一位講者是潘小磐老師，國學講解流暢、詳細、清晰，深入淺出，內容豐富，令學生如沐春風，如獲至寶。[38] 可惜很多學生因完成預科後需立即找工作謀生，自此與國學無緣，直至退休。[39]

　　俞叔文在戰後講授的專書計有：《左傳》（1948 年 4 月、1951 年 2 月至 1952 年 2 月、1953 年 1 月至 1953 年 4 月、1953 年 8 月至 1953 年 9 月、1956 年 2 月）、《詩經》（1949 年 7 月至 1949 年 11 月、1956 年 3 月）、《禮記》（1953 年 10 月至 1953 年 11 月）、《史記》（1954 年 11 月至 1955 年 9 月）與《論語》（1956 年 1 月、1956 年 4 月）。他講授的單篇文章，計有：東漢〈前漢書藝文志序〉（1957 年 4 月）、李固〈遺黃書〉（1957 年 3 月）、曹丕〈典論論文〉（1956 年 4 月）、西晉陳壽〈諸葛亮文集序〉（1957 年 1 月至 1957 年 2 月）、六朝陶潛〈歸去來辭〉（1953 年 1 月）與〈歸園田居〉（1956 年 5 月）、蕭統《陶淵明傳》（1956 年 6 月）、潘岳〈閑居賦序〉（1956 年 7 月）、江淹〈恨賦〉（1956 年 6 月，北朝）、酈道元〈江水〉（1955 年 12 月）、王通《論孔庭之法》（1957 年 5 月至 1957 年 6 月），唐朝元稹〈連昌宮詞〉（1954 年 7 月）、韓愈〈送孟東野序〉（1955 年 10 月）、〈張中丞傳後序〉（1956 年 2 月至 1956 年 3 月）、〈伯夷頌〉（1956 年 3 月）與〈祭田橫墓文〉（1956 年 4 月）、柳宗元〈始得西山宴遊記〉（1956 年 5 月）、杜光庭〈虬髯客傳〉（1955 年 11 月）、宋言〈漁父辭劍賦〉（1956 年 7 月）、孫樵〈乞巧對〉（1957 年 5 月）、宋朝歐陽修〈江鄰幾文集序〉（1956 年 1 月）、曾鞏〈墨池記〉（1957 年 6 月）、《通

38　同上注，頁 210。
39　同上注。

鑑》諸葛亮〈隆中對〉（1956 年 12 月至 1957 年 1 月）與〈與群下教〉（1957 年 1 月）、蘇洵〈族譜引〉（1957 年 5 月）、蘇軾〈到昌化軍謝表〉（1957 年 3 月）、葉適〈財計篇上〉（1956 年 12 月）、鄭樵〈通志地理序〉（1956 年 11 月）與〈通志昆蟲草木略序〉（1956 年 11 月至 1956 年 12 月）、朱熹〈大學章句〉（1957 年 9 月）、元朝馬端臨《文獻通考序》（1953 年 7 月）、《文獻通考經傳序》（1956 年 10 月）、《文獻通考錢幣考》（1956 年 11 月）與〈文獻通考刑法考〉（1956 年 11 月）、明末清初顧炎武〈廉恥〉（1957 年 6 月）、清朝戴名世〈記老農夫說〉（1957 年 4 月）、章學誠〈古文十弊〉（1956 年 9 月至 1956 年 10 月）、曾國藩〈聖哲畫像記〉（1953 年 5 月至 1953 年 7 月）。此外，他還曾選講白居易（1954 年 5 至 1954 年 6 月）、蘇軾（1953 年 12 月至 1954 年 5 月）與陸游（1954 年 8 月至 1955 年 1 月）的詩篇。期間，他為配合社會需要，已明顯偏重選講較多適合中學程度的篇章。〈歸園田居〉、〈江水〉、〈送孟東野序〉、〈虹髯客傳〉、〈江鄰幾文集序〉、〈典論論文〉、〈文獻通考序〉、〈聖哲畫像記〉諸篇更是香港大學入學試中文科的必修課文。

　　俞叔文不單是創辦人，更是最初四分一世紀的主要經營者。他廣徵圖書的成績從書樓的編目已反映一二，而書樓不時因講學座無虛席、需向公眾徵集座椅，更得見他在講學安排上的適合時宜。他講學的內容涵蓋經史、子、集，足以見證個人學問的淵博，而《左傳》一書尤受他的青睞。

朱汝珍

　　如第二章所述，朱汝珍為書樓成立之初講學太史之一。他在 1932 年獲聘擔任香港大學中文學院「哲學」、「文詞」兩科的兼任講師，並因創辦香港孔教學院的首任院長陳煥章（1880-1933）於癸酉（1933）九月遽歸道山而在 1933 年出任孔教學院的院長。朱氏常臨學

海書樓講學，[40] 對宣揚國學亦不遺餘力，[41]1930 年從津門南歸故里，次年受聘香港大學中文學院為文史哲講師，[42]1933 年創立香港孔教大成書院，自任院長兼附中校長，曾赴東南亞宣揚孔教。朱氏工書法，詩文見《香港學海書樓主講翰林文鈔》，對保存史料及文獻甚有貢獻。[43]

區大原

區大原為書樓成立之初講學太史之一。1927 年移居香港後，受聘擔任官立漢文中學漢文教席。根據目前檢得的資料，他先後在 1932 年 4 至 7 月、1932 年 9 月、1932 年 11 月至 12 月、1937 年 3 月為書樓擔任主講。[44]

陳慶保

陳慶保是廣東番禺人，清末廩生，因屢試不第，轉習西醫，曾任職廣州陸軍醫院。但他因西醫每對病者施行的割症手術過於殘忍，轉而學習中醫。辛亥革命後他舉家遷居香港。1912 年春，他在香港島歌賦街開設陳氏家塾，招收生徒二三十人，教授經學史，並在 1914 年前後兼任皇仁書院漢文教席。陳氏家塾在 1918 年遷至荷里活道，學生人數迅速增至二百名。由於家塾佔地較前寬廣，所以他每逢周日便把個人藏書開放予校外人士閱覽。他更逢周日早上登壇為大眾講授經史、文學。此等安排跟日後學海書樓的活動頗相類同。陳氏家塾後來改名為慶保中學，1935 年遷至堅道，學生旋增至三百多人。

40　許振興，〈日本侵佔香港前學海書樓的講學活動〉（未刊稿），2017 年 12 月 9 日「單周堯教授七秩華誕國際學術研討會」會議論文，頁 6-7。

41　鄧又同編，〈朱汝珍太史事略〉，《香港學海書樓主講翰林文鈔》，頁 95。

42　〈學海書樓人物錄〉，《香海傳薪錄：香港學海書樓紀實》，頁 300。

43　《香港學海書樓主講翰林文鈔》，頁 98-106。

44　許振興，《經學、教育與香港大學：二十世紀的足跡》，頁 230。

據日前檢得的資料，他只在 1937 年 11 月擔任書樓的主講。[45]

　　每當書樓講者登台授課，全場肅靜、鴉雀無聲、聽眾屏營、必恭必敬，太史長衫布履，雍容端座，聽眾起立致敬，然後坐下，講課既畢，致敬如儀。那時授課，以「四書」、「五經」為主，闡揚孔孟之道與《春秋》微言大義，冀揚國粹，挽救世道人心於失墜之餘。書樓主講者為博學能文宿儒，聽者也為時港一眾青年代表，於是無論是新聞界政論及詩文小說，隱逸人士懷古作品，還有講學人士專門研究，專門講席與研究之風亦盛，使香港的中國傳統教育進入到一個新階段。

三、香港大學中文教育的發展

　　學海書樓設立之後，賴際熙與區大典兩位太史依然在香港大學任教。1925 年，正當香港各界反英情緒高漲，社會運動蓬勃開展之時，金文泰（Sir Cecil Clementi）就任總督。對中國文化有深刻認識的金文泰，力主提高香港的中文傳統經典教育程度作為穩定香港社會，以及緩和由省港大罷工而帶來的中英之間緊張關係的重要手段。在金文泰的支持下，中文教育在香港大學中的地位得到提升。由此開始香港大學中文教育的發展，亦能看到學海書樓秉承的理念和書樓既有成果的輻射與影響。

1. 金文泰與學海書樓的往來

　　金文泰出身於英國的官僚家庭，1875 年 9 月 1 日，在印度北方邦的坎普爾市（Cawnpore）出生。當時，他的父親蒙泰古・金文泰（Montagu Clementi）以陸軍上校身份派駐印度。金文泰在印度出

45　許振興，《經學、教育與香港大學：二十世紀的足跡》，頁 227。

生，但在英國長大，先後就讀於聖保羅公學和牛津大學麥達連書院
（Magdalen College）。金文泰天資聰穎，在學期間，連年考獲榮譽獎
學金。1897 年，他榮獲希臘文詩歌朗通比賽第二名，1899 年獲拉丁
文作文比賽第二名，可見他富有語文天份。金文泰在英國牛津大學修
讀經典文學。他開始對中國文化產生興趣，是受其叔父的影響。金文
泰的叔父為英國管治期間在香港招收的第一批官學生，金氏自幼聽叔
父介紹香港史地知識，早已對香港歷史產生興趣，在劍橋大學取得學
士學位及文學碩士學位（Master of Arts）後，於 1899 年考取香港官
學生的資格。1901 年至 1903 年，金文泰先後任新界地政署及註冊處
助理（Assistant Registrar General），兩年後任地政副主任，1907 年任
助理輔政司（Assistant Colonial Secretary），1910 年任港督的私人秘
書，不久升為代理輔政司。他在 1913 年及 1922 年離港，任英屬主亞
那（British Guiana）及錫蘭（Cylon）的輔政司，於 1925 年返港。因
其於 1900 年粵語考試及格，1901 年獲得牛津大學碩士學位，1902 年
金文泰開始擔任香港中文考試委員會委員，1906 年又取得北京話國
語考試及格。數年之間通曉粵語、國語，進步之速超乎常人，可見其
天份之高及就學的勤奮。

　　金文泰極為仰慕中國文化，跟隨被稱為「唐文大先生」的香港
教育名家宋學鵬（1880-1962）習中國語文。[46] 在宋學鵬指導下，金文
泰對中文的研究，尤其是翻譯的提升頗有成效。他在中國文學方面頗
下過功夫，翻譯廣州一帶的民間歌謠《粵謳》成英文，命名為《廣州
情歌》（*Cantonese Love Songs*），還附上自己的研究導論和英文注釋。

　　可見，金文泰不僅深知如何管理香港事務，而且對中國文化也

46　宋學鵬名嘉霖，學名翼林，字寶琳，別字學鵬。廣東花縣（今花都）人。畢生從事中
　　文教育活動。對漢學素有研究，兼通英文，除在香港政府書館主掌中文教學之外，還
　　以教授外籍人士學習中文著। 曾任香港總督府中國事務顧問、香港大學方言館官員
　　班粵語教習、庇理羅士女書院漢文部校長等職。著有《香港政府漢文小學教科書》、
　　《廣東地理教科書》、《廣州白話會話》等。

有較深入的了解，這也就說明為何在省港大罷工期間，英國政府任命
他接任香港港督。作為一個頗了解中國文化的外國管理者，金文泰認
為文化能撬動一切，他期望通過在香港推動和保護中國文化，將香港
塑造成一個中西文化共存的地方，既體現香港的特質，又在復興傳統
文化和維持治安及秩序之間建立關聯，並傳遞英國政府並未剝奪華人
自由這一信息。除了穩定香港社會，他也藉着提倡中文教育，進一步
加強中英文化交流，從而使英國的法律及秩序傳往中國。因此，金氏
對當時中國大陸興起的共產主義及新文化之風，持反對態度。

　　無論是出於政治上的考量，還是個人偏好，金文泰都堅持支持
傳統中國文化教育，這也使得他與學海書樓的一眾遺老及碩學鴻儒一
直保持密切聯繫。[47] 賴際熙太史是金文泰的另一位中文老師，曾每週
親赴港督府為金文泰講授傳統經籍。在賴際熙致陳步墀的信函中提
到：「頃承寵召，明日中午賞飯，但弟明日自五下鐘至六點半鐘，須
在山頂教監督經書，每星期只（可）教一日，不便告假。西人時刻
復有一定，不能先後。」[48] 1926 年，呼應當時一眾港紳如周壽臣、羅
旭龢、曹善允、李景康、俞叔文、馮平山等人的需求，金文泰支持
開辦漢文中學（1951 年為紀念金文泰而改名為金文泰中學 Clementi
Middle School），並將設在荷里活道的官立漢文師範學堂與漢文中學
合併，由賴際熙與區大典的學生，當時的港府視學官李景康任校長。
其後香港政府也委任賴氏及區大典為課程督導；教講師名單中，則包
括前清翰林院太史區大原與岑光樾；授課內容方面，經學、中史、國

<hr />

47　對金氏負面的評價，主要見魯迅〈略談香港〉、〈再談香港〉；友生的〈香港小記〉，
　　盧瑋鑾編，《香港的憂鬱——文人筆下的香港（1925-1941）》（香港：華風書局，
　　1983），頁 3-10，頁 11-18，頁 47-54。以負面的角度評論金文泰及其時老學者的觀
　　點，參見王宏志，《歷史的偶然——從香港看中國現代文學史》（香港：牛津大學出版
　　社，1997），頁 10-11。陳明球也認為金文泰以提倡中文教育，來加強英國的控制，見
　　《陳明球訪問稿》。要注意，學者已提出金文泰處理馬來西亞華人及中文教育的情況，
　　不是在香港重用華商及推動中文教育的面貌，此課題甚至可以進一步研究。
48　賴際熙，〈與陳子丹書〉，羅香林編，《荔垞文存》（香港：學海書樓，2000），頁 74。

文、作文都排在整體課程的首要位置。[49]

　　1929 年，金文泰與紳商同訪香港屯門青山，於山上樹立「香海名山」牌樓。「滄海橫流，處處不安」，而牌樓的「香海名山」四字由金文泰親筆書寫，此一舉動使得漂泊他鄉的飽學之士，感到像重新建造了能夠安身立命之文化價值寄託之所。不論「香海名山」或賴際熙所說的「海濱鄒魯」，無疑均透現了一種新的文化價值或社會意義，讓香港這個既傳統保守但又繁榮安定的現代化城市，被建造成一個可以讓不同背景的人找到認同的理想文化空間。[50]在前章中曾討論，作為朝中官員的晚清遺老，來香港居住本為了避開戰火災禍，迫於人身自保，無奈於此；他們心中的文化根脈，以及維護君國一體的倫理綱常始終未變，甚至隨其流寓香江之後，表現愈加強烈。金文泰對中文文化的愛好，以及他對中文傳統經典教育的支持，獲得了一眾學界遺老的支持與認同，再加以華商的支持，政、商、學三方共同協力，進一步維護固有文化傳統，推動了中國傳統文化教育的制度化。[51]

2. 香港大學中文學院的設立

　　在強化基礎教育階段的中文經典教育的同時，金文泰同樣關注大學的中文教育。他認為提倡中國研究，不獨使中英兩個民族互相了解彼此的文化，也使不同的民族聯繫一起，使東西方兩個大的民族體系得以融合，並互相體諒。[52]要達到中西文化並融的效果，在香港建

49　王齊樂，《香港中文教育發展史》，頁 294-295；另參考金文泰中學博物館藏書，誠蒙前金文泰中學李瑞華校長所示，特致謝意。

50　陳學然、韓子奇，〈金文泰治港時期的政學商互動及其對五四新潮的排拒〉，《新亞學報》，第 36 卷，2019 年 8 月，頁 283。

51　同上注，頁 285。

52　當代學者羅香林也認為香港大學中文系的發展，具有溝通中外文化的角色。羅香林，《香港與中西文化之交流》，頁 223-256。

立富中西交融特色的大學教育，是不可或缺的一環。[53]

（1）成立經過

1923 年，香港大學文學院對傳統漢文課程設置進行改動。史學與文學科目，改稱為傳統中國歷史（classical Chinese history）與傳統中國文學（classical Chinese literature）。部分課程文史合併，易名為傳統中國歷史與文學（classical Chinese history and literature）。學生於第三學年可以選擇有關倫理學的課題撰寫論文一篇，第四年則可選擇有關歷史、政治學、政治經濟學和哲學的課程並撰寫論文一篇。此等更改幾乎壓縮了經學課程的一半時間，成為香港經學教育發展的一大挫折。[54] 此後，修習漢文課程的學生寥寥無幾。

1926 年，英國威靈頓代表團來港考察教育，此時經史科的課時已被校方剝奪殆盡，代表團的考察報告卻隻字不提。為挽救形同虛設的漢文課程，金文泰與教育司 Wood A. E. 提出設立中文系，並主張除需保留傳統的經史之學外，增設文辭學，賦予教育新的現代意義。由於香港大學應竭盡所能去造就人才，當中少不得中文科，這個建議得到代表團默認。金文泰在同年 4 月 28 日以香港大學校長身份致信英國外交部，以能使得香港大學在中國現代化的過程中扮演一個極重要的地位為理由，希望英國政府能發還部分庚子賠款，資助香港大學的中文教育，信函更附上香港大學學生歷年獲取中國政府贈予的獎學金，展示香港大學學生的學業成就及學術水準，以說服英國政府撥款資助。[55]

53　區志堅，〈香港大學中文學院成立背景之研究〉，《香港中國近代史學報》，4 期（2006），頁 29-58。

54　許振興，《經學、教育與香港大學：二十世紀的足跡》，頁 39-41。

55　C. Clementi, "Hongkong University : Claim to share in Boxe Indemnity." 28th April, 1926. CO129. 492.〈香港大學籌辦中文部經過情形（續）〉，《華僑日報》，1928 年 4 月 27日，第 2 張，頁 3，參見區志堅，〈學海書樓推動中國文化教育的貢獻〉，頁 112。

　　金文泰擴展香港大學中文教育的計劃也契合了以賴際熙太史為代表等一眾遺民對香港大學中文教育和研究的期待。香港大學中文學院成立之前，賴際熙太史便通過出版雜誌介紹和宣傳其所推崇的研習中國學術的方法，其創辦的《博文雜誌》，是為香港大學中文學術刊物之始，區大典太史曾為其作序。[56] 為配合建立香港大學中文學院的計劃，賴際熙又撰寫《香港大學文科華文課程表》，提出華文部成立的目的是「保存國粹，融通新知，舉凡經學、史學、哲學、法學、文學、美學，參匯中西，由博反約，即如大學原定有比較中國與羅馬法律學之計劃」。[57] 其後，賴際熙與時任大學副校長韓惠和爵士（Sir William Hornell）於 1926 年 8 月攜同計劃書前往南洋各地向華商募款。憑藉賴太史在南洋華人中的聲譽，共籌得四萬元，其中二千元用以修葺課堂，二萬八千元為教員薪津，一萬元用來購置中文圖書。[58] 經當局同意，乃按照張之洞《書目答問》及廣雅書院的藏書目錄，選購經、史、子、集、叢五類必備之古書，尤其是多購買叢書，如《武英殿叢書》、《粵雅堂叢書》、《廣雅叢書》及《圖書集成》等，先後共購置約二三萬冊，成立香港大學中文藏書樓，編備藏書目錄。[59] 港督金文泰爵士也捐贈《古今圖書集成》以籌備中文學院。[60] 這套書不但充實香港大學中文典籍，也引導學生多借閱中國傳統經籍，強調香港大學中文學院尚中國傳統經、史的學風。

56　〈博文雜誌前序〉刊於《香港大學博文雜誌》第一期，1919 年 10 月，頁 1-2。此序是區大典 1919 年 6 月為香港大學學生聯誼會（The Hong Kong University Union）出版的學會雜誌，《香港大學博文雜誌》撰寫的序言。

57　《香港大學文科華文課程表》，頁 169-173，轉引自區志堅，〈學海書樓推動中國文化教育的貢獻〉，《香海傳薪錄：香港學海書樓紀實》，頁 104。

58　據賴氏哲嗣所指，這些款項主要是向華僑籌來的。因為賴氏為晚清遺老，在海外有名譽，故海外華僑甚為器重他的地位。中文學院的成立，與賴的努力甚有關係。在這四萬元的支持下，中文學院得以成立，而原想成立 Chinese faculty 的意願，因經費所限未能及時實現。區志堅，〈學海書樓推動中國文化教育的貢獻〉，頁 103。

59　《香海傳薪錄：香港學海書樓紀實》，頁 126。

60　羅香林，《香港與中西文化之交流》，頁 230。

香港華商也為中文學院的設立提供了不少幫助。[61] 做出貢獻頗多的華商，包括周壽臣、羅旭龢、曹善允、梁士詒、李右泉、馮平山、黃廣田、盧頌舉、周埈年、李亦梅、黃屏蓀、李佐臣、鄧志昂、鄧肇堅、伍華、麥遂初、劉景初、何華生和鄧照等，其中不乏活躍社會上層的顯紳巨富。[62] 華商所贈的圖書內容，可見於賴際熙太史編寫的《香港大學藏書目錄》。而馮平山、鄧志昂更在香港大學中文學院設立後，捐助設立了「馮平山圖書館」與「鄧志昂中文學院」兩處建築。

在多方努力下，1927 年香港大學中文學院正式成立，賴際熙、區大典兩位太史為專任講師，賴太史為系主任。港督金文泰對中文學院的成立寄予了厚望，他在香港大學 1927 年的畢業典禮說：「⋯⋯尤其是研究中國典章文物，為本大學各部所從事。此則中文學院所由創也⋯⋯在座諸君，或能有探險家之勇氣，以探討學問之境地」。[63]

（2）賴際熙主持下的中文學院

中文學院成立後，香港大學對中文的研究日益增加。香港大學中文學院的課程逐漸從側重應用中文轉為側重中國傳統經史學。經學教授《大學》、《中庸》、《論語》、《孟子》、《朱子集注》的義理；《詩經》、《書經》、《十三經》注疏；《周禮》、《禮記》、《春秋左傳》、《左氏傳》、《公羊傳》、《谷梁傳》等。史學內容包括《通鑑輯覽》、《史記》（自五帝本紀起至秦始皇本紀）、《漢書》、《後漢書》、《三國志》、《晉書》、《資治通鑑》（自南北朝起至五代）、《通鑑紀事本末》、《南北史》、《隋書》、《唐書》、《五代史》、《宋史》、《遼金元史》、《明史》，歷代疆域、戶口、財政及其他制度的考證；在文

61　參見附錄第七條：〈華商與港督捐助書籍目錄〉。

62　劉智鵬，〈「香海名山」牌坊下的歷史轉折〉，《展拓界址：英治新界早期歷史探索》（香港：中華書局，2010），頁 151-164，頁 151。

63　羅香林，《香港與中西文化之交流》，頁 228。

學詞學方面，主要講授歷代名作，歷代駢、散文名著，以及歷代詩文等；翻譯學旨在溝通中外學說，造就翻譯人才。[64] 可見，課程方面新增了文詞學（literature）與翻譯學（translation），且傳統經史課程亦較之前豐富很多。若比較在 1926 年的《香港大學文科華文部規劃書》（Syllabus of Chinese Studies, Arts Faculty, University of Hong Kong）與賴氏等人早於 1926 年設計的〈香港大學文科華文課程表〉，可看中文系的課程是出自賴氏。

1926 年的《香港大學文科華文部規劃書》（Syllabus of Chinese Studies, Arts Faculty, University of Hong Kong），文字為中英對照，收入「香港大學華文部課程學則草案」（Draft of Syllabus and Regulations of the Proposed Chinese School in Hong Kong University）把學院的課程分為經學、史學、哲學、文詞、翻譯五部分，再細分經學甲、經學乙、史學甲、史學乙、哲學甲、哲學乙、文詞共七門，內容主要是：

一、經學

甲、普通類　　四書、《孝經》、《書經》、《詩經》、《周禮》、《儀禮》、《禮記》、春秋

乙、專選類　　易經、書經及詩經、春秋三傳及國語、三禮（以上四項任擇其一）

二、史學

甲、普通類　　《繹史》、《資治通鑑》、《續資治通鑑》、近代史

乙、制度類　　輿地、戶口、財政、選舉、職官、禮樂、刑律、兵制（任擇其四）

三、哲學

甲、子學　　　《老子》、《莊子》、《墨子》、《荀子》、《孫子》、

64　許振興，《經學、教育與香港大學：二十世紀的足跡》，頁 41-44。University of Hong Kong, *University of Hong Kong Calendar 1929*, pp. 166-170.

　　　　　　　　《管子》、《韓非子》、申子、楊子（任擇其四）

乙、理學　　　《宋儒學案》、《元儒學案》、《明儒學案》

四、文詞

文字源流

文學史

詞章

公牘

五、翻譯

學生習三門者才算畢業，分兩組：

1. 全習華文部者

　經學甲、史學甲、華英翻譯為必修，另任擇三門，共須習六門

2. 習英文部一門，華文部三門者

　經學甲、乙，史學甲、乙各擇一門；哲學甲、乙，文詞，任擇
　其一 [65]

在《1927 年大學年曆》（Calendar,1927）所載中文科的課程綱要備有中英文對照，而中文版本的首頁有中文系（Chinese Department）開辦的課程，主要是：

第一年：

經學：《大學》、《中庸》、《論語》、《孟子》（以《朱子集註》
　　　義理為主，參以古註訓詁）；

史學：（甲）注意在歷代治亂興衰：《通鑑輯覽》（自三皇起至秦
　　　止）、《史記》（自〈五帝本紀〉起至〈秦始皇本紀〉止）；

　　　（乙）注意在歷代制度沿革：唐虞至兩漢疆域考（以《九
　　　通》為主，參以《廿四史》〈表〉、〈志〉，有講義）；

文詞學：精選歷代名作。

---

65 〈香港大學文科華文課程表〉，《荔垞文存》，頁 169-173。

第二年：

經學：《詩經》、《書經》（以《十三經註疏》為主，參以《欽定
　　　七經》）；

史學：（甲）注意在歷代治亂興衰：《資治通鑑》（自西漢起至東
　　　晉止）、《漢書》、《後漢書》、《三國志》、《晉書》（擇編
　　　講義）；

　　　（乙）注意在歷代制度沿革：唐虞至隋疆域考、戶口考（以
　　　《九通》為主，參以《廿四史》〈表〉、〈志〉，有講義）；

文詞學：歷代名作。

第三年：

經學：《儀禮》、《周禮》、《禮記》（以《十三經註疏》為主，參
　　　以《欽定七經》及《五禮通考》）；

史學：（甲）注意在歷代治亂興衰：《資治通鑑》（自南北朝起至
　　　五代止）、《通鑑記事本末》、《南北史》、《隋書》、《唐
　　　書》、《五代史》（擇編講義）；

　　　（乙）注意在歷代制度沿革：唐虞至宋疆域考、戶口考、
　　　財政考（以《九通》為主，參以《廿四史》〈表〉、〈志〉，
　　　有講義）；

文詞學：歷代駢散文名著。

第四年：

經學：《春秋》、《左氏傳》、《公羊傳》、《穀梁傳》（以《十三
　　　經註疏》為主，參以《欽定七經》）；

史學：（甲）注意在歷代治亂興衰：《續資治通鑑》（自宋起至明
　　　止）、《宋史》、《遼金元史》、《明史》（擇編講義）；

　　　（乙）注意在歷代制度沿革：歷代疆域、戶口、財政及其
　　　他制度（以《九通》為主，參以《廿四史》〈表〉、〈志〉，
　　　有講義）；

文詞學：歷代詩文名著。[66]

　　自此至 1933 年中文學院停辦，賴際熙離開港大之前，中文系的課程沒有太大改革，若以此課程與賴氏在 1926 年提出的華文部課程的建議所見雖有分別，然而也可見 1927 年的中文系課程與賴氏等人提出的課程綱要，甚有關係。

　　豐富的課程內容需要足夠的講師陣容。當時賴際熙太史已任中文學院主任兼專任講師，區大典太史任專任講師，林棟為助理講師（後於 1934 年逝世，其翻譯助理講師，由陳君葆先生繼任），溫肅、朱汝珍、羅憩棠、崔伯樾等人先後應聘成為講師或兼任講師。講授中國經史文哲四科的教員，包括賴際熙教授史學、區大典教經學、溫肅教授哲學及文學。這三人又都是學海書樓的專職講師，可見香港大學中文學院與學海書樓血脈流通。這些講師晨昏備課，登台授生，身體力行，誨人不倦。其精湛的學識與言行一致的風範令學生們望而神往，更漸令研究經典蔚然成風。除了以上幾位先生外，中文學系還受到倫敦教會威禮士牧師（Rev. Wells）的鼎力相助。在大學文科的課務會議席上，探討有關於提高中文地位諸問題。威禮士牧師作為中文學院的顧問，還肩負傳譯的任務，同時又兼任中文學院內增設的「中國言語科」（即方言館）主任。政府還委派金文泰的老師宋學鵬擔任專席教授，以為協助。[67]

　　教學之餘，太史教授參與大學教材編寫，先後編成《春秋三傳講義》、《論語講義》、《孝經通義》、《周官經講義》、《儀禮禮記合編講義》、《書經講義》、《孟子通義》、《史學課本》及《哲學講義》等。在教學方面，這些翰林學士各有側重，如經學，他們多從漢儒鄭玄注經的方法入手，偏重文字訓詁的方法。史學方面，他們強調欲知

66　依所載 1927 年課程綱要，見《香港大學中文學院歷史圖錄》（香港：香港大學中文學院，2007 年）頁 8-11。

67　方駿、熊賢君主編，《香港教育通史》，頁 302。

歷朝治亂之因，必須研讀舊史文籍，從經籍中領略古人治世的常道，從歷朝的史事，觀歷代興衰，知時變得失，掌握變道，便知治世要義，達到「所用所學，能不相背馳，蘊之則為根柢之學，推之則為明達之材」的目標。如在《史學課本》中便透露出其一些治學理念。在《史學課本‧弁言》中指出，欲考求歷朝政教的根本原理，必需翻閱舊文。「考求既博，則一切實業，其散見於諸書者，由萬殊而歸於一本，由萬派而匯於一源」，治學自然得其要領，所謂要領就是要「以經為經，以史為緯」，從經籍中領略古人治世的常道，也從史籍記載歷朝的史事觀歷代興衰，知時變得失，掌握變道，結合常變的道理，便知治世要義，而「經」以載道，史以載事，經史內容既備政治、道學、藝術等歷代時變的事例，達到「正變無不盡歸其包涵矣」的效果；換言之，藉着觀經籍，就可以幫助治世，「達到所用所學，乃能不相背馳，蘊之則為根概之學，推之則為明達之材」，網羅天下政制的大道。[68] 他們嚴謹的治學態度與通達的教學方式，融匯了傳統的謹嚴與現代的開放，為香港大學中文學院未來的發展奠定了紮實的學術根基與質樸的治學風氣。[69]

此外，1930 年 2 月 28 日，中文學院成立了中文學會，發起人是清代咸豐年間探花李文田之孫李棪、馮秉芬、馮秉華（二人為馮平山之子）、蘇曾懿（陳伯陶太史女婿）、賴高年（賴際熙太史之孫）等一眾香港大學學生。組織方面，區大典太史為會長，賴際熙太史、溫肅太史、林棟三人為副會長，並由周壽臣、羅旭龢、馮平山等為名譽副會長，鄧肇堅、李瑞琴等為名譽會長。[70] 學會宗旨為「溝通中西學說，別其異同，辨其得失」。為此，學會邀請名人公開演講，讓會員

68　區大典：〈弁言〉，區大典編，《香港大學中文學院經學講義》（香港：奇雅中西印務，1930）第 1 冊，頁 2。

69　區志堅：〈學海書樓推動中國文化教育的貢獻〉，《香海傳薪錄：香港學海書樓紀實》，頁 110。

70　以上據〈香港大學中文學會紀事〉，收入《中文學會輯識》。

能增廣見聞。成立後短短一年之間，共舉行了七次公開演講，多由碩學鴻儒主講，內容亦以宣揚傳統文化為主。茲錄部分講題如下：[71]

第一次演講	區大典會長主講「創立中文學會之宗旨」
第二次演講	溫肅太史主講「詩學源流」
第三次演講	賴際熙太史主講「文學源流」
第四次演講	陳煥章博士主講「依據孔教組織世界大同政府議」
第五次演講	林棟學士主講「譯學之過去與現在」
第六次演講	黃新彥博士主講「中國對世界新文化之貢獻」
第七次演講	傅秉常博士主講「新民法關於婚姻問題」

除以上專題演講外，學會於 1932 年出版了《中文學會輯識》，其第一卷第一號書內收錄了中文學院師生的傑作，如區大典太史、朱汝珍太史、林棟、羅憩棠、陳伯陶、馮秉華、李幼成諸人，關於「易經要義」、「周禮地名」考證、「孟子性善說」等專題論文。賴際熙曾為序云：

> 學問之事，首在集思廣益，古今一也。故在昔書院課文，必選佳作，編輯成集，以資攻錯。今之學堂，則各有歲刊，或稱雜誌，咸事纂錄。惟書院之文集，專輯一院之傑構，斷限甚嚴。學堂之雜誌，兼采時彥之高文，範圍漸廣。埏垓既闢，風會日新，事業增進，月異而歲不同。而文章著作，亦愈恢而愈廣，自非墨守一師之說，足以肆應此迭之世局。文集雜誌編輯範圍寬嚴廣狹，即隨此世局而遷移，所以為集思廣益之宗旨則一也。中文學院成立已三閱寒暑矣，今春雜誌初刻始成，謹為芻言，以綴其末。夫行文之要道，非徒炫其詞華，將以發揮其道藝也。編文之

---

71 〈香港大學中文學會紀事〉，收入《中文學會輯識》。

本旨，亦非徒采其詞華，將以討論其道藝也。綜古今之聖賢，合遠邇之俊彥，欲傳一其道藝，非藉文無以為發明，承學之士，欲考其道藝，亦非文無以依據，況今日當學之事日煩，則考文之途益廣。此志著錄，匪擷其華，務崇其實，所謂博古通今，明體達用之詣，願與作者閱者共循斯軌也。增城賴際熙。[72]

區大典則將為《香港大學博文雜誌》所作之序移錄，並在文末附志，以示中文學會不忘其朔：

博而後能致廣大⋯⋯思潮之洶湧，學海之翻騰，殆將合東西洋而溝通之⋯⋯取多則用宏，博大專精，群集大成，蔚為絕學，將必有折衷之聖，出乎其間，則中西學雜誌，殆亦渤海泰山之一助乎。[73]

陳伯陶因兩位太史的關係，參加香港大學學生聯誼會，香港大學中文學院甚至香港大學中文學會的活動。他為香港大學學生聯誼會刊物《香港大學博文雜誌》題署封面，為香港大學中文學會刊物《香港大學中文輯識》創刊號撰寫〈《周禮》《孟子》公侯伯子男封地數考〉與〈跋孟廣宗碑〉兩文都是明證。[74] 其後香港大學學生會，每年所出會刊（Union Magazine），亦有關於中國文學之論文發表。

72　賴際熙，〈序言〉，收入《中文學會輯識》；《荔垞文存》，頁 29-30。

73　區大典，〈博文雜誌前序〉，《香港學海書樓主講翰林文鈔》，頁 45-46；許振興，《經學、教育與香港大學：二十世紀的足跡》，頁 162。參考許振興考訂《春秋三傳講義》、《論語講義》雖列為「遺史氏輯」或「遺史輯」，但應為區大典輯，見區大典輯，見氏：〈1912-1941 年間香港的經學教育〉，施仲謀，《百川匯海——文史譯新探》（香港：中華書局，2013），頁 162-164。

74　〈《周禮》《孟子》公侯伯子男封地數考〉與〈跋孟廣宗碑〉，《香港大學中文輯識》，頁 1-4。

　　可見，從香港大學文科教學到中文學院的成立，以賴際熙為代表的一眾太史，無論是潛心籌備籌資，還是身體力行參與其中，教學研討，登台授課，編輯課程資料，可謂費煞苦心。

3. 新與舊的交織融匯：課程的改革與變遷

　　如前所述，香港中文學院得以設立，既有香港商、學兩界華人捍衛文化道統的努力，又與港府希望通過推廣和支持傳統文化教育，阻擋新文化運動和五四運動的思潮影響香港社會穩定不無關係。然而，由於香港與內地緊密聯繫，新文化浪潮雖然在香港受到阻礙，但也並非毫無影響力。

　　魯迅在 1927 年講學香港後，認為香港文化保守陳舊，譏諷香港是英國人的樂園，在〈述香港恭祝聖誕〉一文中，魯迅以諷刺口吻批評了當時香港熱衷舉辦孔子誕活動這一現象。[75] 2 月 16 日，魯迅在香港青年會發表了名為〈無聲的中國〉的演講，其中提到：

> 　　因為們說着古代的話，說着大家不明白、不聽見的話，已經弄得像一盤散沙，痛癢不相關了；我們要活過來，首先就須由青年們不再說孔子、孟子和韓愈、柳宗元們的話。時代不同，情形也兩樣。孔子時代的香港不這樣，孔子口調的「香港論」是無從做起的。「吁嗟闊哉香港也」，不過是笑話。[76]

　　在演說的末句尤其嚴厲：

75　魯迅，〈述香港恭祝聖誕〉，《三閒集》（北京：北新書局，1932），頁 54-58。
76　魯迅，〈無聲的中國──二月十六日在香港青年會講〉，《三閒集》，頁 8。

　　我們此後實在只有兩條路：一是抱着古文而死掉，一
是捨掉古文而生存。[77]

　　魯迅等新文化人士來港發表演講，雖然影響相對有限，但仍為
當時文化氛圍較為保守的香港打開了一個小視窗。1930 年以後，由
於內地社會局勢多變，政局動蕩，更多受新文化思潮影響的文化人南
來香港，使用白話文寫作，香港文化界和教育界對新文化的態度也逐
漸變化。[78]

　　另一方面，除了堅定支持翰林太史展開傳統經典教育的金文
泰，英國對香港大學中文學院的教學形式和課程內容一直有所保留。
1926 年英國威靈頓代表團考察香港大學時，就對香港大學中文教育
走傳統經史路線的計劃不以為然；在中文學院設立和運作中，韓惠和
也對賴際熙等人和他們的傳統教學方法不乏異議。[79] 三十年代以後，
隨着香港社會日趨穩定，以傳統文化穩定社會的目標已經達到，英方
則開始期望高校能夠培養熟悉新文化，了解當下中國狀況，更具有實
用價值的「中國通」。

　　雖然賴太史設計的課程內容，本就不獨傳播中國語文，保存中
國文化之餘，也有令中西文化參互溝通，達到中外文化交流的目的，
然而太史們對白話文的抗拒，使他們在香港推廣中文教育的工作中逐
漸處於劣勢。1931 年開始，香港大學設立特別委員會研究大學的中
文教育發展，最終決定終止中文學院的運作，在文學院內設置中文系
進行中文教學，而賴太史也結束了在香港大學的工作。[80]

77　同上注，頁 10。

78　陳學然，《五四在香港：殖民情境、民族主義及本土意識》（香港：中華書局，
　　2014），頁 195-197。

79　程美寶，〈庚子賠款與香港大學的中文教育──二三十年代香港與中英關係的一個側
　　面〉，《香海傳薪錄：香港學海書樓紀實》，頁 218-220。

80　許振興，《經學、教育與香港大學：二十世紀的足跡》，頁 47。

　　中文學院於 1933 年再次進行課程改組後，總共課程分為七系（Seven Groups）。新成立的中文系（Department of Chinese）在林棟領導下，負責文科六系（Group VI）「中文及英文」（Chinese and English）與文科七系（Group VII）「漢學研究」（Chinese Studies）的教學。[81] 安排為：[82]

文科六系（Group VI）「中文及英文」（Chinese Studies）的課程					
課程	第一年	第二年	第三年	第四年	附錄
文詞（Chinese literature）	明清兩代詩文	唐宋兩代詩文	兩漢詩文	中國文學史	學生每年均需定期進行作文練習
哲學（Chinese Philosophy）		《五經》要義，周秦諸子之一			
史學（Chinese history）			周末至兩漢史		
翻譯（Translation）					學生每年均需修讀

文科七系（Group VII）「漢學研究」（Chinese Studies）的課程					
課程	第一年	第二年	第三年	第四年	附錄
哲學（Chinese Philosophy）	《四書》大旨	《五經》要義	周秦諸子通論	《宋明儒學案》	

81　根據 1934 年《香港大學校曆》的〈前言〉（Introduction），文學院共有五個學系。記為 A Department of Pure Arts and Science, Department of Social Science, Department of Commerce, Department of Chinese, Department for the Training of Teachers. Department of Chinese 取代了原先的中文學院（School of Chinese Studies）成為文學院的學系。參看 University of Hong Kong, *University of Hong Kong Calendar, 1934*, Hong Kong: The Newspaper Enterprise Ltd., 1934）, p. 4. 但該校曆介紹課程時則稱為 Department of Chinese Studies，參看 University of Hong Kong, *University of Hong Kong Calendar, 1934*, p. 102. 這種一系兩名，〈前言〉與課程介紹互異的記述，在 1934 年至 1941 年的《香港大學校曆》一直沿用不替（為免累贅，不逐一詳列出處），可見校方在日本侵佔香港前對中文系的英文名稱一直沒有統一的規範。

82　相關信息整理自 "Appendix", *University of Hong Kong Calendar, 1934*, pp. 110-113. 許振興，《經學、教育與香港大學：二十世紀的足跡》，頁 48-49。

（續上表）

文科七系（Group VII）「漢學研究」（Chinese Studies）的課程				
史學（Chinese History）	上 古 至 周末	周 末 至 兩漢	唐宋史	明 史 、 清史
文詞（Chinese Literature）	明 清 兩 代詩文	唐 宋 兩 代詩文	兩 漢 詩 文	中 國 文 學史	學生每年均需定 期進行作文練習
翻譯 （translation）				學生每年均需修 讀

　　其他各系（groups other than VI & VII）的學生，亦可於每年修讀中文學院提供的文詞（Chinese literature）與翻譯兩科。[83]

　　在林棟主持下，在翻譯課程不變的基礎上，以「哲學」（Chinese Philosophiy）、「史學」（Chinese History）與「文詞」（Chinese Literature）三大類將教學內容進一步釐清和系統化。「四書」大旨、「五經」要義等傳統經學課程等被安排在「哲學」科講授；「史學」將中國歷史分為上古至周末、周末至兩漢、唐宋史、明史、清史各分期進行教授；「文詞」則包括明清兩代詩文、唐宋兩代詩文、兩漢文、中國文學史與作文等內容。[84]

　　1934 年夏天，香港大學聘請北京大學教授陳受頤（1899-1977）與輔仁大學教授容肇祖（1897-1994）親臨香港考察，為香港大學的中文教育提供改革方案。[85] 翌年 1 月胡適來港接受香港大學頒授名譽法學博士學位，[86] 校方得胡適推薦，於該年 7 月聘請原燕京大學教授

83　同上, pp. 109-110.

84　*University of Hong Kong Calendar, 1934*, pp.110-113. University of Hong Kong, *University of Hong Kong Calendar, 1935*（Hongkong: The Newspaper Enterprise Ltd., 1935），pp. 116-120；許振興，《經學、教育與香港大學：二十世紀的足跡》，頁 48-49。

85　陳、容兩教授的改革建議，可參看《華僑日報》1935 年 10 月 16 日的報道。該報道今錄入單周堯主編，《香港大學中文學院歷史圖錄》（香港：香港大學中文學院，2007），頁 42。

86　胡適南遊後對香港的種種批評，可參見胡適，〈南遊雜憶〉，盧瑋鑾編，《香港的憂鬱──文人筆下的香港（1925-1941）》，頁 55-61；鄭德能，〈胡適之先生南來與香港文學〉，盧瑋鑾編，《香港的憂鬱──文人筆下的香港（1925-1941）》，頁 69-74。

許地山負責領導和策劃學系的課程改革。[87]

　　許地山，名贊堃（乳名叔丑），字地山，筆名落華生，生於光緒十九年（1893），在台灣台南出生。其先祖許壽，在明朝末年由廣東揭陽縣航海到台灣，實襄鄉成功，從事反清復明的事業。光緒二十年（1894），中日甲午戰爭之役中國軍隊慘敗，清政府將台灣割讓給日本。台灣島上的人民，異常悲憤，組織「台灣共和國」奮起抗日。許地山的父親許南英，擔任團練局統領，與唐景崧、丘逢甲、劉永福等，積極領導人民保土抗敵。後兵力單薄，寡不敵眾，在日軍佔領台南後，許南英只好與家人逃出台灣往福建，寄籍於龍溪縣。其後，許南英被任命到廣東各地，擔任知縣，而許地山也因跟從父親宦遊，而先後有機會追隨倪玉笙、韓貢三、龍積之、龍伯純、俞叔文等幾位著名老師研習經史，使他在國學方面打下了鞏固的基礎。故我們可看到，雖然許地山是胡適推薦的人選，但仍有傳統文化的根基，而其老師之一俞叔文先生亦是學海書樓的主要人物。許地山受聘為中文系系主任後，也不忘俞叔文的教育之恩，曾專程拜訪。

　　早年的家庭教育與求學經歷，使許地山習慣以讀書作文為生，人以「書蟲」稱之，許亦以「書蟲」自命。嘗謂：「為學有三條路向，一是深思，二是多聞，三是能幹。第一途是做成思想家的路向，第二是學者，第三是事業家，這三種同是文學，而其對於同一對象理解則不一致。譬如有人在居庸關下偶然檢起一塊石頭，一個思想家要想它怎樣會在那裏，怎樣被人撿起來，和它的存在意義。若是一個地質學者，他對於那塊石頭便從地質方面，源源本本的說。若是一個歷史學

87　盧瑋鑾，〈許地山與香港大學中文系的改革〉，載《香港文學》，第 80 期（1991 年 8 月），頁 61-62。余思牧撰，《作家許地山》（香港：利文出版社，2005），頁 218-229。金培懿在〈香港大學「中國經學」課程之退場：一個東亞視域的考察〉認為許地山獲香港大學任命出掌中文系除得力於胡適的推薦外，還緣於香港大學校內林棟、莫應嵩、陳君葆諸位的幫助與胡適、許地山改革香港大學中文系背後隱而不宣的「日本因素」。《人文中國學報》，第 23 期，2016 年 12 月，頁 265-301。

者，他便要求探求那塊石頭與過去史事有無關係。若是一個事業家，他只想着要怎樣利用那石而已。三途之中，以多聞為本，我邦先賢教人以『博聞強記』，及誡人『不學，不學而好思，雖知不廣』底話，真可謂能得為學的正誼，但現在的世界，能專一途的很少，因為生活上等等的壓迫，及種種知識上的需要，使人難為純粹的思想家或事業家……近代人需要等等知識為生活的資助，大勢所趨，必不能在短期間產生純粹的或深邃的專家。故為學先要多能，然後專攻，庶幾可以自存，可以有所貢獻。吾人生於今日，對於學問，專既難能，博又不易，所以應於上列三途中至少要兼二程，兼多聞與深思者為文學家。兼多文與能幹者為科學家。就是說一個人具有學者與思想家底才能便是文學家，具有學者與事業家底功能底，便是科學家。文學家與科學家同要具學者的資格。所不同者，一是偏於理解，一是偏於作用，一是修文，一是格物。進一步說，捨多聞既不能有深思，亦不能生能幹，所以多聞是為學根本，多聞多見為學者應有的事情，如人能夠做到，才算得過着『書蟲』生活。」[88]

以書蟲的視角回顧治學之事，許地山有自己的一套見解。他認為，從前人學文學，只重詩文，現在需要加上詞曲小說、文學史和文學批評。歷史一門以前多注重政治部分，現在不但講政治史，還要講文學史、宗教史等等……凡此種種設施，都是在前人的基礎上加以改善，使內容更為充實，更有條理，更現代化。[89] 在此理念的基礎上，許地山在香港大學開始了他的課程改革。

1936 年，香港大學又聘請馬鑑先生為專任講師，協助許地山將全系課程亦改設為中國文學、中國史學、中國哲學三組。在原有中文系課程的基礎上，新增了不少科目，數量之多，一度達到 35 門。其

88　羅香林，《香港與中西文化之交流》，頁 210-211。

89　同上注，頁 211-212。

以建構中國文學（Chinese language and literature）、中國史（Chinese history）、中國哲學（Chinese philosophy）與翻譯（translation and comparison）四為一體的中國文、史學系（Department of Chinese studies）新課程為目標。[90] 這新課程各科目被分別列入文學院課程的文科六系（group VI）、文科七系（group VI）、文科八系（group VI）供學生選讀。

文科六系（group VI）「中國文學」（Chinese Language and Literature）課程 [91]

科目	第一年	第二年	第三年	第四年	附錄
中國文學，（Chinese language and literature）	明清及現代文，中國文典，（Chinese grammar）	唐宋原文中國詞曲小說	兩漢六朝文，詩賦駢文，中國文學史	先秦文學	學生每年均需定期進行作文練習。
中國文字學（Chinese Philology）					學生於第三年修讀。
中國通史（Chinese History）					學生於第三年修讀。
中國哲學概論（Chinese philosophy）					學生於第四年修讀。
翻譯（Translation）					學生每年均需修讀

90　盧瑋鑾，〈許地山與香港大學中文系的改革〉，載《香港文學》，第 80 期（1991 年 8 月），頁 62-64；車行健：《現代學術視域中的民國經學》（台北：萬卷樓，2011）頁 41-58。又研究二十世紀粵海文化互動的成果，已略述學海書樓的辦學情況，參見許錫輝，《粵港澳文化關係》（廣州：中山大學出版社，2001），頁 16-18；李緒柏，《清代廣東樸學研究》（廣州：廣東省地圖出版，2001），頁 271-276；趙雨樂，〈二十世紀上半葉粵港文人的雅集與交游〉，劉義章、黃文江合編，《香港社會與文化史論集》（香港：香港中文大學聯合書院，2002），頁 57-74；程中山，〈導言〉，氏主編，《香港文學大系〔舊文學卷〕》（香港：商務印書館，2014），頁 59-61。

91　University of Hong Kong, *University of Hong Kong Calendar, 1936-1937*.（Hong Kong: The Newspaper Enterprise Ltd., 1936），pp. 144-145. 另見許振興，《經學、教育與香港大學：二十世紀的足跡》，頁 50。

（續上表）

文科七系（group VI）「中國史」（Chinese History）課程 [92]					
科目	第一年	第二年	第三年	第四年	附錄
中國史（Chinese History）	中國通史（General History of China）	上古史及古物學（Ancient Chinese History and Archaeology）	中古史（Mediaeval Chinese History）	中國近代史（Modern Chinese History）中西交通史（History of Communications between China and the West）、中國宗教史（Religious History of China）、中國社會史（Social History of China）	學生於第一年至第三年需定期提交論文（Exercises in Composition）習作。
史乘選讀（Studies of Chinese Historical Writings）					學生於第一年修讀
歷史方法（Historical Method）					學生於第三、四年修讀
中國文化史（Cultural History of China）					學生於第三年修讀
中國哲學概論（Chinese Philosophy）					學生於第四年修讀
翻譯（Translation）					學生每年均需修讀
文科八系（Group VIII）「中國哲學」（Chinese Philosophy）課程 [93]					
科目	第一年	第二年	第三年	第四年	附錄

---

92 *University of Hong Kong Calendar, 1936-1937*, pp. 145-146. 另見許振興，《經學、教育與香港大學：二十世紀的足跡》，頁 50-51。

93 *University of Hong Kong Calendar, 1936-1937*, pp. 145-146. 另見許振興，《經學、教育與香港大學：二十世紀的足跡》，頁 51-52。

（續上表）

中國哲學（Chinese Philosophy）	中國哲學概論、中國哲學（Chinese Philosophy）	佛學思想史（History of Buddhist Thought）	先秦諸子研究（The Early Masters）、道教思想史（History of Taoism）、中國倫理學（Chinese Moral Philosophy）		學生於第一年至第三年均需定期提交論文（Exercises in Composition）習作。
中國哲學論著選擇研究（Readings in Chinese Philosophical Treatises）				佛藏（Buddhist Canon）、道藏（Taoist Canon）、漢唐諸家思想（Philosophical Writings from Han to T'ang）、宋明思想（Philosophical Writings from Sung to Ming）、清及近代思想（Philosophical Writings from Ching to the Present Day）。	學生於第四年修讀。
中國通史					學生於第一年修讀
翻譯（Translation）					學生每年均需修讀。

　　此外，中國文史學系尚有精選自「中國文學」及「翻譯」（Chinese Language and Literature and Translation）課程的若干科目供文科其他系（Groups other than VI，VII & VIII）學生選修。中國文學課程提

供的科目包括：[94]

　1. 第一年：

（1）提供明清及現代文、中國文典、作文供文科一系（Group I）「文字與哲學」（Letters and Philosophy）及文科四 C 系（Group IVc）「綜合學科」（General）學生修讀。

（2）提供美文、應用文、作文供文科三系（Group III）「社會 III）「社會科學」（Social Science）及文科五系（Group V）「商業訓練」（Commercial Training）學生修讀。

　2. 第二年：

（1）提供唐宋元文、中國詞曲小說、作文供文科一系（Group I）「文字與哲學」（Letters and Philosophy）及文科四 C「綜合學科」（General）學生修讀。

（2）提供美文、應用文、中國文典、作文供文科三系（Group III）「社會科學」（Social Science）及文科五系（Group V）「商業訓練」（Commercial Training）學生修讀。

　3. 第三年：

（1）提供兩漢六朝文、詩賦駢文、中國文學史、作文或中國哲學供文科一系（Group I「文字與哲學」（Letters and Philosophy）學生修讀。

（2）提供兩漢六朝文或先秦文、中國文學史或文學批評、作文或中國史供文科四 C 系（Group IVc）「綜合學科（General）學生修讀。

　4. 第四年：

（1）提供先秦文、文學批評或中國哲學供文科一系（Group I）

94　*University of Hong Kong Calendar, 1936-1937*, pp. 142-144；許振興，《經學、教育與香港大學：二十世紀的足跡》，頁 52-53。

「文字與哲學」（Letters and Philosophy）學生修讀。

配合課程改革，許地山還主持編撰《香港大學入學考試國文讀本》，淘汰了不合時宜的教材，選出中國古典文學優秀作品一百篇，其中包括詞曲和戲劇等，編成《讀本》作為教材使用。他又建議以金兆梓編，中華書局出版的《新編高中中國歷史》教材作為各英文書院的中國歷史課本。

雖然該課程實行時間並不長，只從 1936 年起沿用至 1941 年 12 月，便因日軍侵港使香港大學宣佈停課，[95] 但許地山以深思多聞的教授方法提倡教育，亦促使香港大學文學系學生讀書與研究的風氣愈發濃厚。1940 年 7 月，中國史學泰斗陳寅恪受聘為英國牛津大學教授，因受歐戰影響滯留香港，遂被香港大學聘為客座教授。陳先生在港講學共一年四個月，先後開設魏晉南北朝史、隋唐史、唐詩證史等課程，並以〈秦婦吟〉等做過幾次公開講演，展示了中國中古史研究的嶄新領域和方法。他注重訓練學生的基本功，故深受香港大學師生敬仰。無論是內容的革新，還是名教授駐留，都使香港大學學風大振，聲譽益隆。無論是校內外，許地山的改革都受到一致好評，畢業生人數不斷提升。從 1933 年的文學士畢業生僅有馮秉華、李幼成二人、1935 年文學士畢業生陳錫根、蘇會懿二人、1937 年文學士畢業生莫慶斌一人，到 1938 年文學士畢業生周成根、張榮岳、施泉等三人、1939 年研究生薛澄清一人，再到 1940 年文學士畢業生王嘉綸、李衍筒等三人、1941 年有文學碩士韋達一人及文學士黃瑤可、李慶蘭二人、1942 年文學士陳餛、趙瓊珠、賴恬昌、劉殿爵、伍冬瓊、徐家祥、王少珍、金應熙、馮錦濤等九人。畢業生皆成績優良，後於香

95　A University of Hong Kong, *University of Hong Kong Calendar, 1937-1938*.（Hong Kong: The Newspaper Enterprise Ltd., 1937），pp. 139-144; *University of Hong Kong Calendar, 1940-1941*.（Hong Kong: Ye Olde Printerie, Ltd., 1940），pp.78-80; *University of Hong Kong Calendar, 1941*.（Hong Kong: The Newspaper Enterprise Ltd., 1941），p. 67.

港及各地學術教育界開展工作。[96] 薛澄清後嘗任教於廈門、燕京等大學。韋達以譯《瑜伽師地論》為英文著稱。賴恬昌任教於香港大學，嘗代理校外課程部主任。劉殿爵以研究秦諸子著名，後任教於倫敦大學。[97] 伍冬瓊服務於香港大學馮平山圖書館，後改任加拿大哥倫比亞大學圖書館東方部主任。徐家祥嘗任港政府副華民政務司，以及徙置區事務署副署長，後任公眾詢問處處長。金應熙嘗任嶺南大學副教授，他們皆卓然有成，為時所重。[98] 我們能看到，許地山的教育改革對香港中文教育的發展確實起到一定的推動作用。

　　羅香林教授在《香港與中西文化交流》中，分析改革後賴、許兩人所訂的課程與教學方法的異同：「蓋前此賴先生等所定課程，注意使一般學子於古文辭外，能於經史得為深切了解，自方法言之，猶偏於記誦之學。許先生則分課程為三組，一為文學，二為歷史，三為哲學。前人研習文學，只重視詩文，今則更及於詞曲、小說、戲劇與文學批評等；前人治史，只重朝代興革，今則更及於文化史、宗教史、交通史、與版本目錄等部分；前人治經，每長於總述，今則將經中之文史資料，還之文史專學，而就其哲理部分，更與諸子百家、歷代哲人，與道教佛教等哲理，合為系統研究。皆就前人所建立之基礎，而為擴充發揚。」[99] 熟讀傳統經典出身的許地山，在多次旅學英、美，途次南洋、印度，在具備世界視野之後，將傳統經史教育的內容與現代大學的教育模式相接軌，順應時代改革發展，為中國文化的探索了一條新路。

96　羅香林，《香港與中西文化之交流》，頁 239

97　劉殿爵為詞人劉百端（景堂常）先生公子，好學深思，於先秦諸子之思想，闡發頗多，曾任教於倫敦大學亞非學院及香港中文大學。其事蹟及其學術造詣，參見何志華，〈研思精微、學術典範：劉殿爵教授生平概述〉，《中國文化研究所學報》，第 51 期，2010 年 7 月，頁 8-11。

98　羅香林，《香港與中西文化之交流》，頁 239。

99　同上注，頁 211-212。

第四章

戰後的中文教育與國學研究

一、戰後中文教育的發展

1. 政府基礎教育政策的調整

　　二戰後，香港人口僅剩五十多萬，百廢待興，不過很快由於內戰爆發及內地政治局勢的變化，大批國人從中國各地潮水般湧進香港，人口迅速增至二百五十萬以上。在香港教育秩序還未完善的情況下，人口大量增長，迫使港英政府需要迅速對教育行政制度做出相應調整。

　　戰後人口激增，華人佔大多數，中文教育成為港英政府恢復管治後關注的重點之一。學校中文課程及學生程度與高等教育銜接困難；不少學校師資水平也不高。針對這些問題，1948 年中國內地的教育專家葉聖陶、傅彬然來香港講學，香港教育界人士向兩位專家徵求意見，後來又特聘曼徹斯特首席教育官菲莎來港考察。1951 年 10 月，香港政府發表了《菲莎報告》（ Fisher Report ），針對香港的教育情況所提出了建議，主要如下：

　　一、建議大力發展小學教育，並盡可能以中文講授各種科目，三年級開始教授英文，舉行小學會考，由政府發給小學畢業文憑。

　　二、建議鼓勵民眾開設私立學校，而政府盡量在經濟上予以補助。

　　三、建議擴充工業學校，發展工業教育。

　　四、建議在市區及農村推行成人教育。

　　五、建議加強師資訓練及擴大師範校教育。

　　六、建議加強學校行政、鼓勵課外活動及組織家長教師會等。

　　七、建議多招聘海外教師來港服務。

　　八、建議政府立即選擇地點，多建現代化之新式校舍，並設置各種現代化之教育設備。

　　九、建議教育司署須有獨立之辦公大樓。並增添行政人員和重

新改組，以加強組織。[1]

　　以《菲莎報告》為基礎，香港開始實施統一學制計劃，以應對光復後教育無序的狀態，並於 1952 年頒佈新的教育條例。在 1951 年至 1961 年間，政府小學從十一所增至八十所，資助學校從二百七十所增至四百六十一所，提供學額共三十一萬三千名，比原定目標超出了三分之一。到 1954 年，香港教育司署擬定小學擴展七年計劃，1960 年 3 月小學生就學人數比 1950 年增加了三倍，達到五十萬名。香港光復後的教育無序狀態，在此時已經得到了良好的控制，統一學制計劃初見成效。在這個過程中，民間教育組織，即藉由民間社團力量所開辦的學校起到重要作用。如香港的佛教團體抓住有利時機，在戰後短期內開辦了五所學校，五十年代又開辦了六所。六十年代以後，每十年開辦十多所中小學。[2]大量南下人口中也包括著名學者和知識青年，他們的到來成為了香港教育體系中潛在的人力資源，使教育質量有了大幅度的提升。

2. 戰後香港大學的中文教育與中國文化研究

　　香港重光之後，香港大學也逐漸恢復授課。中文系繼續聘用馬鑑先生，並擢升為教授。[3]馬先生於 1950 年退休，又聘賴歐先生（Prof. J. Rideout）為教授，賀光中先生為專任講師，楊鴻烈先生為兼任講師。旋賴歐教授不幸逝世，[4]乃由賀光中先生代理系務。期間楊先

1　王齊樂，《香港中文教育發展史》（香港：波文書局，1983），頁 380-381。

2　陸鴻基，《從榕樹下到電腦前：香港教育的故事》（香港：進一步多媒體有限公司，2003），頁 117-118。

3　馬鑑，字季明，原籍浙江寧波，在香港大學為學生所愛戴。其退休情況，略見 1950 年 3 月《香港大學中文學會會刊》所載〈記歡送馬鑑教授退休大會〉。馬先生不幸於 1959 年 5 月 23 日在港逝世，享壽 77 歲。

4　賴歐教授（Prof. J. K. Rideout）於 1951 年 2 月 16 日突告失蹤，28 日於大嶼山海面發現其屍體，年僅 36 歲。參見《星島日報》，1951 年 3 月 1 日。

生辭職，乃復聘羅香林先生為兼任講師。不久賀光中先生復以赴澳洲任事，辭去教職。[5] 林仰山先生（F. S. Drake）自中國內地回英，香港大學遂於 1952 年夏聘林先生為中文系系主任。

　　林仰山教授（Pruf. F. S. Drake），1892 年生於中國山東，稍長返英，專治神學、地理及東方學等，曾於倫敦大學獲得雙學位。1924 至 1926 年及 1930 至 1951 年，他任山東齊魯大學教授，對於中國學術，造詣特深，為中外所推重。林仰山主要著作如下：[6]

　　書籍：

　　1. Frederick Sequier Drake. "History of Christian Church"，vol 3, 1947.

　　2. 林仰山：《創造教會的偉人》（上海：上海廣學會，1939）。

　　3. 林仰山：《新約時代的教會史綱》（上海：上海廣學會，1941）。

　　論文：

　　1. F. S. Drake, "The Tao Yuan：A New Religious and Spiritualistic Movement." *Chinese Recorder*, no. 2A（March, 1923）.

　　2. F. S. Drake, "The Taoists of Lao‐shan." *Chinese Recorder*（April and May, 1934）.

　　3. F. S. Drake, "Religion in a Manchurian City." *Chinese Recorder*（February to March, 1935）.

　　4. F. S. Drake, "The Nestorian Gloria in Excelsis Deo." *Chinese Recorder*（May, 1935）

5　賀光中，原籍湖北蒲圻。1952 年夏，以成聘為澳洲大學圖書館中文部主任，辭去香港大學教職。越年乃改任為馬來亞大學中文系主任。其事蹟參見王紹生，〈溝通中西文化的學者賀光中〉，《當代人物評述》，278 期（台北：文鏡文化事業有限公司，1985 年 6 月），頁 99-103。

6　整理自羅香林，《香港與中西文化之交流》，頁 251-254。

5. F. S. Drake，"Chinas North — West Passage." *Journal of the North China Branch of the Royal Asiatic Society*, Chapter 1A, s.2（1935-1936）.

6. F. S. Drake, "The Wei Dynasty Sculptures of Yellowstone Cliff in Shantung." *The China Journal*, 25, No. 4（1936）.

7. F. S. Drake, "Nestorian Monasteries of the Tang Dynasty and the Site of the Discovery of the Nestotian Talblet." *Monumenta Seriea*, 1, No. 2（1937）.

8. F. S. Drake, "The Shen-ting Monastery and the Beignning of Buddhism in Shantung" *Monumenta Serica*, No. 1（1939）.

9. F. S. Drake, "Shang Dynasty Site at Li-cheng（Wang-she-jen Chuang）, Shantung" *The China Journal*, 31, No. 3（1939）.

10. F. S. Drake, "Shang Dynasty Find at Ta-hsin Chung, Shantung." *The China Journal*, 31, No. 2（1939）.

11. F. S. Drake, "Stone Implements from Shantung." *The China Journal*, 31, No. 3-4（1940）.

12. F. S. Drake, "Aneient Pottery from Shantung." *Monumenta Serica*, 2,（1940）.

13. F. S. Drake, "An Isceribed Pottery Vessel of the Chow Dynasty." *Journal of the North China Branch of the Royal Asiatic Society*, 71,（1940）.

14. F. S. Drake, "Foreign Religions of the Tang Dynasty：1, Zoroastrianism, II, Manicheism." *Chinese Recorder*,（1940）.

15. F. S. Drake, "The Contribution of Chinese Religious Thought." *Chinese Recorder*,（1941）.

16. F. S. Drake, "Mohammedanism in Tang Dynasty." *Monumenta Serica*,（1943）.

17. F. S. Drake, "A Christian Literature Society Shanghai." *History of Christian Church*,（1904, 41, 47）.

18. F. S. Drake, "Sculptured Stones of Han Dynasty." *Monumenta Serica*（1943）.

19. F. S. Drake, "L'Age de la Poterie Noire au Shantung." *Monumenta Serica*, Serie III（4）, No. 1（1943）.

20. F. S. Drake, "A Sculptured Panel from Teng-hsien." *Monimenta Serica*, Serie X III,（1948）.

21. F. S. Drake, "Sui-Tang：A Study of Sui Dynasty and Early Tang Porcellanous Stoneware." *Journal of Oriental Studies*, Serie 1(2),（1954）.

22. F. S. Drake and E. T. Chow, "Kuan-yao and Min-yao：A Study on Imperial Porcelain and Peoples Porcelain from Kang-Xi to the end of the Ching Dynasty." *Archives of the Art Society of America*, Serie 12,（1959）.

23. F. S. Drake and E. T. Chow, "Yung-lo and Hstian te：A study on Chinese Blue-and White Porcelain." *Journal of Oriental Studies*, 5, 1961.

24. F. S Drake, "Neolithie Site at Hung Chia Lou, Shantung, N. China"（paper presented at the Proceedings of the Fourth Far-Eastern Pre-history Conference, Philippines, 1956）.

25. F. S. Drake, "The Relation between the Painted Pottery and Black Pottery Sites of North China, and the Prehistoric and Protohistoric Sites of Southeast China"（paper presented at the Proceedings of the Fourth Far-Eastern Pre-history Conference, Philippines, 1956）.

26. 林仰山：〈唐代景教文獻〉,《教務雜誌》,（1935）。

27. 林仰山：〈大辛莊之再至〉,《中國雜誌》, 卷 33, 1（1940）。

28. 林仰山：〈山東之石器〉,《中國雜誌》, 卷 33, 3-4（1940）。

林仰山就任後，對中文系的師資和科目進行擴充。他聘劉百閔、羅香林二先生為專任講師，饒宗頤先生為專任助理講師，唐君毅先生為兼任講師。越年，劉先生升任為高級講師。又越年，饒先生升任為

講師。又因陳君葆先生退休，乃改聘劉若愚先生為助理講師，並增聘陶美女士（Miss Mary Tregear）為兼任講師。中國文學由劉百閔、饒宗頤二先生講授，中國歷史由羅香林先生講授，中國哲學由唐君毅先生講授，美術與考古由林仰山教授及陶美女士講授，翻譯則由劉若愚先生講授。1959 年劉若愚先生辭職，乃改聘楊維楨先生為助理講師，又因全系學生日益增加，乃於同年增聘余秉權先生為專任講師，講授中國歷史。1960 年唐君毅先生辭去兼職，乃改聘牟宗三先生為專任講師，並增聘金薩靜博士[7]（Dr. G. E. Sargent）為副教授（Reader）。[8]

　　課程在原有的基礎上，加入中國美術、考古等課。現列出香港大學中文系 1957-1960 課程內容：[9]

一年級		
A. 中國文學（Chinese Language and Literature）	B. 中國歷史（Chinese History）	C. 翻譯（Chinese Translation）
1. 中國文學史（History of Chinese Literature）	1. 中國歷史通論（A general survey of Chinese Histoty）	
2. 先秦文學（Literature of the pre-Tsín period）	2. 中國古代史專書選讀（The ancient period of Chinese History）	
3. 經學導論（Introduction to the Chinese Classics）	3. 史記專題（Special Book）：講授香港前代史（Introduction to and selections from the Shih-chi）	

7　金薩靜博士（Dr. Galen Eugene Sargent），字儒道。1927 年生於美國以利諾斯州之芝加哥（Chicago Lilinots）。1947 年畢業於芝加哥大學（Untvervity of Chicago），獲理學學位。繼進研究院，研究數學，旋專習哲學與宗教史及中國語言與歷史等。1951 至 1955 年，赴巴黎大學（University of Paris）研究，參加法蘭西學院（College de France）與高等研究所（Ecole Pratique des Hautes Etudes）及中國學院工作。1954 年，獲巴黎大學博士學位。1955 至 1957 年，任日本京都大學（University of Kyoto）人文科學研究所（Institute of Humanistic Sciences）研究員。1957 年至 1958 年，任香港大學名譽研究員。1958 至 1960 年，任美國印地安那大學（Indiana University）副教授。

8　羅香林，《香港與中西文化之交流》，頁 231-232。

9　參見香港大學自 1957 年至 1960 年各年度之校曆 University of Hong Kong Calendar, 1957-1960, (Hong Kong: The Newspaper Enterprise Ltd.), 1957-1960.

（續上表）

一年級	
4．文書選讀（Special Books）：《禮記》（*Record of Rites*）、《書經》（*Book of History*）	4．專書選讀（Special Subject）：史記（History Hong Kong，Prior to British Colonisation）
5. 作文（Composition）	此課程之一部分為由中文譯英文，英文譯中文之深度實習，一部分為講述包含中國文學、歷史、地理、考古、美術及名著等之英文譯著，以及介紹中國文化，以背為現代漢學研究（Moden Sinological Studies）。

二年級			
A．中國文學（Chinese Language and Literature）	B．中國歷史（Chinese History）	C. 中國美術考古與地理發現 Chinese Art and Archaeology，and History of Chinese Geographical Discovery	D．中國哲學（Chinese Philosophy）
1．文字學目錄學及國學概論（Etymology, Introduction to Sinology, and Bibliography）	1．秦代至五代史（Chinese Histoty of the period trom Tsin and Han to the Five Dynasties）	1．陶瓷（Pottery and Porcelain）：自新石器時代至十八世紀之中國陶瓷歷史，與在華之考古發現概況（The History of Pottery and Porcelain in China, from the Neolithic age to the eighteenth century, with introduction to archaeological discoveries in China）	1．中國哲學史（The History of Chinese Philosophy）
2．漢魏六朝文學專書選讀（Literature of the Han, Wei, and Six Dynasties）	2．專題講授（Special Subject）：中國社會經濟發展史略（An outline of the social and economic History of China）	2. 銅器（Bronze）：講述自商至漢之銅制盛物器及銅兵銅飾，自戰國至唐之銅鏡，六朝至唐之銅鏤佛像，以至安陽出土銅器，及中國前人所云之金石學等（Bronze vessels, weapons, and ornaments from the Shang Dynasty to the Han; Bronze mirrors from the War-ring States to the Tang; and bronze Buddhist images of the Six Dynasties and the Tang; with introduction to the Anyang site, inscriptions on bronze, and antiqusrian studies in China）	2．先秦諸子（Pre -Tsín Philosophers）

（續上表）

二年級			
3. 專書選讀（Special Books）：《詩經》（Book of Odes），《楚辭》（Elegise of Chu）。	3. 專書選讀（Special Books）：前漢書、新唐書（Introduction to and selections from the Former Han History and the New Tang History）	3. 漢之地理發現（Chinese Geographical Discovery in the Han Dynasty）：中亞張騫之通使與班超之偉績。高麗，西南中國及東南亞等之通達（Central Asia, the Journey of Chang Chien and the exploits of Pan Chao, Korea, South-West China, South-East Asia）	3. 漢代之儒家及其他（The Han Confucianists and others）
4. 作文（Composition）	4. 高級習作（Advanced work）	4. 高級習作（Advanced work）：有關資料之專門閱讀（Special reading in source material according to the qualification of the student）	4. 漢至六朝之佛學（Buddhism - Han and Six Dynasties）
5. 高級習作：（Advanced work）：辭賦（Irregular verse）、詩（Poetry）、詞曲（Lyrics and Songs）、戲曲小說（Drama and Novels）、散文及駢文（Prose Literaturte）			5. 專書選讀（Special Books）：《道德經》（The Tao-te Ching），《莊子》（Chuang Tz）.

三年級			
A. 中國文學（Chinese Language and Literature）	B. 中國歷史（Chinese History）	C. 中國美術考古與地裏發Chinese Art and Archaeology and the History of Chinese Geographical Discovery）	D. 中國哲學（Chinese Philosophy）

（續上表）

三年級			
1. 文學批評（Literary Criticism）	1. 宋至現代史（Chinese Hiotory of the period from the Sung Dynasty to the present day）	1. 雕刻（Sculpture）：自商至漢中國早期之石刻，漢代之浮雕，石窟之摩崖雕刻，與佛教造像，以及寶塔，以及自漢至明之墓場石刻等（Early Sculpture on stone in China, from the Shang Dynasty to the Han. Han Dynasty bas reliefs. Buddhist Sculpture in China cave temples, Buddhist statues and pagodas. Tomb sculptures in the round from Han to Ming）	1. 唐至現代之佛學（Buddhism. Tang dynasty and to the present day）
2. 唐至現代文學（Literature from the Táng Dynasty to the prsesnt day）	2. 專題講授（Special subject）：中外交通史，着重十五世紀至現代之中西關係（China's relations with the West from the 15th century to the present day）	2. 繪畫（Painting）：漢前及漢代早期之中國繪畫，六朝之藝術家及藝術文籍，敦煌壁畫與唐代壁畫及井藻，元代之四大名家，明、清之院畫及名家等（Early painting in China-pre-Han and Han. Artists and art essayists of Six Dynasties. The frescoes of Tun Huang,Tang dynasty painting-murals and Landscapes. The northen and southen Sung. The Four Masters of Yuan. The court painters and individualists of the Ming and Tsing）	2. 宋明理學（Neo-Confucianism. Sung and Ming Dynasty）
3. 專屬選讀（Special Books）：《易經》（Book of Changes）、春秋（Chún-Chíu），	3. 專書選讀（Special Books）：新元史、明史（Introduction to and selections from the New Yuan History and the Ming History）	3. 六朝至明之地理發現（Chinese Geographical Discovery in the Six Dynasties and T'ang to the Yuan and Ming）：赴印度求法之僧侶，中國在中亞如突厥、回紇、阿剌伯及西藏等地之擴展，對日本、東南亞、蒙古等之相通，及明代下西洋之太監（The Buddhist pilgrims to India. Chincse cxpansion in Central Asia-the Turks, the Uighurs, the Arabs and Tibetans. Japan. South East Asia. The Mongols. The Ming eunuchs）	3. 中國之現代思想及其與四方之關係（Modem Thought in China and its relation tothe West）

（續上表）

三年級			
4. 作文（Composition）	4. 高級習作（Advanced work）：中國歷史結業論文	4. 高級習作（Advanced work）：有關資料之專門閱讀（Special reading in source material according to the qualification of the student）	4. 專書選讀（Special Books）：《六祖壇經》（*Liu Tsu tan-ching*）、《近思錄》（*Chin-Ssu Lu*）
5. 高級習作（Advanced work）：照第二年所選繼續（Continue selection of the second year）			

　　1951 年，香港大學校方決定自 1954 年起跟隨英國的學制改革，將香港大學一直沿用的四年制改為三年制，並參考英國一般證書教育考試（The General Certificate of Education Examination）的模式，將香港大學入學資格考試分為普通程度（Ordinary Level）與高級程度（Advanced Level），各科目的考核內容則需要學系自身籌劃。賀光中離職前，已初步擬定入學資格考試中文科的考核內容。林仰山繼任後，則由劉百閔與饒宗頤繼續負責擬定考核內容；配合考核內容，林仰山與劉百閔、羅香林、饒宗頤合作編寫了《中國文選》作為入學考試的參考書，[10] 因該書內容豐富，涵蓋中國學術文化的不同層面，不僅備受香港大學批師生與好學大眾歡迎，也被台灣的世界書局在 1961 年易名為《大學國文講疏》出版，列為大學用書，供當地的大學生使用。[11]《中國文選》的內容和體例對後續出版的中文課程參考書亦有所影響，如原居香港的王則潞在 1971 年移居台灣後出版的《論

10　許振興，《經學、教育與香港大學：二十世紀的足跡》，頁 278、282-283。

11　同上註，頁 290。

語分類選注》，就與《中國文選》存在一定關聯。[12] 除《中國文選》以外，入學考試其他的參考書還包括羅香林的《中國通史》（二冊）、《中國民族史》與錢穆的《中國歷代政治之得失》等書，從而為香港大學中文系設置了較高的入學水準，羅香林認為，這種入學標準的提高，與入學後所應講習之課程水準相輔相成，無形中提高了香港中英文中學的中文程度。[13]

除了師資和教學內容的調整與充實，1952 年，在「國際援助中國知識分子協會」（The Aid Refugee Chinese Intellectuals, Inc.）[14] 香港分會的支持下，提供研究設施，支持西方學者從事中國研究與「東方研究」（Oriental Studies）的東方文化研究院（Institute of Oriental Studies）正式成立。[15] 研究院除了設立語言學校（Language School），還成立馮平山博物館（Fung Ping Shan Museum），邀請出生於武昌的英國人陶美擔任館長（Curator），以配合與協助研究員工作。同樣地，東方文化研究院也有人手緊張的問題，為此，林仰山為東方文化

12　許振興，《經學、教育與香港大學：二十世紀的足跡》，頁 290-308。

13　羅香林，《香港與中西文化之交流》，頁 238；許振興，《經學、教育與香港大學：二十世紀的足跡》，頁 283。

14　「國際援助中國知識分子協會」是羅香林在〈林仰山教授與中國學術文化的關係〉一文用以稱呼 The Aid Refugee Chinese Intellectuals, Inc. 的中文名稱。一直以來，The Aid Refugee Chinese Intellectuals, Inc. 根本沒有正式的中文名稱。這個組織的相關研究見趙綺娜（1949-2013），〈冷戰與難民援助：美國「援助中國知識人士協會」，1952-1959 年〉，《歐美研究》，第 27 卷第 2 期（1997 年 6 月），頁 65-108。

15　許振興，《經學、教育與香港大學：二十世紀的足跡》，頁 243，注釋 30：「金新宇（S. Y. King）領導的專責工作小組在 University of Hong Kong Chinese and Oriental Studies：A Survey of the years 1952-1964 指出："The purpose of the Institute shall be: to provide facilities for research in Chinese and Oriental Studies for Eastern and Western scholars; to promote interest in Oriental Studies generally both within and without the University; to arrange for extra-mural instruction in Oriental languages and literature; to provide a focus and meeting-place for students of all countries in the field of Oriental Studies, to promote good fellowship among such students and to increase understanding and goodwill between the peoples of East and West."（Hong Kong: University of Hong Kong, 1964），pp. 3-4.」

研究院延攬錢穆、唐君毅、簡又文、衛聚賢、徐慶譽、張瑄、楊宗翰、董作賓等學術界翹楚支持研究工作，中文系諸教員也同時肩負重要的研究角色。研究成果主要利用哈佛燕京學社（Harvard-Yeching Institute）與亞洲基金會（The Asia Foundation）香港分會的贊助，由香港大學出版部印刷專書出版；[16] 單篇學術論文則大多刊載於林仰山在 1953 年創辦並擔任主編的學術刊物《東方文化》（*Journal of Oriental Studies*）。該刊物由香港大學中文系與東方研究院聯合編印，使東方文化研究所成為香港大學中文系的學術研究基地。《東方文化》每年兩期，數年來為中文系研究與發表之風甚盛，林仰山、劉百閔、羅香林、饒宗頤、劉若愚、楊維楨、牟宗三諸先生皆有專書或論文於茲發表。金薩靜博士與余炳權、牟宗三諸先生等，亦早有著作。相關研究成果就有羅香林的《中國民族史》、《唐代文化史》，劉百閔的《經學通論》、《經子肆言》、《易事理學緒論》，饒宗頤的《楚辭別錄》、〈漢魏六朝文學通表〉、《楚辭書錄》、《詞籍考》、《人間詞話平議》等。現將 1952 至 1964 年間各名譽研究員、專任研究員以及在東方文化研究院的中文系教員刊行的專著與論文作一統計：[17]

名譽研究員、專任研究員		
姓名	書籍數目	論文數目
G.Bertuccioli	0	3
張瑄	0	2
錢穆（算至 1956）	7	8
A. C. Graham	0	1
徐慶譽	0	3

16　有關亞洲基金會的成立背景、運作特色及對香港高等中文教育發展的影響，參看張楊，〈亞洲基金會：香港中文大學創建背後的美國推手〉，《當代中國史研究》，第 22 卷第 2 期（2015 年 3 月），頁 91-102。

17　許振興，《經學、教育與香港大學：二十世紀的足跡》，頁 246-247。

（續上表）

名譽研究員、專任研究員		
姓名	書籍數目	論文數目
簡又文	4	23
R.P. Kramers	0	1
G. Morechand	0	1
A. C. Scott	5	1
董作賓	2	19
Holmes H. Welch	1	1
中文系教員		
姓名	書籍數目	論文數目
林仰山	1	6
饒宗頤	8	51
劉若愚	0	3
劉百閔	0	17
羅錦堂	2	15
羅香林	18	38
牟宗三	4	10
G. E. Sargent	0	1
唐君毅（算至 1956）	2	3
楊維楨	0	1
余秉權	1	4

　　從林仰山與一眾學者的研究內容與課程改革可以看到，香港大學復課之後，中文教育與中國文化研究一方面延續了以往較為純粹的中國文學、歷史、哲學研究，同時也注重溝通中、西方文化，並以此進一步推動國學知識的普及。這為當時有志學習中國文化的青年打開一個可以施展所長的通道。中文系的畢業生中不少篤志於學術教育，如蘇曾懿、蘇恩健、黃澍芬、韋振煊等人服務於教育司署；岑桂芬任教於羅富國師範專科學校；江潤勳、陳炳良、詹嘉信任教於皇仁書院；蘇宗仁、陳煒良任教於金文泰中學；劉唯邁、霍寶楠任教於伊利

沙伯中學；陳世彬任教於維多利亞工業學校；黃銘泉任教於英皇中學；
莫秀瓊任教於庇理羅士書院；陳翊湛任教於拔萃女書院；許劍冰任教
於聖瑪利書院。這些畢業生皆為日後香港的中文與中國文化的教育作
出了貢獻。[18]

3. 香港中文大學的成立

　　1952 年，以華人居民眾多的馬來西亞，在此地成立了中文大
學，這事引起了香港社會的關注，社會各界針對香港是否也應當設立
中文大學展開熱烈討論。香港教育界元老、在香港大學任教的馬鑑教
授，香港教育司高詩雅（Douglas James Smyth Crozier）等也參與到
相關的討論中。然而，到了 1955 年的 10 月 30 日，香港教育司提出
了「中文教育雖應提高，但是辦理大學尚無必要」的觀點，使得討論
暫時擱置。直到 1957 年後，創辦中文大學的話題又再被提起，此時
仍有不少反對的聲音，但隨着華人數目增加，倡導設立以中文為教學
媒介的大學，也有了更為成熟的輿論環境。當時許多預科畢業學生在
公開考試的成績，中文比英文成績更為優秀，但因為英文成績未如理
想，便考不上香港大學，也就不能升讀高等院校，故不少中學生，感
到憂慮；以往政府教育政策，常有不重視中文，只多注意提高英文的
傾向，也使華人居多的香港社會民眾極為不滿；再加上不斷有知識分
子南下來港，積極呼籲政府應重視中文教育，關於設立中文大學的討
論日趨熱烈。[19]

　　香港大學教育系主任布里斯理（K.E. Priestley）教授在 1957 年
11 月於《南華早報》上發表了一篇名為〈香港是否需要一所專上的
中文大學？〉的文章，表示不贊同設立一所中文大學。文章發表後，

18　羅香林，《香港與中西文化之交流》，頁 240。

19　方駿、熊賢君主編，《香港教育通史》，頁 355。

很快引起香港幾家中文學院反對。崇基學院院長凌道揚、新亞書院院長錢穆及聯合書院院長蔣法賢聯名投函至《南華早報》予以批評。[20]文章指出，香港是中國文化教育的重要中心，位於領導東南亞文化的地位，加上中文在香港的應用範圍擴大，以中文為訓練為媒介，自有其適應範疇。而以中文為教學媒介的大學畢業生，其程度與責任絕不遜於其他語言的大學，三人反覆強調香港有必要設立中文大學。[21]1959年，港督柏立基（Sir Robert "Robin" Brown Black）邀請英國教育專家德隆斯大學副校長富爾敦（J. S. Fulton）來香港考察。富爾敦建議在香港大學設立中文部，但遭拒絕，於是又提出發展香港三所中文學院的策略。港府同意《富爾敦報告書》的建議。不久，香港中文大學董事會成立，召開籌備工作。香港政府委任富爾敦委員會研究成立香港第二所大學，富爾敦委員會經研究後，建議成立一所聯邦制大學。1959 年 6 月，香港政府宣佈擬資助崇基、新亞、聯合三所學院，作為成立香港中文大學的準備。

　　崇基學院於 1951 年 10 月成立，基本上由內地遷港的基督教大專院校重組而成；1955 年經香港政府立法，成為法定組織，創校之初，學院借用聖約翰大堂及聖保羅中學上課；1959 年成為香港政府補助專上學校；1963 年成為香港中文大學學院之一，其後聯合書院和新亞書院相繼遷入沙田。崇基學院仿效美國大學模式，倡導通識教育，重視中國傳統文化。聯合書院成立於 1956 年 6 月，由廣僑、光夏、華僑、文化、平正五所專上學院合併而成。五校原為廣州及其鄰近地區的私立大學，1949 年後相繼遷到香港辦學。聯合書院繼承華僑大學的傳統，強調中西文化交流。新亞書院則是由南遷的錢穆、崔書琴、唐君毅、張丕介等人發起。錢穆與唐君毅等學者對中國諸子百家

20　同上註，頁 355-356。
21　方駿、熊賢君主編，《香港教育通史》，頁 356。

學說，和西方哲學思想都有深入的研究。相比崇基和聯合，新亞書院的學風更多繼承了中國傳統的人文主義精神，以傳統文化為主。

三所書院雖然理念與目標都不同，但均以中文教育為基礎，以發展中國文化為己任，這為香港中文大學辦學方向和辦學精神的奠定了紮實的基礎。[22]

《富爾敦報告》193 條中亦有陳述：崇基學院對科學教育有極大貢獻，新亞學院則對中國傳統學術有深入研究，政府也希望聯合書院能培養社會科學上的專長。崇基、新亞、聯合三所學院合組為中文大學後，優勢互補，強調聯合各自的學術傳統和辦學精神融合一起，共同構成香港中文大學的獨特風格。1963 年 10 月 17 日，香港中文大學正式成立，港督柏立基爵士在香港大學會堂主持成立典禮。

香港中文大學成立之初，是「一校四院」的體制。所謂「四院」指崇基、新亞、聯合三所書院「三院」外加大學本部。香港中文大學的成立也標誌着戰後香港教育重建期的結束。

二、重開先聖之學

1. 錢穆及其文化主張

戰後香港的中文教育及中國文化研究，錢穆是不得不提的重要人物。錢穆原名思鎔，字賓四，筆名有公沙、梁隱、孤雲等，7 歲入中國傳統私塾，十歲入果育小學，之後與兄長一同考入常州府中學堂。1911 年，十七歲的錢穆入讀南京鍾英中學。隨着辛亥革命爆發，錢穆輟學自修，參加當時香港商務印書館編印的《東方雜誌》徵文，獲三等獎，後在小學教學。1915 年二十五歲時，錢穆任小學校長，朝夕勤奮，讀書三年，學問大進，同事稱其為博學之人。1922 年錢

22　方駿、熊賢君主編，《香港教育通史》，頁 356-357。

穆赴福建廈門集美學校任中學國文教師，次年轉到無錫江蘇省立第
三師範學校任教。1930 年顧頡剛推薦錢穆到燕京大學任國文講師，
次年任國立北京大學歷史系副教授，之後升為教授，並在國立清華
大學、私立燕京大學、國立北平師範大學及北京師範大學兼課。1937
年「七七事變」爆發，同年 10 月，錢穆赴長沙入國立長沙臨時大學，
第二年赴昆明入國立西南聯大任教，四月到西南聯大文學院講學。
1940 年錢穆在成都主持齊魯大學國學研究所，同時在私立齊魯大學
兼課。抗戰期間，錢穆分別於 1937、1939 年路經香港。1949 年，錢
穆與江南大學同事唐君毅應廣州私立華僑大學之聘，由上海同赴廣
州，同年秋天隨學校赴香港創辦亞洲文商專科夜校，次年易名為新
亞書院。新亞等書院合組香港中文大學後辭職。他離開新亞後，於
1967 年 10 月出任台北華崗文學學院（後易名為文化大學）歷史系教
授。先後兼任中央研究院院士、故宮博物院特聘研究員、香港大學校
外考試委員、台北中國歷史學會理事等要職。

　　錢穆的教育方法來自傳統儒家思想，同時堅持以考據方法治
史。任小學校長時，錢穆出版的第一本書，便是《論語文解》。[23] 後
來在江蘇任教時，錢穆開設論語課，編成《論語要略》一書；開孟子
課，編成《孟子要略》。與此同時，錢穆還考證孔子行蹤，以整整七
年時間撰成三十萬字的《先秦諸子繫年》，對春秋戰國諸子百家做了
全面而詳細的探討。當時四川學界領軍人物之一蒙文通（1894-1968）
到蘇州中學探訪錢穆，認為其《先秦諸子繫年》書稿具有相當功力，
不在乾嘉諸老之下。該書於 1937 年在上海商務印書館出版，成為錢
穆歷史考據的代表之作。錢穆擅長考據，然而，抑制漢學而崇揚宋學

23　周佳榮，《錢穆在香港：人文・教育・新史學》（香港：三聯書店，2020），頁 6；區志堅，
　　〈以人文主義之教育為宗旨，溝通世界中西文化：錢穆先生籌辦新亞教育事業的宏願及
　　實踐〉，王宏志、梁元生、羅炳良編，《中國文化的傳承與開拓──香港中文大學四十
　　周年校慶國際研討會論文集》（香港：香港中文大學出版社，2009），頁 85-180。

的觀點，在他的《中國近三百年學術史》中隨處可見。[24]

　　錢穆對於文化始終有一種內在的精神理路，他將這種精神與中國文化的救亡聯繫在一起。在北京大學任教時，校方規定錢穆要擔任中國「上古史」和「秦漢史」兩科。錢穆自選的科目是「中國近三百年學術史」，與當時名家梁啓超對於《中國近三百年學術史》的看法相左。當時梁啓超已在清華國學研究院開設這科，其所撰《中國近三百年學術史》已於 1924 年在報刊上發表，1926 年更出版單行本。二人相左之處在於，錢穆注重內在理路的分析，而梁啓超注重外在因素的解釋。雖然錢穆早年出版的重要著作《國學概論》，是基於梁啓超的新學術史觀念而寫，以時代劃分段落來綜述中國各個學術時期特有的精神。但是，錢穆的重點不同以前以流別為脈絡的學術觀點，而是嘗試將先秦諸子看作「階級之覺醒」，魏晉清淡為「個人之發現」，宋明理學為「大我之尋證」，其後則為「民族精神之發揚」及「物質科學之認識」。結尾寫道「學術不息，則民族不亡，凡我華冑，上其勉旃」，[25] 文化內在理路的一致性貫穿錢穆的文化思想。錢穆認為，正是因為內在理路的有效性，才能夠以古治今，對現世有啟發和作用。1940 年，錢穆的《國史大綱》上下冊由商務印書館出版。[26]

　　錢穆的《國史大綱》在「七七事變」後於雲南撰寫，他親歷家亡國破的悲愴，目睹戰時國難深重，人民艱苦生活。在痛定思痛的反思中，他認為目前國難橫行，至少有相當一部分的原因是源於五四反

24　區志堅，〈新時代與舊傳統相配合：錢穆對孫中山的評價〉，麥勁生、李金強編著，《共和維新：辛亥百年研討會論文集》（香港：香港城市大學出版社，2013），頁 105-122；〈非黨派與黨派觀點之異：錢穆、戴季陶、陳伯達闡述孫中山的思想〉，李帆、黃兆強、區志堅編，《重訪錢穆》（台北：秀威資訊，2020），頁 388-411。

25　錢穆，《國學概論》（北京：商務印書館，1997），頁 365。

26　有關錢穆著《國史大綱》對學術界及教育界的影響，參見王汎森，〈歷史時間是延續的嗎？錢穆與民國學術〉；王健文，〈需要一種新的國史──錢穆與《國史大綱》〉，二文收入王汎森等人著，《重返〈國史大綱〉：錢穆與當代史學家的對話》（新北：台灣商務印書館，2023），頁 14-37；頁 38-89。

傳統主義對中國歷史文化的各種抹殺、歪曲和破壞，嚴重挫傷了民族的元氣。而我國雖在日軍進攻下節節敗退，喪失了東、北、中、南大半壁江山，之所以仍能上下一心，固守西南一隅，苦撐待變，奮戰不屈，不絕如縷，完全依賴一息尚存的中國文化，能夠繼續陶鑄民族精神，滋潤民族生命。[27] 該書圍繞着中國文化展開了正反兩面的陳述，一為全面而系統地對反傳統主義者的主要論點痛加批駁，並一再重申，不可將西方社會發展史中的通則往中國傳統社會身上硬套。一為盛讚中國歷史文化博大悠久，激發了國人的民族自尊和愛國熱忱。此書出版後風行全國，成為各大學通用的歷史教科書，鼓舞了大批青年學子。書中主張用溫情與敬意對待中國歷史文化，又強調中國歷史文化的獨特性。中國的政治和社會等方面都不比西方落後。此書詳於文化而簡於政治意識，由歷史研究偏向文化研究，背後的出發點，無一不是錢穆將學術思想與國家民族密切關係在一起的結果。錢穆這種經世救國思想，將學術性與時代性兼備，成為其治學思想的一大特色。[28] 錢穆也將這種憂患意識帶入其教育理念，他曾經深刻闡述中國教育之首務：「教育的第一任務，便是要這一國家這一民族裏面的每一分子，都能來認識他們自己的傳統。」[29] 錢穆在〈中國歷史上的傳統教育〉一文中，直言不諱地痛陳中國教育的弊病，指出：「今天，我們東方人的教育，第一大錯誤，是在一意模仿西方，抄襲西方。不知道每一國家每一民族的教育，必該有自己的一套。」如何形成自己的一套，將中國教育從困頓狀態中解脫出來，還是要靠中國文化本身的內在理路尋找答案，這是錢穆在當時已經找到的重要線索和答案。

錢穆強調中國傳統的通才教育，認為學問不能分割，要互相融

27　翟志成，《新儒家眼中的胡適》（香港：商務印書館，2020），頁 145-150。

28　周佳榮，《錢穆在香港：人文‧教育‧新史學》，頁 10-11。

29　錢穆，〈中國歷史上的傳統教育〉，《國史新論》（北京：三聯書店，2005），頁 229。

會貫通。1949 年 10 月 10 日，錢穆在亞洲文商學院舉行第一次開學典禮時就曾說過：「我們的大學教育是有其歷史傳統的，不能隨便抄襲別人家的制度。」錢穆認為，「中國的傳統教育制度，最好的莫過於書院制度。私人講學，培養通才，這是我們傳統教育中最值得保存的先例」。新亞書院創立之始，就確定了不同於西方教育制度下的專科學校，其旨趣上承宋明時代的書院及私人講授的高級學術學校。招生簡章序言「上溯宋明書院講學精神，旁採西歐大學導師制度，以人文主義之教育宗旨，溝通世界中西文化，為人類和平、社會幸福謀前途」。[30] 錢穆強調「通才」，是針對當時以讀書技術化實用化的問題而提出的。「通才」不止是通各科目之才，更要通中西文化之才。他在講詞中強調：「讀書的目的必須放得遠大。要替文化負責任，便要先把自己培養成完人。要具備中國文化的知識，同時也要了解世界各種文化。要發揚中國文化，也要溝通中西不同的文化。」[31] 他在新亞書院成立十周年紀念會上，作了題為「珍重我們的教育宗旨」的演講。他說：「我們認為，當前的大學教育，至少有兩項目標該注意：一是人類的文化價值；一是個人的生活到理想。」為了落實這兩項目標，新亞書院在開辦之初先辦文史、哲學、新聞社會、經濟、商學、農學等六系，並在每系之下分為若干組，「惟對人生大義、文化價值、教育宗趣，則懸為本書院各系各組所共同必須研修。」在課程的設置上，錢穆亦要求課程先重通識，再求專長。首先注重文字工具之基本訓練，再及一般的人生文化課目，為學者先立一通博之基礎，然後再各就其才性所近，指導以進而修習各種專門知識與專門技術之途徑與方法。務使學者真切認識自己之專門所長在整個學術，以至於整個人生中之地位與意義。以近來大學教育嚴格

30　錢穆，〈招生簡章節錄〉，《新亞遺鐸》（北京：三聯書店，2004），頁 12。

31　錢穆，〈亞洲文商學院開學典禮講詞摘要〉，《新亞遺鐸》（北京：三聯書店，2004），頁 11。

分院分系分科直線上進、各不相關、支離破碎之流弊。[32] 錢穆教導學生說:「我們學一種學問,最好能博學,則種種複雜問題可以相互貫通。支離破碎,一知半解,便不能通。我們現在做學問都要講『專門』,其實從古以來的學問,凡有成就,都是專門的。但在相互間必求『通』,難得有幾個人,能多方面通。可是做學問的基礎須是一個廣博的、多方面的;而專家之學,乃是較上一層次了。」又教導學生:「學問基礎究該何處求呢?人類知識在每一方面都有幾個大題目。在這幾個大題目下,都能懂就是『博』。也就是把握每門知識中最重要的幾個大問題,這幾個大問題懂了,其他便都易懂,不懂也不要緊。」[33] 通才博學無疑是錢穆的文化理念,亦是新亞書院教育的理想之一。為了更好的達到這種理念,新亞書院於 1957 年開始定期舉行月會,[34] 並於 1961 年至 1965 年間,開展各種領域的學術專題講座,供學生任意參與學習。就錢穆在新亞研究所辦的學術專題講座就有二十次,演講大部分發表於《新亞生活》第四卷至第七卷各期當中。

　　錢穆在新亞研究所的專題演講:

年份	演講題目
1961	「中國儒學與文化傳統」、「關於學問方面之智慧與功力」
1962	「學問與德性」、「中國歷史上關於人生理想之四大轉變」「有關學問之道與術」、「有關學問之系統」、「學術與風氣」「歷史與地理」
1963	「學問之入與出」、「推尋與會通」、「我如何研究中國古代地名」、「大學格物新義」
1964	「談《論語新解》」、「再談《論語新解》」、「三談《論語新解》」
	「談當前學風之弊」(三次)
1965	「專家之學與名家之學」、「談朱子研究」

32　錢穆,〈招生簡章節錄〉,《新亞遺鐸》,頁 12。

33　印永清,《錢穆》(石家莊:河北教育出版社,2003),頁 288。

34　錢穆,〈第一次月會講詞摘要〉(1957 年 12 月 3 日),《新亞遺鐸》(北京:三聯書店,2004),頁 104-105。

　　錢穆在教育理念上，尤其汪重文化學術化、課程學術化，注重啟發學生思維，引導學生進德修業，由此成就真正的中國古代的「書院精神」。錢穆說：「我說的課程學術化，是諸位在課堂上、課堂外，都能培養獨立研究的精神，自己尋向上去。先生在課室講二十分鐘，我們便要在課外研究一小時到兩小時。師生之間，不但在課室內應合作，課室外也要有談論切磋，以求培養出學術風氣。這才真是此下新亞的精神和理想。」[35] 在通識的基礎上，進行專長的研究方式，使學者真切認識到自己的專門所長，以及在整個學術人生的地位和意義。教學方面，他側重訓練學生的自學精神和方法。書院除了開設課程以外，還採用導師制，使學者各自認定一兩位導師，在生活上密切聯繫，在精神上互相契治，即以導師的全人格及其生平學問的整個體系為學生作親切的指導，務使學者在脫離學校進入社會以後，對於其所習學業仍繼續有研求上進的興趣和習慣，以從根本上革除近來大學教育專尚講堂授課，口耳傳習，為學生作親切的指導，不致令師生隔膜。[36] 學校管理方面「採絕對民主方式，由全校教授同人時時密切商討，以求教育精神之始終一致，與書院制度之不斷改進，期於理想的大學新制度作一長期之研求與實驗。」[37]

　　錢穆以中國傳統儒家文化的德性出發，強調人文主義關懷的教育理想和教育目標。錢穆說：「我們新亞教育的理想，一向標榜說，是一種「人文主義」的教育之理想。人文主義也正面對人生的種種憂與困而來，你們此刻懷挾了自己種種的憂與困。來到這學校，這學校卻是十足地在憂與困中創造成立和掙扎前進的學校。我希望你們由於自己的憂與困，進而了解學校之憂與困，由是再進而了解社會大眾國家

35　錢穆，〈秋季開學典禮講詞〉，《新亞遺鐸》（北京：三聯書店，2004），頁 550。

36　錢穆，〈招生簡章節錄〉，《新亞遺鐸》，頁 13。

37　同上注，頁 13。

民族乃至世界人類之種種憂與困。這裏便是你們所該求的真學問，這裏便是你們所該有的真知識，你們有了這樣的學問與知識，你們自會有理想，你們自會有理想的人生。有了更多理想的人生，才會有理想的社會。」[38] 這種人文精神，就是從每個學生如何建立自己的人生角度出發的。錢穆的教育思想中，教學生做人是放在第一位的。新亞書院校訓「誠明」二字，便說明於此。錢穆強調：「做到『誠』字的第一步工夫，先要『言行合一』、『內外合一』。口裏說的、心裏想的、外面做的、內心藏的，要使一致，這始叫做『誠』。」又說：「你若要誠誠實實真做得一人，你若要決心不說假話，不做假事。」[39] 這是做人基本，亦是治學基本，而學習知識並不是治學的基本。以誠入明，以明入誠，是為學問可得以實現，人生價值得以實現的兩種基本方式。[40] 人是要有理想的，人是要有精神的，人是要有德性的。而「中國之知識教育必以德性教育為基本，亦以德性教育為歸宿。」[41] 德性高於一切，又是一切的基礎。錢穆說：「故中國人之教育宗旨、教育精神，主要乃為一『全人』教育，首在培養其內心之德。苟其有德，則其對人群自必有其貢獻與作用。天地生人，本不為供他人之用。供人之用者當為物。但人之為用與物之為用大不同。物之為用，在其機能。人之為用，則在其德性。近代如電腦機器人之類，論其機能之用，則遠甚於人矣，但無德性可言。其創造各種機械者，亦惟尚才智，不本德性。人類苟無德性，則缺了最大一部分之用，而且並有害。」[42]

錢穆的文化理念深入到他的教育生涯之中，他講課亦是從其理念出發，其論講深入淺出，既有理性的辨析，又有感性的表達，聲音

38　錢穆，〈告新亞同學們〉，《新亞遺鐸》（北京：三聯書店，2004），頁 26。

39　錢穆，〈新亞校訓誠明二字釋義〉，《新亞遺鐸》（北京：三聯書店，2004），頁 66-67。

40　錢穆，〈為學與做人〉，《新亞遺鐸》（北京：三聯書店，2004），頁 173。

41　錢穆，《現代中國學術論衡》（北京：九州出版社，2011），頁 162。

42　同上注，頁 173。

抑揚頓挫，富有韻律魅力。李學銘回憶錢穆講課時的情形：「我看到
一個矮小壯實，膚色黑廣額方臉架深度近視眼鏡，目光銳利、精神飽
滿、身穿藍色長袍的人站在高高的台上，說着我完全聽不懂的話。」[43]
錢穆的無錫口音很多人聽不懂，但還是有很多學生擠着站着將教室的
空隙都填滿了，足以見其學術魅力。[44]

　　錢穆弘揚中國傳統文化，在理念上，有智慧地提煉出中國傳統
教育的精髓，能夠讓當時的人了解其意圖並獲得認同，這本身就是一
件難度極高的事。但錢穆並不止於此，而是繼續通過切實行動，將提
煉並且轉換出來的具體方式加以實施，無論是對通識教育的提倡，還
是人文德行教育的梳理，抑或是對職業和事業方面的深入思考，都對
無數莘莘學子帶來人生的重大影響，也為如何構建中國傳統教育提出
一種重大的借鑒價值。這種價值，也得到廣大學者的認同和參與，使
新亞書院立足於香港，在不長的時期內成為名被遐邇的一所學術機
構，並隨着接下來的幾十年的發展，在唐君毅、徐復觀、牟宗三等新
儒學者的帶領下，成為中國文化史上具有重要地位的學府重鎮。[45]

2. 新亞書院與新亞研究所

　　1949 年 10 月錢穆好友張其昀提出在香港創辦亞洲文商學院，錢
穆邀約參加。[46] 學院開創時，錢穆為院長，崔書琴為教務長，錢穆邀

43　李學銘，《讀史懷仁存稿》（台北：萬卷樓圖書股份有限公司，2014），頁 326-327。

44　區志堅，〈以人文主義之教育為宗旨，溝通世界中西文化：錢穆先生籌辦新亞教育事
　　業的宏願及實踐〉，王宏志、梁元生、羅炳良編，《中國文化的傳承與開拓──香港中
　　文大學四十周年校慶國際研討會論文集》（香港：香港中文大學出版社，2009），頁
　　85-180。

45　蘇慶彬，《七十雜憶：從香港淪陷到新亞書院的歲月》（香港：中華書局，2011），頁
　　344。

46　錢穆先生認為新亞的校名，初名為「亞洲文商學院 」；張丕介先生認為此校名稱，為
　　「亞洲文商專科學校 」，有關錢氏的觀點，見氏著，〈亞洲文商學院開學典禮講詞摘
　　要〉，《新亞遺鐸》，頁 1；有關張氏的觀點，見氏著，〈新亞書院誕生之前後〉，《新
　　亞書院二十周年校慶特刊》，1969，頁 6-14。

請張丕介兼教經濟課，唐君毅任教哲學課。錢穆一開始租用九龍佐敦偉晴街華南中學三個教室作為臨時教室，又在附近炮台街租用一房屋作為學生宿舍。錢穆、唐君毅兩人輪番在宿舍與諸生同宿，每晚上課三小時。開設課程都是一些共同必修課，如錢穆的「中國通史」、唐君毅的「哲學概論」、張丕介的「經濟學」、崔書琴的「政治學」，還有劉尚義教國文、夏天翼教英文等。後來，錢穆認識了一位名叫王岳峰的上海建築企業家，王岳峰很支持錢穆的辦學理想，並出資相助，先在香港英皇道海角公寓租賃教室，作為居所與講堂安頓來港的學生。又於 1950 年春租賃九龍深水埗桂林街 61 號至 65 號三樓和四樓作為校舍，共約二千平方尺。[47]

隨着校舍面積擴大，亞洲文商學院改夜校為日校，向香港教育司立案，改為新亞書院。當時，大律師趙冰任董事長及法律顧問，錢穆任院長，唐君毅任教務長，張丕介任總部長。改組後的新亞書院搬到桂林街，於 1950 年 3 月 1 日開學。書院佔三四兩層，每個單位約三百尺左右。三樓三個單位中，一個單位是學生宿舍，另外兩個單位隔成前後兩間，共為四間前屋。師資方面也有所擴充，吳俊升介紹同事仁泰任英語課。劉百閔、羅香林皆是錢穆舊識，亦來任課。張維翰與錢穆在滇相識，願義務教國文課。梁寒操為新識，任教國文科。[48]

錢穆創辦新亞書院的三四年後，成立了新亞研究所，研究所正式啓動於 1954 年 9 月，錢穆任所長。1954-1959 年，教務長由張葆恆擔任，協助錢穆辦理所務。導師除錢穆、張葆恆外，還有唐君毅、牟潤孫、潘重規加入。此外，錢穆在新亞書院的青年中挑選一些有學術

47　當時在深水埗桂林街六十一號三樓在樓梯轉角處，掛著的小木板寫著「新亞書院大學部」。按其時港英政府的要求，不能稱新亞為大學，只可稱為學院或專科學校，以便港英登記，依各位學者的記載及官方登記，應稱為亞洲文商學院，但有些學者私下稱為「專科學校」，參見孫國棟，《生命的足跡》（香港：商務印書館，2006）；黃祖植，《桂林街的新亞書院》（香港：和記印刷有限公司，2005），頁 42-43。

48　周佳榮，《錢穆在香港：人文‧教育‧新史學》，頁 17-21。

興趣和研究能力的人加以指導，其中就有四名新亞畢業生余英時、葉時傑、唐端正與列航飛。[49]

新亞研究所成立之初，在九龍太子道租用一層樓宇作為地址。其宗旨是「提供新學術，培養新人才」。旨在為繼續有意在中國文化與學術方面深造的同學提供學術平台，新亞研究所以此為宗旨開展公開招生與考試。

以下列出新亞研究所自招生第一屆至第十二屆的學生畢業論文名單情況：[50]

姓名	性別	畢業年份	畢業屆別	論文題目
余秉權	男	1957	第一屆	北宋役法制度之爭議
何佑森	男	1957	第一屆	元代學術之地理分佈
孫國棟	男	1957	第一屆	唐代三省制之發展研究
章　群	男	1957	第一屆	論唐開元前的政治集團
羅球慶	男	1957	第一屆	北宋兵制研究
柯榮欣	男	1957	第一屆	西周政治思想
唐端正	男	1957	第一屆	論孟莊老荀四家思想之無為與有為
石　磊	男	1958	第二屆	五代的兵制
胡詠超	男	1958	第二屆	唐代戶婚律溯源
楊　遠	男	1958	第二屆	戰國時代之戰爭地理研究
黃聲孚	男	1958	第二屆	唐代佛教與政治
陳　特	男	1958	第二屆	呂氏春秋之儒家思想
陳啟雲	男	1958	第二屆	兩晉三省制度之淵源、特色及其演變
謝廉昌	男	1958	第二屆	宋代火葬風俗之研究
蘇慶彬	男	1958	第二屆	兩漢迄隋入居中國之蕃人研究
王俊儒	男	1959	第三屆	北宋刑律研究

49　錢穆，《新亞遺鐸》（北京：三聯書店，2004），頁 45。

50　新亞研究所歷年畢業生論文信息請見：https://newasia.org.hk/，瀏覽日期：2023 年 9 月 13 日。

（續上表）

姓名	性別	畢業年份	畢業屆別	論文題目
李　杜	男	1959	第三屆	先秦時期的天帝鬼神觀
李明光	男	1959	第三屆	先秦寓言之研究
周卓懷	男	1959	第三屆	北宋黃河河患之研究
黃開華	男	1959	第三屆	明代土司制度設施與西南開發
葉　龍	男	1959	第三屆	孟荀教育思想及其比較
趙效宣	男	1959	第三屆	李綱年譜
王兆麟	男	1960	第四屆	明初太監與廠衛制度之研究
胡應湖	男	1960	第四屆	詩三百篇中有關周公詩之研究
尚重濂	男	1960	第四屆	兩宋之際民眾抗敵史研究
金中樞	男	1960	第四屆	北宋之科舉制度
趙　潛	男	1960	第四屆	北宋官制之研究
黃　鳴	女	1960	第四屆	陸游詩之研究
何啟民	男	1961	第五屆	竹林七賢研究
曹仕邦	男	1961	第五屆	論兩漢迄南北朝河西之開發與儒學釋教之進展
區惠本	男	1961	第五屆	明代礦稅弊政之研究
楊啟樵	男	1961	第五屆	明代諸帝之崇尚方術及其影響
廖　珍	女	1961	第五屆	清初百年文藝思潮
羅炳綿	男	1961	第五屆	西晉迄隋戰亂之損害
陳紹棠	男	1962	第六屆	説文段注研究
陳大敦	男	1962	第六屆	漢代儒法兩家政爭之研究
劉家駒	男	1962	第六屆	論唐代之朔方軍
龐聖偉	男	1962	第六屆	論三國時代之大族
鄭烱堅	男	1962	第六屆	荀子研究
辛炎德	男	1962	第六屆	爾雅研究
鄺利安	男	1962	第六屆	兩晉南北朝人才地理分佈
林炳昌	男	1963	第七屆	駢文聲律與對偶的研究
黃養志	男	1963	第七屆	乾隆朝征緬考實
李金鐘	男	1963	第七屆	貞觀政要之研究

（續上表）

姓名	性別	畢業年份	畢業屆別	論文題目
麥仲貴	男	1963	第七屆	周張程朱之心性觀
葉伯榮	男	1963	第七屆	論安史亂後及唐亡之經濟變遷
逯耀東	男	1963	第七屆	論拓拔氏初期文化與其婚姻的演變
梁中英	女	1963	第七屆	李鴻章與清廷外交對日決策關係
梁天錫	男	1963	第七屆	宋祠祿制度及其考實
張　震	男	1963	第七屆	晚明流寇興滅研究
黎華標	男	1963	第七屆	朱子理學中之理氣系統
黃漢超	男	1964	第八屆	宋神宗實錄前後改修之分析
莫廣銓	男	1964	第八屆	明中葉漕運之弊害
湯承業	男	1965	第九屆	隋文帝政治事功之研究
何士澤	男	1965	第九屆	說文舊音與諸家音切異同校釋
曾錦漳	男	1965	第九屆	林譯小說研究
李明道	男	1966	第十屆	永曆帝奔緬考實
李潤生	男	1966	第十屆	佛家唯識宗種子學說之研究
鄭捷順	男	1966	第十屆	莊子藝術思想初探
許兆理	男	1966	第十屆	禪宗之淵源及其思想本質
賴坤維	女	1966	第十屆	五代政治人物出身之分析
霍韜晦	男	1966	第十屆	佛家的知識哲學
謝正光	男	1966	第十屆	春秋城築考釋
胡耀輝	男	1967	第十一屆	魏晉時代之洛陽鄴都與長安
張錦來	男	1967	第十一屆	華僑與星加坡的經濟發展
陸婉儀	女	1967	第十一屆	詩四家異文考析
楊玉華	男	1967	第十一屆	十九世紀初葉中國商人在越南通商之概況
張世彬	男	1967	第十一屆	唐宋詞聲律之研究
廖鉅林	男	1967	第十一屆	論老莊之有為與無為
蔡海雲	女	1967	第十一屆	先秦儒家之音樂觀及其演變
譚宗義	男	1967	第十一屆	漢代國內陸路交通考
蔡康平	男	1967	第十一屆	荀子禮治思想在先秦思想中之地位

（續上表）

姓名	性別	畢業年份	畢業屆別	論文題目
龍禎祥	男	1967	第十一屆	朱子早年詩說考
梁桂珍	女	1967	第十一屆	阮籍嵇康陶淵明的生活與思想
梁沛錦	男	1967	第十一屆	關漢卿現存雜劇異本校評
劉智輝	男	1967	第十一屆	吳聲歌曲與西曲歌的研究
黎啟中	男	1967	第十一屆	南唐經濟初探
郭遠欽	男	1968	第十二屆	顧亭林年譜新編
陳慶浩	男	1968	第十二屆	脂本評語的情況和分析
陳松齡	男	1968	第十二屆	唐代廣州社會各階級的分析
梁瑞明	男	1968	第十二屆	王船山與明末清初的哲學
陳奕啟	男	1968	第十二屆	砂勞月華僑之拓殖
孫婉敬	女	1968	第十二屆	民國二十五年中美貨幣協定述略

　　這批人才從新亞畢業後，進入內地、港台各高等院校、研究所研究和教學，如羅球慶治宋史，後任教於香港中文大學崇基學院史地系；余秉權以編《中國史學論文引得：1902-1962 年》、《中國史學論文引得續編：歐美所見中文期刊文史哲論文綜錄》等書為學界所熟知。

　　此外，以下幾位新亞研究所畢業生也長期致力於文史研究與教學。

　　何佑森（1931-2008），安徽巢縣人，台灣大學中國文學系畢業，入新亞研究所師從錢穆，專攻經史之學，畢業後任助理研究員，復至哈佛大學進修，受業於楊聯陞。何氏曾任新亞書院歷史講師，後回母校台灣大學任教，著作編為《何佑森先生學術論文集》，分為上冊《儒學與思想》及下冊《清代學術思潮》二書。

　　陳啟雲，1956 年畢業於台灣師範大學，隨即入新亞研究所，師從錢穆。曾赴哈佛大學進修，後回台灣清華大學任教。著有《陳啟雲文集》，分為《治史體悟》及《儒學與漢代歷史文化》兩種。金中樞（1928-2011），新亞研究所畢業後，曾任新亞書院歷史系兼任講師，後赴台灣成功大學歷史系任教，專研宋史，著有《宋代的學術和制度研究》八冊。

　　楊啟樵（1931-2019），新亞研究所畢業後，赴日本京都大學進修，專攻明清史，後來在廣島大學文學院任教。著有《揭開雍正皇帝隱秘的面紗》、《明清皇室與方術》、《明清史抉奧》等。

　　羅炳綿，新亞研究所畢業後，在香港浸會學院史地系任教，後轉到香港中文大學歷史系，講授「明清史」、「中國社會經濟史」等科，著有《清代學術論集》等。[51]

　　除教學成果頗豐之外，出版的研究成果更可觀。學界熟知的《新亞學報》於 1955 年 6 月 30 日創刊，現已成為國際聞名的學術期刊。1955 至 1964 年，《新亞學報》出版至第七卷（共十三期），累計近千萬字。研究專刊方面出版如下表：

年份	出版著作名稱	作者
1957	《莊老通辨》	錢穆
	《兩漢經學今古文平議》	錢穆
	《人文精神之重建》	唐君毅
	《注史齋叢稿》	牟潤孫
1961	《漢書補註辯證》	施之勉
1962	《亭林詩攷索》	潘重規
	《詞調與大曲》	梅應運
	《中國印刷術起源》	李書華
	《新亞書院文化講座錄》	孫鼎宸編

　　1962 年，新亞研究所又成立東南亞研究室，由陳荊和主持。同年，增聘史學家嚴耕望、全漢昇和哲學家牟宗三、徐復觀為導師。研究所的陣容至此臻至頂峰。在新亞決定併入香港中文大學創校時，新亞研究所原本計劃跟隨新亞書院一起併入大學，受香港中文大學經費補助，1968 年起由唐君毅擔任所長。但由於大學改制，1974 年研究所脫離中大，改為新成立的「新亞教育文化基金會」繼續營辦。由於

51　周佳榮，《錢穆在香港：人文‧教育‧新史學》，頁 48-49。

有多位名師任教，研究所保持了良好的發展狀態。

3. 新儒家的立場與方法

錢穆創建的新亞書院，匯聚了唐君毅、牟宗三、徐復觀等一眾學者。這些學者通過反思以胡適等為代表的五四反傳統革命思潮，對中華文化作學術研究和梳理，開拓新的中西比較、溝通中西的研究學問的方法，成為戰後香港中國文化研究的一股重要力量。[52]

唐君毅、牟宗三和徐復觀一般被認為是新儒家的第二代領軍人物，承接以梁漱溟、熊十力、馬一浮、馮友蘭為代表的第一代新儒家的學統[53]，其核心思想為「守故開新」。翟志成先生認為這個核心思想，具體內容可以歸納為以下五條。

---

52 已有研究人員指出研究近現代香港教育史，尤以研究香港一地中國文化教育的學者，必要研究香港中文大學及聯合組成香港中文大學成員書院之一的新亞書院；更有學者認為 1949 年後成立的新亞書院，桂林街時期的新亞書院，農圃道時期的新亞書院及新亞研究所，甚至於 1963 年移居沙田，發展至今，成為組成香港中文大學校院（以下簡稱中大）成員之一的新亞書院，均成為一個新亞知識群體；更有學者認為新亞是「冷戰（Cold War）時期一處典型的『花果飄零』之教育堡壘」，南來文化人的「集散地」新亞發展，與香港戰後的知識、文化、教育的發展密不可分，也是現代中國思想史的重要組成部分。相關討論參見鄭培凱、區志堅，〈無聲的中國文化，在香港——自 20 年代至今香港高等院校開辦中國文化課程研究計畫介紹〉，《漢學研究通訊》，23 卷 2 期（2004），頁 23-31；李孝悌、林志宏，〈百年來歷史學的發展：從回顧到展望〉，楊儒賓主編，《人文百年化成天下》（新竹：國立清華大學出版社，2011），頁 151-153；楊祖漢，〈香港新亞書院的成立對台港二地新儒學發展的影響〉，李誠主編，《台灣、香港二地人文、經濟與管理互動之探討》（台北：中央大學出版心，2013），頁 17；楊儒賓，《1949 禮讚》（台北：聯經出版公司，2015），頁 57-64；周愛靈著，羅美嫻譯，《花果飄零：冷戰時期殖民地的新亞書院》（香港：商務印書館，2010）。

53 翟志成認為，「除了唐、牟、徐三人之外，港台新儒家的主要人物，還需加上一個錢穆，才算完整。關於錢穆是否應劃入新儒家的營壘，時下學界尚有爭議。錢穆的親傳弟子余英時就堅決不承認錢穆是新儒家，而新儒家的第三代代表人物劉述先則堅持錢穆就是新儒家。竊以為錢穆是否新儒家，須看新儒家如何定義。如果從狹義的角度説，只由熊十力系統直接開出的哲學流派，才有資格被稱為港台新儒家的話，錢穆當然不是。因為錢穆不僅與熊十力同輩，錢穆究其實是歷史家而非哲學家……如果從廣義的角度説，凡事從正面承認和肯定中國歷史文化，尤其是儒家文化之永久價值，並對五四反傳統運動及其領袖胡適等人進行嚴厲的批判者，均可視為新儒家的話，錢穆不僅是新儒家，而且還是在二十世紀五十年代前期和中期，一直被港台新儒家所擁戴的盟主。」翟志成，《新儒家眼中的胡適》，頁 227-228。

　　一、中國文化不僅有永恆的普世價值，而且還有非常重大的現代意義。

　　二、中國文化絕不是建設中國民主和科學的最大障礙，而是不可或缺的精神資源。

　　三、中國文化和西方文化各有所長，亦各有所短，允宜互通有無，取長補短。

　　四、要實現中國的現代化，要建設比西方文化更高一級的世界文化，均離不開中西文化的會通與融合。

　　五、正因如此，中國文化不僅不能被毀棄，而且還應該進一步繼往開來，發揚光大。[54]

　　港台新儒家最主要的工作，便是從歷史文化的視角對亡國與亡天下進行反省，從而對五四運動以及五四影響所延展出的一系列事件和歷史展開批評和論戰。他們批評五四，痛感西方對於中國文化的誤會是因為胡適等人的論述，為了「與胡適等人爭奪代表中國文化對外的發言權，並匡正外國人對中國文化的許多不正確看法」[55]，1958年《民主評論》的 1 月號之上，刊登了由張君勱、唐君毅、徐復觀、牟宗三四人聯署發表的《文化宣言》。這篇宣言由張君勱邀唐君毅籌備，後徐復觀、牟宗三等人表示認同。唐君毅在旅美途中用了半個月的時間，於 1957 年 5 月下旬撰寫成四萬餘字的宣言初稿，經多次刪減和修正後，再以四人名義聯署發表。《文化宣言》全稱為《為中國文化敬告世界人士宣言：我們對中國學術研究及中國文化與世界文化前途之共同認識》（*A Manifesto on the Reappraisal of Chinese Culture：Our Joint Understanding of the Sinological Study Relating to World Cultural*

54　翟志成，《新儒家眼中的胡適》，頁 357。

55　同上註，頁 237。

Outlook）。全文共四萬字，分為十二節。第一節為四人發表該宣言的
理由；第二到四節說明中國文化與西方文化的主要不同之處，以及西
洋人觀從自己的文化立場來橫斷和批評中國文化所造成的種種不幸的
誤解；第五節說明中國文化與西方文化一樣自由，具有超越的宗教精
神；第六節說明，中國的「心性之學」，是為中國文化之根本，西洋人
若要對中國文化有正確了解，則必由此通路進入；第七節說明中國文
化何以能延續數千年而從中不斷；第八至十節反覆重申，中國文化為
何會在不缺科學與民主之萌素的基礎上，卻一直不能從產生出近代科
學與民主政治的最根本理由。第十一節和第十二節一再強調，中國文
化不僅有萬古長新之永恆價值，而且有非常重要的現代意義。不僅中
國文化必須善學西方文化，而西方文化則必須善學中國文化。兩者必
須互相觀摩，互相學習，以取長補短，各自救濟自己之欠缺與不足。[56]

　　翟志成認為，港台新儒家之所以自成一學統，自具有其最有特
色之處。而其特色之處，在《文化宣言》的第二部分，以及在宣言的
第八至十節中所討論的「科學與民主」的部分全然體現了出來。

　　港台新儒家認為，科學與民主，作為啟蒙主義中最核心和最重
要的成分，同樣是適合於中國的。中國文化傳說中之聖王都是器物的
發明者，而儒家亦素有「行上之道見於行下之器」的思想，而中國文
化之欠缺科學精神，恰恰是由於太過重視實用的知識，太過重視「正
德、利用、厚生」的價值，因而難以放縱自己進行任何無用的活動。
西方人為求知而求知的活動，在過去的中國人眼中看起來反而是一種
無用的活動，反而是一種玩物喪志的行為。因為這一類的活動，無論
實用還是正德利用厚生方面，都無任何直接的關聯，他們其實是「莊
學」的無用之用，然而唯有無用之用，始堪稱其大用。這是莊學的一
個弔詭。西方人正是從「為求知而求知」的看似無用的活動中，發展

出現代科學技術和富國強兵的大用，而中國過去的文化卻正是由於他太過着重實用，所以才會發展不出現代科學精神和富國強兵的大用。港台新儒家在文化宣言中承認，中國必須去學習西方。[57]

　　港台新儒家沒有為了強調中國文化而貶抑西方法則，反而強調民主與科學的重要性，並且認為中國文化中能夠生出民主與科學的途徑，只是需要開出新的方式，來讓中國文化接入現代社會，使中國文化能夠真正在時代更迭之中找到自己的位置，並且「活」起來。這種文化使命使港台的新儒家們自覺地把自己視作中國文化的載體，把自己的流亡視作中國文化星火在海外的續絕存亡。新亞書院在錢穆之後，尤其以作為第二代新儒家的唐君毅、牟宗三、徐復觀等人為代表，培育了一批流亡人士和本地青年，薪火相傳，對香港人文教育和文化發展作出了重大貢獻。

徐復觀（1904-1982）

　　當代新儒家「守故開新」的治學宗旨，徐復觀表現得最為明顯。他與唐君毅、牟宗三不同，其對於中國文化的態度經歷正反正三個階段。徐氏曾接受五四反傳統思潮的洗禮，一度視裝書如仇敵，並深入民主運動，對民主政治亦表現出極大的熱忱。四十年代初期被當代新儒學理論奠基者熊十力當頭棒喝所懾服，放棄了全盤性反傳統主義的激烈立場，開始向中國歷史文化回歸。有如此經歷之後，徐復觀逐漸形成其最大的願望，便是以自己理解的方式去達成「守故開新」，逐漸「形成要以中國文化的道德人文精神作為民主政治的內涵，改變中西文化衝突的關係，成為相助相及的關係」。[58]徐復觀認為，中國文

57　翟志成，《新儒家眼中的胡適》，頁 249-250。

58　徐復觀，〈死而後已的民主鬥士：敬悼雷儆寰（震）先生〉，原載《華僑日報》1979年 3 月 12-15 日，收入《徐復觀雜文 4：憶往事》（台北：時報文化出版有限公司，1980），頁 214。

化的本質精神與西方現代民主精神實質上是相通的。中國自古便有民本主義和人文主義，於周初便已建立，孔孟之後完成了中國文化的主線，就內在精神而言，與西方現代民主相通。中國文化還未開出民主，並不意味着其與專制體制完全相容。事實上，自秦漢以來，中國文化本身與中國兩千多年的政體並不相容。中國文化向內尋求自我出路的根基與背景，使得人們只不斷強調通過教育和內在的道德修養，期待統治者成為「聖君」。不提倡外在的法律和制度，對統治者加以限制。當統治者不肯當聖君而——以昏君或暴君自處時，中國文化因缺乏對統治者帶有強制性的約束力而束手無策。[59] 所以如何能夠以中國文化本質作為民本的思想，開出西方的民主？如何能夠達成這樣的目的？如何在對西方文化資源的借鑒和吸收的基礎上，推動和實現中國的全面現代化的問題？為解決該課題，徐復觀開創出了一套新的方法學。

　　與當代新儒家整體一致，徐復觀在方法學上首先批評胡適的「科學整理國故」，他認為胡適和傅斯年等人提倡以「科學方法」「整理國故」的最終目的，是為了從根本上取消整個中國文化，替全盤西化掃清障礙。[60] 徐復觀質疑胡適的「科學方法」與「考據」，認為胡適從杜威那裏學來的科學方法——「大膽假設、小心求證」——只不過是空洞的口號，是在通過佔領「科學」一詞的高地，假借科學之名劃分勢力範圍，壟斷國家學術市場，並獲得話語權，將中國文化中一切為他們厭惡的價值和思想，劃入「非科學」的一類，也不允許其他人學習和研究。[61] 陰謀至此，根本不在於學術的態度。故此，徐復觀提出，人文學科的治學方法，主要是繫於研究者和研究對象的內在

59　翟志成，《新儒家眼中的胡適》，頁 376。

60　翟志成，《新儒家眼中的胡適》，頁 304；區志堅，〈以人文主義之教育為宗旨，溝通世界中西文化：錢穆先生籌辦新亞教育事業的宏願及實踐〉，頁 85-180。

61　徐復觀，〈多為國家學術前途着想〉，《徐復觀雜文：記所思》（台北：時報文化出版事業有限公司，1980），頁 82。

對話，　種將新的義理和考據緊密結合的新方法學。新方法學非常強調義理對材料的統整和照明作用，同時也十分強調材料對義理的支撐功能。材料需要縝密而嚴苛的分析審查，然後盡量運用歸納法——分類總結，最後才能在「只能如此不能如此」的權衡中逼出確鑿南移的結論，[62] 更不能只基於部分或者片面的材料，憑演繹法的極度推演記憶，就能建構出一套套思想體系。徐復觀對此很反感，他說，可以用自己的哲學思想去橫斷古人的哲學思想，但萬不可將古人的思想塗上自己的哲學。[63]

　　新方法學的具體操作是梳理清楚義理與材料的關係。如何閱讀材料？先要理解義理才能讀明白材料。徐復觀指出，一般人認為中國傳統學術用詞不嚴格，缺乏組織條理是因為抽象性、系統性和構造形式的欠缺與不足，這種想法太片面，其實在先哲們具體、簡單、分散的各種語句之中，仍然存在一種立體的，完整生命體的內在關聯，以及邏輯的結構和普遍的意義。[64] 所以若要重建中國思想史的實質系統，首先就要理解先哲思想，具體要做到以下幾點：（一）內在關連性的緊密把握；（二）避免濫用演繹法；（三）盡量採用歸納法；（四）採取「發展」「比較」和「動進」的觀點；（五）留意共性與個性、兼顧變動與貞常；（六）抽象思維能力的運用；（七）抽象思維能力的培養和訓練。以上這幾點，都是要由基本材料下手，由此建立根基，作為培養和訓練思維的「金針」。[65] 由此可見，徐復觀的新方法學，十分注重傳統與現代學術的分梳，強調推理的邏輯性、徵引的全面性以及基本材料的優先性，甚至決定性。這離不開他年輕時大量閱讀西方

62　徐復觀，〈評訓詁學上的演繹法：答日本加藤常賢博士書〉，徐復觀，《中國思想史論集》（台北：台灣學生書局，1988），頁 203-204。

63　徐復觀，〈我的若干斷想〉，《徐復觀雜文：記所思》，頁 10。

64　徐復觀，〈孟子政治思想的基本結構及人治與法治的問題〉，徐復觀，《中國思想史論集》，頁 133。

65　翟志成，《新儒家眼中的胡適》，頁 320-335。

經典著作如哲學、政治學、社會學、史學的堅實訓練有關。從思維模式到分析框架都相當現代化和西化，這在當代新儒學諸位大師中最不同的一點。翟志成稱徐復觀「整個頭腦，就像在一把西方學術砥石上打磨出來的利刀。」[66] 在這把利刀下，重建中國思想史一定建立在充分而紮實的材料基礎上，要明白經濟、社會、政治等各種客觀條件對於傳統思想的制約，以及其相互之間的作用和因為作用而產生、演變的軌跡。翟志成認為徐復觀的新考據學有五大優點：（一）深厚的舊學根底；（二）對原始材料的認真爬梳；（三）西方學術思想的嚴格訓練；（四）以材料支持義理、以義理發明材料；（五）與歷史人物的內部對話和個人從政經驗對歷史的照明。[67]

　　除了提出義理與材料之間的「新關係」及強大的邏輯系統推論之外，徐復觀在史學思想的建設中，還是迥異於西方思維的，最明顯表現便是注重「德行」。如果說西方的終極關懷在追求外在的真理，那麼中國傳統學術是追求內在的德行。德行連接到品格，修身、齊家、治國、平天下，連接到對國家、民族、社會負有不可迴避的職責。可見，徐復觀的理念中，充滿了中國的傳統氣息。在他的理念中，治學與人格尊嚴息息相關，治學要具有人格尊嚴的自覺，這是解決中國政治問題的起點，也是解決中國文化問題的起點。[68]

　　歷史學家尤其如此，歷史家的「史德」與「史實」和「史才」不可分割，他們必須通過永不停息的人格和道德修養，以及培育和提升自己的史德。[69] 如何提升史德，便要不斷覺察、改正、公佈自己的錯誤，反省能力的高低決定了學術成就的高下。[70] 在面對材料時不畏權

66　同上注，頁 313-317，引文見頁 313。

67　同上注，頁 338。

68　徐復觀，〈自序〉，徐復觀，《學術與政治之間》（新版）（台北：台灣學生書局，1985），頁 vii。

69　徐復觀，〈自序〉，徐復觀，《學術與政治之間》（新版），頁 vi-vii。

70　翟志成，《新儒家眼中的胡適》，頁 349。

威，放棄個人成見，由材料自己說話，去私守公，追尋和保衛歷史的真實性。[71] 只有這樣，才能切實做到剖析歷史材料的公正性，不帶有私人的態度和立場，才是真正客觀的以新方法學的方式開闢人文學術的領域。

牟宗三（1909-1995）

相較於徐復觀積極地期望從中國文化中開闢出民主的道路，牟宗三承認，如順應中國文化的軌跡，是無法開闢出民主與科學的。與前輩梁漱溟、熊十力、張君勱不同，牟宗三不以中國文化中的材料去考證是否能夠得出德先生賽先生，而是立足於中國文化之生命的立場，從形而上學的層面剖析，認為中國文化只有經過自我否定，來一個「轉折上的突變」，才能開顯民主與科學。雖然他承認中國文化需要自我否定，看起來與胡適、丁文江等代表科學主義者有相似之處，但實際上大為不同。他並不否定中國文化本身，而是認為中國文化未實現近代化、未產生民主與科學「是超過的不能，不是不及的不能」。中國文化不僅不反科學民主，而且還須繫着科學與民主的建立，才使中國人在自覺成一道德主體之外，兼自覺為一政治的主體，認識的主體。即使用技術活動的主體，而使中國人之人格有更高的完整，完成中國民族之客觀的精神，生命有更高的發展。[72] 他數十年間不斷思索關於「內聖之學如何解決『新外王』」[73] 的問題，就是思考中國文化如何開闢出民主與科學。牟先生是立足於儒家人文主義立場，

71　徐復觀，〈答輔仁大學歷史學會問治古代思想史方法書〉，《幼獅月刊》，263 期（1957 年 11 月），頁 24-26。

72　牟宗三、徐復觀、張君勱、唐君毅，〈為中國文化敬告世界人士宣言 —— 我們對中國學術研究及中國文化與世界文化前途之共同認識〉，《民主評論》，第 9 卷第 1 期（1958 年 1 月），頁 1-21。

73　「內聖」，就是指道德理性之實踐；「外王」是指治國平天下之德業；「新外王」就是民主與科學。著者註。

去整合當代科學主義和人文主義的衝突，超越近代以來的文化對立，以實現中國文化向現代化形態的轉化。[74] 那麼中國文化如何開闢出民主與科學？牟宗三從最根基，亦是最基本的層面，回答了這個問題，便是哲學。

以西方思維框架填充中國材料這種分析研究方法，是自胡適的《中國哲學史大綱》開始自近百年來，中國哲學研究領域最大的弊端。這種方法可以說在一開始便是錯的，因為他思考問題的方法完全是西方的思維系統，將研究材料以對象性的方式填充到自我思維之中，將中國古代賢哲的典籍作為材料加入西方思維框架的分析，如各種「認識論」、「倫理學」的標籤為其定性。標籤化，概念化將本身圓融的中國文化拆解之後再按自己臆想的模式組裝完成，這並非真正的中國哲學。牟宗三深知這種弊端，他雖然是西方哲學出身，精通康德、懷特海、黑格爾等西方哲學家的哲學，卻要求自己完全以中國人的思維方式對待中國哲學，西方哲學的系統構造的方便性，可以方便其用現代語言將中國文化書寫給讀者的一種參考坐標。[75]

那麼如何將二者梳理給讀者，既不偏離中國文化的內在邏輯又使人能夠明白，成為牟宗三需要解決的事情。為此，「造詞」就成為牟宗三解釋中西文化系統的有效方法。他獨造了一系列詞語，並為其定義概念來比對中西文化各自的特徵。顏炳罡在其《整合與重鑄：當代大儒牟宗三先生思想研究》一書中有如此總結：就中西文化的根本精神說，牟宗三認為中國人的學問屬於生命之學，其在於「調護生命」和「安頓生命」，以生命方式開出的「內聖外王」之學，就是中國的文化系統。該系統是「綜合的盡理之精神」下的文化系統；西方文化源頭於古希臘文化中「把握自然」的方式，是「分解的盡理

---

74 顏炳罡，《整合與重鑄：當代大儒牟宗三先生思想研究》（台北：台灣學生書局，1995），頁 18。

75 顏炳罡，《整合與重鑄：當代大儒牟宗三先生思想研究》，頁 15。

之精神」下的文化系統。就這兩種文化的根本精神所展現的方式而言，他認為中國文化是「理性之運用表現」，西方文化是「理性之架構表現」；就中西政治思想所展現的理論言，他認為中國文化的政治理論為「理性之內容表現」，西方文化的政治理論為「理性之外延表現」；就中西文化「常」、「斷」所依據的原則來說，他認為「以理生氣」為中國文化所以悠久超越的原則，西方文化週期斷滅所依據的原則為「以氣盡理」。在他看來，中西文化皆為「盡理」，也都表「理」。然而，中西之理的意願並不相同。中國文化所盡之禮是「道德理性之理」，「政治之禮」。西方文化所盡之理，是「自然之理」、「知識之理」，凡此等都是牟先生獨造的詞語，用這些詞語來解釋複雜的中西文化和哲學問題，顯示了他獨特的生命氣質和學術格調。[76]

　　梳理完中西文化的比較之後，牟宗三提出，想要使得中國文化能夠向現代形態轉進，就需要由「綜合的盡理之精神」轉出「分解的盡理之精神」，那如何轉出？這就是牟宗三著名的「良知自我坎陷」一說的由來。牟宗三認為，作為「道德理性」的「良知」，「自我坎陷」便是「道德理性」通過自我否定轉出到「架構理性」，從而實現民主與科學。之前的儒者認為的「外王」，是由「內聖」直接開出，這種外王是不完善的。只有通貫「架構理性」而開出的充分的極至的外王，才是外王的完全實現，即民主與科學，這是一種「新外王」。「新外王」無法直接從「內聖」中開出，它必須經過一個曲折來個轉折上的突變，才能盡外王之極致。也就是說，若以中國文化的根基中，想要實現民主與科學，只有通過道德理性自覺的否定自己，轉而為逆其自己的反對物。經這一步坎陷，「道德理性」就由動態轉為靜態的「理論理性」，從「物我合一」之「無對」轉為「主客對列」之「有對」。從踐履上的直貫轉為理解上的橫列，暫時脫離「仁」，成為

76　同上註，頁 16。

獨立之「智」，成為純粹的「知性」。這種知性與道德不相關，道德處於中立狀態，民主政治與科學從而具有獨立意義。[77]「良知自我坎陷」是牟宗三試圖為科學民主在中國文化中尋找內在根據的方法，一經提出，評者褒貶不一。有些人認為解決了民主與科學在中國引發的問題，批評者也不在少數，認為由道德理性開闢出科學與民主沒有邏輯上的必然性。但就拋開評論不說，我們要知道，良知的自我坎陷，是理解牟宗三哲學體系的關鍵，因為它是連接牟宗三學術體系裏中西哲學的橋樑。[78]而他的整個哲學體系建立的目的亦是如此，他認為自己的哲學是道德的形上學，是以道德為進路滲透進宇宙本源，是純哲學。他的工作是沿着宋明心性之學的理路，融合西方哲學，尤其是康德哲學繼續光大。[79]可以說，良知自我坎陷，是其中西哲學體系的一個縮影，尤其是中國哲學與康德哲學互相參證，雙層存有論，「執的存有論」（主要取自康德）與「無執的存有論」（主要取自中國哲學）互相融合的結果。「見到中國哲學傳統之意義與價值以及其時代之使命與新生，並見到康德哲學之不足。」[80]可以說，牟宗三的道德形上學是中西哲學的新綜合，新建構，使得中西哲學趨於自然之和諧。[81]

　　牟宗三之所以建構這個橋樑，還是出於儒家學者的出發點，一種儒家式的人文主義的關懷，目的在於重建中國文化，開出中國文化的新生命與新形態。他所定義該形態為「三統」，即「道統」、「學統」、「政統」三統並建。他認為「道統」肯定道德宗教之價值，護住孔子所開闢的人生宇宙本源。「學統」轉出「知性主體」來溝通希

77　同上注，頁 18-19。

78　同上注，頁 26-27。

79　顏炳罡，《整合與重鑄：當代大儒牟宗三先生思想研究》，頁 24。

80　牟宗三，《現象與物自身》（台北：台灣學生書局，1990 年），頁 4。

81　顏炳罡，《整合與重鑄：當代大儒牟宗三先生思想研究》，頁 24-25。

臘傳統，開出現代學術的可能。「政統」肯定民主政治以為必然。[82] 可以說，牟宗三由邏輯走向哲學認識論，由哲學認識論走向文化意識的闡揚，由文化意識走向重建道德的形上學復由道德的形上學走向圓教與圓善，一路披荊斬棘，向人類理性的頂峰攀登。顏炳罡認為，牟宗三的哲學體系，可總結為「整合」與「重鑄」。「整合」在於以中國傳統文化為主體，消弭西方文化，通過文化與哲學之重鑄，開出中國文化的全新形態，實現中國傳統文化自身的嬗變；「重鑄」在於以西方文化為主體，消納中國文化的部分因素，通過文化與哲學之重鑄，使得西方文化在中國落腳；前者是當代新儒家努力的方向，後者是科學主義或自由主義努力的方向 [83]。可以說，牟宗三之成就，將儒學由傳統形態完成向現代形態的過渡，其思想體系對中國文化而言，無疑具有嶄新的意義，而其本人也作為當代中國最富有創造性的哲學家，用力最久，收穫頗豐。牟宗三出版《才性與玄理》（1963）、《心體與性體》三大卷（1968-1969）、《從陸象山到劉蕺山》（1979）、《佛性與般若》二大卷（1979）。分別探討了魏晉玄學、宋明理學、隋唐佛學的義理透闢，深深令人嘆服。晚年則通過中西哲學的筆論闡明中國哲學，著有《智的直覺與中國哲學》（1971）、《現象與物自身》（1975），最後一部大著《圓善論》（1985），也是通過康得哲學論圓善的線索抉發中國哲學。他的哲學成就代表了中國傳統哲學在現代發展的新水準。傅偉勳評價為：「牟先生是王陽明以後繼承熊十力理路而足以代表近代到現代的中國哲學真正水平的第一人。」[84]

82　牟宗三，〈修訂版序〉，《道德的理想主義》（台北：台灣學生書局，1986），轉引自顏炳罡，《整合與重鑄：當代大儒牟宗三先生思想研究》，頁 22。

83　顏炳罡，《整合與重鑄：當代大儒牟宗三先生思想研究》，頁 29。

84　傅偉勳，〈哲學探求的荊棘之路〉，《從西方哲學到禪佛教》（北京：三聯書店，1989），頁 25-26。

唐君毅（1909-1978）

牟宗三、徐復觀及唐君毅三人之中，唐君毅是最具有人文精神表現的學者，他撰有大量關於人文精神的文章，並於 1955 年將二十五篇論文集合成為《人文精神之重建》一書，論述百年來中國所感受的中西文化矛盾和衝突。在哲學層面，他對於中國哲學和思想史的梳理大致循一主線，即圍繞着「客觀性的研究態度」。根據唐君毅的梳理，中國傳統治學自先秦便缺少客觀研究的態度，之後有所隱現，但是大多糾纏於「為世立教」，一直到清代重訓詁，才產生比較普遍的治學取向，但該取向的產生的原因並不是主要在治學本身，更多是因為當時政治形勢以及外來文化的影響。所以他強調客觀的研究態度是基礎，由此開出一個新方向，一個可以初步命名為比較的觀點，以「訓詁」與「義理」交相明，使得中國哲學傳統可以作為一獨立之哲學傳統而出現。

劉笑敢曾經寫過一篇文章，名為〈唐君毅與中國哲學研究的新方向〉。文中提到唐君毅所論述的新方向有以下幾點特別值得注意：（一）強調將中國哲學視為一統一獨立之傳統，而不是將其視為其他傳統的特例和資料。這一點是特別針對五四以來，一些人將中國哲學割裂篇章，認為是西方哲學之解說的傾向。（二）強調對中國哲學者以獨立傳統做客觀的了解與研究，這也是針對一些人懷有成見，不能對中國哲學思想存敬意，以求客觀之了解。（三）雖然客觀性研究是重要的，但是仍要注意客觀性研究之後，用「舊名」以表「新意」，要加以區別。這裏即強調哲學中相同詞語之背後的含義，落實在不同東西文化背景中的不同指涉，要留意辨別，加以規範。（四）認為可以與傳統之儒者——需要肩負聖哲立教之志、哲人學者之任於一身——不同，主張哲人不必為聖哲研究，只需做客觀研究即可。

可以看出，唐君毅雖然極力希望通過客觀的研究方法將中國文化傳統哲學建立成為一獨立的哲學，但是他從來都做不到「客觀」，或者說他無法做到只將中國哲學作為客觀材料研究的「客觀」，因為

在某程度上，他已經以中國哲學的一種顯現而立命扎根，鑽研學問，富有人文主義精神和理想的充盈，以自我生命的實感去延續中國哲學的意義。勞思光曾撰文認為「唐君毅的分量在於他是能夠掌握中國哲學這方面的特殊的人，具體說就是『成德之學』、『功夫論』。成德之學在於人要成為什麼樣的人，而不是你把他說成什麼樣的人，不是構造出一套語言，一個理論……構造一套語言並不難，但並不表示你能承擔當代哲學的問題」。以生命為起點，為了中國哲學能夠獨當一面，為了不再讓中國哲學成為依靠西方框架存在之材料，建立客觀統一的研究方法，使中國哲學之獨立和學術化成為他的使命。為此，由六十年代起，唐君毅不斷出版皇皇巨著，達到了前所未見的高峰。從 1966 年到 1975 年出版的《中國哲學原論》六大卷，1977 年出版最後一部大著《生命存在與心靈境界》，唐君毅借用黑格爾辯證法的架構，建立了一個心通九境的大系統，最後歸宗於儒家的「天德流行境」，可見其哲學並未改變初衷，而其餘各種境界也都在其系統之內分別取得定位。

　　至於當代新儒家共同需要面對的問題，如何從中國文化中開出科學與民主，唐君毅大膽地顛倒了儒家傳統中先內聖後外王的法定次序，試圖安排道德主體的第一階段的「暫退」，這與牟宗三的「良知坎陷」近似，只是詞語表達不同。翟志成認為，牟宗三的「良知坎陷」與唐君毅道德主體的「暫退」實質完全相同，牟宗三之說所以異於唐說，在於牟宗三在「良知的自我坎陷」學說中，以同樣的篇幅來談發展科學和構建民主，因而顯得更為全面。[85]

85　翟志成，《新儒家眼中的胡適》，頁 386。

三、學海書樓的復興

　　1941 年日軍侵佔香港，對學海書樓也帶來了巨大衝擊，書樓被豪強侵佔，同人星散，人們爭相逃避。在淪陷期中，書樓亦輟講四載。至 1945 年抗日戰爭結束，時任東華醫院主席李海東積極籌備重開書樓，與俞叔文等書樓同人，四處奔走，選舉新董事二十餘人共同捐資，書樓同人亦先後返港，同心協力，恢復書樓原貌，積極增添藏書。書樓在戰後的發展，除了延續舊有傳統，又與戰後政府的教育政策與新一批學人南下所產生的新變化相互影響。

1. 戰後書樓的運作

　　自 1958 年起，書樓采納李景康先生的建議，向政府註冊為有限公司，先後聘請鄧肇堅、馮秉芬、李景康、利榮森、黃允畋、何耀光、黎時煖、趙公輔、伍步剛、許晉義、賴恬昌、賴高年、周天湛、楊蕚輝、許晉封、盧冠芹、高福申、李棪、陳良耜、龐鼎元、胡文瀚、莫華釗、劉殿爵、香國樑、陳維樑、杜祖貽、何竹平、張日昇、沈東強等政、商、學界名流擔任名譽會長、顧問、董事。[86] 1966 年董事李棪提議推行「十元募捐運動」，以助書樓經費，每位董事負責募捐十份。1982 年書樓撥款購買股票保值，由主席趙公輔、義務司庫黎時煖及董事盧冠芹主理。1988 年因有地產發展公司提出收購書樓樓址，經董事會商議同意出售，使書樓獲得流動資金。1991 年書樓成立投資小組，由主席許晉義及伍步剛、香國樑主理。1998 年為推動國學研習，書樓成立國學小組，以策劃講師人選及課程事宜。賴恬昌為小組召集人，何文匯、何沛雄、杜祖貽、常宗豪、馬國權、陳紹南為委員。1999 年榮譽會長利榮森、主席杜祖貽及董事賴恬昌等商

86　鄧又同，〈香港學海書樓歷史概況〉，《香海傳薪錄：香港學海書樓紀實》，頁 29。

賴際熙太史　陳伯陶太史　何翽生翰林　洪興錦進士　利希慎先生　李海東先生　李瑞琴先生　梁保秋先生　郭春秧先生　傅翼鵬先生　陳殿臣先生　李右泉先生　黃亦梅先生　區泰林壽士　李典先生　李景康先生　梁季庸先生　俞叔文先生

陳鑑坡先生　戴芷汀先生　陳永先生　鄧子昂先生　何世光先生　岑伯銘先生　盧頌雲先生　簡孔昭先生　王辰仲先生　安德任先生　黃伯任先生　唐熊暉先生　陳詞博先生　馮香泉先生　潘佩如先生　王德先生　羅玉堂先生

何藻翔先生　李延春先生　李子方先生　梁季輝先生　劉景泉先生　劉季馨先生　阮次鄒先生　容子名先生　曾北鎔先生　黃燁卿先生　陳伯益先生　黃潔孚先生　姚鉅源先生　何世傑先生　陳夢熊先生　黃培初先生　陳崇孚先生　阮文鄒先生　劉東焯先生　黃涵莊先生　劉麗川先生　錢復先生　何世榮先生

（已故戰況補註）梁法天先生　蔣廉溪先生　楊莘耜先生　唐冠芹先生　雷蔭蓀先生　謝仁伯先生　（已故戰後補註如劉公）蔡樞公先生

施文蔚先生　趙君豪先生　黃錫祺先生　周天澂先生　馬壽南先生

李景康先生手寫書樓創辦人名單

定書樓傳統國學著述出版計劃。榮譽會長利榮森同意由北山堂長期資助。學海書樓出版的不少書籍，均由北山堂資助，如《荔垞文存》及《溫文節公集》（賴恬昌編）、《學海》（常宗豪編）、《陳文良公集》（賴恬昌編）、《博采錄》（賴恬昌編）、《番禺劉氏三世詩鈔》（黃坤堯編）、《唐五代詞講義》（常宗豪編）、《元曲三百首箋重訂編》（羅忼烈編）、《李景康先生詩文集》（賴恬昌編）、《俞叔文文存》（賴恬昌編）、《學海書樓八十年》（賴恬昌編）、《翰墨流芳》（賴恬昌編）、《詩經探微》（張文燦編）、《禪趣詩》（江紹倫編）、《翰墨流芳續篇》（賴恬昌編）、《修竹園近詩》、《學海書樓八十五年》（賴恬昌編）、學海書樓叢書《在水一方》、《承前啟後—中國文化講座彙編》等。2000 年 4 月，書樓購入尖沙咀星光行 1405 室作為新會所。書樓新址由副主席陳紹南設計，為美觀實用之講學及會議場所。2002 年賴恬昌任董事會主席。

2005 年重組書樓投資小組，許晉義、香國樑、陳紹南、何家樹、湯偉俠為成員。2010 年重組書樓財務投資小組，許晉義、伍步剛、陳紹南、湯偉俠、何家樹為成員。書樓又設有經史子集講座基金，先後獲董事同人及聯青社大力贊助，籌得數十萬元。戰後書樓的復興，離不開香港政、商、學界對書樓的支持。

2. 重開杏壇

　　1945 年，書樓恢復講座。[87] 然而，賴際熙、溫肅、區大典等書樓核心人物相繼離世，只有俞叔文、岑權波兩位尚在。在舊有書樓同人的努力下，李景康遂與其他學者，如陳荊鴻、黃維琯、陳湛銓、潘小磐、鄭水心、伍憲子、梁寒操、羅香林、吳天任、饒宗頤、岑權波、唐君毅、孫甄陶、朱子範等先後受聘，輪流講學，之後更多文人學者參與書院講座，包括溫中行、蘇文擢、劉紹進、盧國洪、黃兆顯、何叔惠、趙大鈍、李舜光、陳本、郭霖沅、劉述先、李巽仿、李棪、何乃文、陳秉昌、陳汝柏、張文燦、陳觀良、鄧又同、鄧鴻鈞、莫儉溥、梁簡能、李伯鳴、余少颿、陳崇興、常宗豪、羅忼烈、何沛雄、陳志誠、陳耀南、尹德華、陳維略、吳汝寧、袁效良、洪肇平、葉伯榮、鄭滋斌、唐健垣、陳潔淮、林天蔚、羅鶴鳴、羅冠樵、陳札源、呂元驄、周錫䪖、劉清真、陳思迪、高家裕、郭魂、張錦華、張光裕、李國明、黃垤華、梁紹傑等。

　　這段時期講學的學者多因國內戰亂南來香江，他們的講學內容多是圍繞保全和提倡傳統文化。[88] 講授課題諸如「孔子」，「孟子的人性論」，「說仁」、「說義」、「孝道淺說」、「莊學要述」、「周易」、

87　鄧又同，〈香港學海書樓歷史概況〉，《香海傳薪錄：香港學海書樓紀實》，頁 26。

88　有關五十年代在香港出現中國傳統文壇學風，參見魯曉鵬，《一九五〇年代香港詞壇與堅社》（香港：中華書局，2022），28-74。

「王龍溪學術」、「談中國道統」等。可見書樓復課之後，講學內容沿襲從前，為「揚國粹於失墜」。除講解經學典籍之外，書樓也開設文學、歷史課程。課程如「司馬遷與史記」、「班超與西域」、「史學敘識」、「王安石的政治思想」、「詩仙李白」、「楚辭文學的特質」、「關於柳宗元」、「韓愈之生平及作品」、「八家中之歐陽修」、「顧亭林詩」、「蘇東坡及其詩詞」等；此外，基於嶺南地區的學脈與本土的感情紐帶，學海書樓在鄉邦文化傳承上也有一定貢獻，有相關課題目如「黎二樵之平」、「陳白沙理學論經」等。總體來說，戰後復課之後，課程的講授範圍更大。[89]

書樓得此發展，可謂是書樓同人的努力，「淬厲心力，日復一日」，講學活動也得益於學界、傳媒、企業家、政府的鼎力支持，遂使書樓「聲聞頗昭」[90]。1963 年後，書樓講學增至每週四次，每年出席人數達到一萬二千以上。[91]中學生、大學生、教師、醫生、文員、護士、洋行職員、商店經理、退休人士、家庭主婦，都在聽眾的範圍，不少人從年輕時開始聽課，一直到兩鬢斑白，書樓影響了香港幾代人，可謂真正實現了賴際熙創辦書樓的初衷和目標：「順人心之趨向，拯世道之淪胥。」[92]

以下為部分書樓講者的資料、講課內容以及講學理念，以供參考：[93]

89　具體講課內容見附錄第五條：〈香港學海書樓講學名錄〉。

90　參見俞叔文〈序〉，鄧又同編，《香港學海書樓前期講學錄彙輯》，頁 61。

91　鄧又同，〈香港學海書樓七十年概況〉，《學海書樓七十周年紀念文集》，頁 15。另參見區志堅，〈經學知識學術制度化及普及化的發展：以香港學海書樓為例〉，《中國文哲研究通訊》，第 30 卷，第 4 期，2020 年 12 月，頁 182-186；陳卓，〈廣東科舉軼談〉，《學海書樓九十年》，頁 182-188。

92　賴際熙，〈籌建學海書樓序〉，《香海傳薪錄：香港學海書樓紀實》，頁 30。

93　部分資料信息摘錄、整理自廣東省政協文化和文史資料文員會編，〈學海書樓人物錄〉，《香海傳薪錄：香港學海書樓紀實》，頁 295-328，以及吳佰乘先生所整理及撰寫的學海書樓重要人物生平。

伍莊（1881-1959）

伍莊，戰後書樓講師。別名文琛，字憲子、憲庵，號夢蝶，廣東順德古朗鄉人。早年隨康有為受業，光緒三十年（1904）加入保皇會，歷任《香港商報》、《南洋總匯報》、《國事報》主筆，後曾往日本。民國成立後，曾任廣東內務司司長、湖北內務司司長、龍州關監督、財政部顧問、袁世凱總統府顧問、馮國璋總統府諮議、國務院參議等職，並與徐佛蘇合辦《國民公報》。1918 年後，相繼在北京、香港主辦《唯一日報》、《共和日報》、《平民周刊》和《丙寅》雜誌。[94]

1927 年，他與梁啟超、徐勤等創立中國民主憲政黨，赴美國三藩市主辦該黨機關報《世界日報》，一度出任該黨主席。[95] 抗戰勝利後，中國國社黨與中國民主憲政黨合並為中國民主社會黨，當選副主席。1947 年，伍莊曾出任國民政府中央委員、中國民主社會黨中央主席。[96]

戰後，伍先生定居香港，著書講學。1957 年應邀成為學海書樓講師，主講「孔子」，傳揚國粹，並任香港聯合書院中文系教授。[97] 代表作有《孔子》、《中國民主主義》、《中國民主憲政黨黨史》、《夢蝶文存》等。

李景康（1890-1960）

李景康，字鳳坡，其書齋曰「百壺山館」。廣東南海人。幼年在珂里松溪鄉私塾肄業，中學就讀香港聖士提反書院。民國元年（1912 年）考獲英國牛津大學高等試文憑，因中文成績優異，那時香港大學創辦伊始，李景康主攻文科。1916 年於香港大學畢業，取得學士銜，

94　胡應漢，《伍憲子先生傳記》（香港：香港四強印刷公司，1953），頁 15。

95　同上注，頁 37-38。

96　同上注，頁 38。

97　〈學海書樓人物錄〉，《香海傳薪錄：香港學海書樓紀實》，頁 306。

是香港大學首屆畢業生。1918 年，朱慶瀾任廣東省長，創辦全省保衛團總局以維持治安及了解民情，李景康被聘為參議。後來朱慶瀾離職，李景康回香港任教於母校聖士提反中學近五年。1923 年受南海同鄉紳商推舉，返回廣州任南海中學教師兼縣立南海師範學校校長。他銳意整頓邑校，成績卓著。1924 年他應香港政府邀請，擔任中文兼英文視學官。1926 年，香港政府應華人紳商之請求，希望提倡國學，故此有官立漢文中學（即金文泰中學）之創設。香港教育司署調派李景康擔任校長一職，同時主管官立漢文師範學校。他由 1926 至 1941 年擔任香港官立漢文中學校長，致力倡導中文教育。由於李景康國學深醇，學識淵博，戰後主持學海書樓及碩果社，活躍粵港文壇四十年。

　　李景康有豐富的教育管理經驗，例如他在廣東任保衛團總局參事時，同時被選為廣東全省教育會評議員及廣州南海中學校董。他參與倡建香港大學馮平山圖書館及香港孔聖堂，同時擔任香港大學中文學院起草委員、香港大學中文學會名譽會員、香港大學考試委員。李景康擅詩文及精繪畫，曾被邀請擔任江蘇常熟虞社社員、湖南長沙南社湘集社員、江蘇吳縣中國國學會會員。香港壬申書畫合作社幹事值理。他潛心國學，著述甚富，尤其精七言律詩，他曾與區大典、岑光樾兩位太史及陳煜庠進士合編《國文模範讀本》三冊。與張谷雛合編《陽羨砂壺圖考》，葉譽虎為他的書作序，序中讚賞他多才多藝「不愧嶺南名士也」。李校長於 1960 年 5 月 25 日，在瑪麗醫院逝世，享年 70 歲。李校長更被譽為：「一生致力弘揚舊學、保存國故，為人溫文儒雅、古道熱腸之李景康」。[98]

---

98 鄒穎文，〈李景康先生生平述略〉，《學海書樓九十年》，頁 122；〈「誰教詩卷分還合，未負叢花落又開」之李鳳坡先生杜鵑唱和詩〉，程中山、陳煒舜主編，《風雅傳承——民初以來舊體文學論集》（香港：香港中文大學中國語言及文學系，2017），頁 323-333。

梁寒操（1899-1975）

梁寒操，五十至六十年代書樓講師。原名翰藻，號君默，亦作均默。祖籍廣東高要，生於三水。1916 年加入中華革命黨，參加討伐袁世凱的軍事行動。1918 年入廣東高等師範學校。1923 年加入國民黨，歷任武漢國民政府交通部秘書、國民黨中央黨部秘書長、南京國民政府財政部參事、國民政府鐵道部主任秘書、參事、總務司司長。

1928 年在上海參與創辦《再造旬刊》。1931 年任國民黨中央執委兼宣傳委員會委員。兩年後任立法委員兼立法院秘書長。1936 年兼任國民黨中央政治委員會委員。抗日戰爭爆發後，歷任國民政府軍委會政治部中將副部長、入緬中國遠征軍政治部主任、國民黨中央宣傳部長、三民主義叢書編纂委員會主任委員、國防最高委員會副秘書長等。1947 年任國民黨中央理論研究會主任委員。1949 年秋遷往香港，先後任教培正中學和新亞書院。[99]1954 年隨國民政府遷往台灣，歷任國民黨中國廣播公司董事長、國民黨中央評議委員、《廣東文獻》季刊主編、中美文化經濟協會會長、總統府國策顧問、東吳大學教授等，可見先生在學、政、商三界均有成就。

五十年代，先生移居香港，於學海書樓任講師，主講「孟子的人性論」、「談中國道統」等，為傳揚國學普及民間，孜孜不倦。1975 年逝世，享年七十六。梁氏工詩文，擅書法。著有《三民主義理論之探討》、《國父學說之研究》等，後人把先生著作收入《梁寒操先生文集》。[100]

99　〈學海書樓人物錄〉，《香海傳薪錄：香港學海書樓紀實》，頁 307。

100　同上注，頁 308。

鄭水心（1900-1975）

鄭水心，六七十年代書樓講師。原名天健，以字行，廣東中山人。著名報業家、詩詞家。他畢業於廣東高等師範學院。早年參加南社，擅詩詞，甚有文名，尤其擅長倚聲之學，[101] 中年參政從戎，歷任廣東地政局局長、中山縣縣長。1942 年來港，任《工商日報》、《循環日報》主筆，撰述藝文。他又先後執教於高等院校及中學，包括香港中文大學聯合書院，與當時著名文人熊潤桐、馮康侯、陳湛銓、梁簡能並稱為「聯合五大名師」，又於香港大學校外課程授詞課，其於詞也尋源溯流，而崇「花間」至力。[102] 談及鄭氏歷年教澤，〈記東珠集〉有言：「（其）扇詞風於後世，吾人尤深致其景慕焉。今日海聲詞社同人，皆昔日校外詞課之同學也。」

鄭水心講解詩詞功底深厚，又創立海聲詞社，他的弟子與吳天任的學生互相唱酬，共同創立了青社，創作大量詩詞作品。

1945 年，香港學海書樓恢復講學後，先生受聘於學海書樓講學，曾主講「魏晉六朝文量詩詞作學簡評」、「花間十八家詞」等專題講座。1975 年逝世，享年七十五。代表作有《水心樓詩話》、《水心樓詞話》、《東珠集》、《四言詩塑型》等，皆於居港十餘年間所作，其中《東珠集》中詞以小令居多，時人認為先生詩作有「清遠幽雋，頗有韋端己、歐陽永叔的神韻」。[103]

黃維琩（1902-1993）

黃維琩，五十至七十年代書樓講師。字子實，號欣園，別署小

101　即倚唐宋的詞調「填詞」，唐宋人作詞，初無定式，多自己譜曲，亦可改動舊調創制新調。後人作詞，須按照已有詞牌之字句定額、聲韻安排等格式，故稱填詞為「倚聲」。

102　潘思敏，〈記東珠集〉，《學海書樓七十五周年紀念集》，頁 52。

103　〈學海書樓人物錄〉，《香海傳薪錄：香港學海書樓紀實》，頁 308。

樓主人，若虛室主人，廣東順德容奇人。黃氏畢業於廣州中山大學社
會學科，並在專修學院專修文學，博通經史，旁及八法，尤擅長隸
書，集漢碑之大成，是著名的中國文學學者和書法家。[104] 曾任執業律
師、註冊會計師及廣州市長劉紀文秘書。五十年代移居香港，歷任聖
保羅男女中學、香港大學、香港中文大學校外課程進修部等教席。又
曾於香港電台主講經史詩文書法。[105]

　　1945 年，抗戰結束，學海書樓恢復講學，先生與陳荊鴻、吳天
任、陳湛銓、鄭水心、潘小磐等受聘於學海書樓，輪流講學，歷十餘
年，主講「司馬遷與史記」、「韓愈之生平及作品」、「關於柳宗元」、
「八家中之歐陽修」、「原孝」、「孝道淺說」等專題講座，生平代表著
作有《欣園詩文集》、《欣園講學緣》等。[106]

陳荊鴻（1903-1993）

　　陳荊鴻，五十至七十年代書樓講師。名文潞，字庚同，號蘊
廬，順德龍山人。早年受業於溫肅太史，潛心研讀經史子集。1919
年赴上海，師從康有為學習書法理論，又與吳昌碩、黃賓虹等結為忘
年交，名達於時。翌年與趙少昂、黃少強在各地開書畫展，時人稱譽
為「嶺南三子」。時任廣州《越華報》社長、總編輯。業餘潛心箋注
《獨漉堂集》。廣州淪陷後，到香港出任《循環日報》社長兼總編輯，
香港淪陷後避禍外出。

　　抗戰結束後，先生返回香港，長期任學海書樓講師，又受聘於
聖士提反書院，歷任各大專院校教授和主任、香港青年學藝比賽大會
評委等。曾遊歷粵、桂、澳、新加坡、日本、加拿大等，並舉辦個人

---

104 黃維琨，〈序〉，見氏著，《黃維琨教授書法選輯》（香港：鑑古書學社，1994），未標
　　頁碼。

105 同上注。

106 〈學海書樓人物錄〉，《香港傳薪錄：香港學海書樓紀實》，頁 309。

書畫作品展覽。陳氏以章草知名於世，取法王羲之與王獻之等名家。因其書藝成就，廣受社會認同，1987 年元旦，獲英國女皇頒授榮譽獎章。生平代表著作有《獨漉堂詩箋》、《蘊廬文存》、《藝文叢稿》、《海桑憶語》、《蘊廬詩草》、《蘊廬書畫》等。[107]

熊潤桐（1903-1974）

熊潤桐，戰後書樓講師。字魯柯，號則庵，廣東東莞人。先生博覽群典，學殖深厚，年少已有「顒園五子」之美譽。熊氏藏書甚豐，抗戰時，購得東莞莫天一藏書全為古籍善本及不少葉煥彬觀古堂舊物。

五十年代初，先生移居香港，講學於學海書樓，主講《楚辭》、《詩品》、《文心雕龍》、「唐宋八大家」等。並入赤柱聖士提反書院任教，後執教於聯合書院中文系，主講詩學。其後任珠海經緯、華僑等校教授、逸仙書院中文系主任等。先生為版本目錄專家。治學甚勤，於詩外尤專心致力於古文辭，學問深厚。熊氏詩功甚深，為近代廣東詩派之傑出人物。

潤桐公秉性簡傲，不與世迻，不樂著書，凡意之所觸，則託之於詩。先生擅宋詩，時與陳洵及黃晦聞探討詩詞學，自謂其詩不同於晦聞。其遺稿有《東莞熊魯柯先生詩文集》、《觀影齊詩》（1976 年其子裔鈞刊印），具見生平學問懷抱，與乎「有所刺譏褒諱挹損之恉」，[108] 藉詩詞表達對時局的褒貶。生平代表著作收入《東莞熊魯柯先生詩文集》。[109]

107　〈學海書樓人物錄〉，《香海傳薪錄：香港學海書樓紀實》，頁 309。

108　潘兆賢，〈魯柯熊先生詩管窺〉，學海書樓七十五周年紀念特刊編輯小組，《學海書樓七十五周年紀念集》（香港：學海書樓，1998），頁 48。

109　〈學海書樓人物錄〉，《香海傳薪錄：香港學海書樓紀實》，頁 310。

曾希穎（1903-1985）

曾希穎，戰後書樓講師。名廣籍，彼庵、了庵、思堂，以字行。祖籍山東武城，世居廣州。早年遊學莫斯科，習軍事政治。早歲以創作詩詞名於後世，與熊潤桐、佟紹弼、余心一，李洸並稱為「南園今五子」。曾氏嘗為李宗仁幕僚，抗戰時，先生於汪精衛席上戟指大罵陳璧君，散席後，汪夫人遣人欲捕先生，曾氏聞訊隻身流浪來港。

移居香港後，先生講學於學海書樓，常與俞叔文唱酬，曾氏詞作，在詩壇享有盛名，廖懺庵、劉伯端對希穎公更是「擊節推為奇才」。[110] 後曾公與廖懺庵、劉伯端、羅忼烈等組織詩社「堅社」，成為戰後香港詞林代表人物。先生先後歷任官立文商專科學校、聯合書院、聖類斯中學、拔萃女書院教席。[111]

先生治學極嚴謹，絲毫弗能苟且。先生精詩詞，擅書畫，於老莊佛學用力甚深。晚年遁跡石塘咀，寫畫以自遣，然後「出以己意，自寫胸中逸氣」。[112] 先生書宗晉唐，蒼勁灑脫，著有《潮音閣詩詞集》。[113]

羅香林（1906-1978）

羅香林，五十至六十年代書樓講師。字元一，號乙堂，廣東興寧人。1926 年入清華大學史學系，兼修社會人類學。梁啟超、王國維、朱希祖、馮友蘭、錢玄同等大師。畢業後入該校研究院，師從國學大師陳寅恪、顧頡剛修隋唐五代史與中國民族史。1932 年後，歷任廣東通志館纂修、廣州市立中山圖書館館長及中山大學、南京中央

---

110 洪肇平，〈追懷曾希穎先生〉，《學海書樓七十五周年紀念集》，頁 42-43。

111 同上注，頁 42-46。

112 同上注，頁 44-46。

113 〈學海書樓人物錄〉，《香港傳薪錄：香港學海書樓紀實》，頁 310。

大學、上海暨南大學教授，在廣州期間曾創辦《廣州學報》、《書林》
等刊物。

　　1938 年廣州淪陷後，為保圖書館藏珍貴圖書不落入敵手，先生
奉命用船將大批圖書運往大後方廣西，得以保全。後於雲南中山大學
任教。1940 年隨校遷回粵北。1942 年赴重慶任職，兼任中央政治學
校研究部教授。抗戰勝利後返粵，任廣東省政府委員，廣東省立文理
學院院長。創建廣東省建設研究會、廣東文獻館。1947 年重返中山
大學執教。[114]

　　1949 年，先生遷居香港，受聘擔任書樓講師，主講「班超與西
域」等國學講座，先生治學水準甚高，對學術界，包括學海書樓皆甚
有貢獻。[115] 先生熱心教育，歷任香港仔文化專科學校、廣大書院、新
亞書院教席並任香港大學中文系主任兼東方文化研究所所長。

　　1968 年，先生任香港珠海文史研究所所長，並赴日、美講學，
又當選國際筆會香港中國筆會會長。先生學術成就卓越，著述豐贍，
如《客家研究導論》奠定了客家學研究的基礎、《國父家世源流考》
是研究國父孫中山的權威之作，還有《中國族譜研究》、《一八四二
年以前之香港及對外交通》、《香港與中西文化交流》、《乙堂文存》

114　區志堅，〈中外文化交融下香港文化之新運：羅香林教授中外文化交流的觀點〉，趙令
　　揚、馬楚堅編，《羅香林教授與香港史學：羅香林逝世二十周年紀念論文集》（香港：
　　薈真文化事業出版社，2006），頁 36-52；區志堅，〈客籍學人對香江華文學界的貢獻：
　　羅香林執教香港大學中文系的辦學理念及實踐〉，《客家研究輯刊》，1 期（2014），頁
　　113-137。

115　同上注，頁 311。

等均見先生學問淵博。[116]

以下為羅香林部分著作：

1. 羅香林：《唐代文化史》（台北：台灣商務印書館，1955）。

2. 羅香林：《唐代廣州光孝寺與中印交通之關係》（香港：香港中國學社，1955 年）。

3. 羅香林：《唐代桂林之摩崖佛像》（香港：中國學社，1958）。

4. 羅香林：〈玄奘法師年代考〉，《玄奘法師年代考》，第三卷第一期（1956）。

5. 羅香林：〈景教徒阿羅憾等為武則天皇后營造頌德天框考〉，《清華學報》，第一卷第三期（1958）。

6. 羅香林：《百越源流與文化》（台北：中華叢書委員會，1955）。

7. 羅香林、莫秀弊、許劍冰、胡潔榆、張月娥、龔春賢：《1842年以前之香港及其對外交通》（香港：中國學社，1959）。

8. 羅香林：《國父之大學時代》（台北：台灣商務印書館，1954）。

9. 羅香林：《蒲壽庚研究》（香港：中國學社，1959）。

10. 羅香林：〈胡曉岑先生年譜〉，《慶祝董作賓先生六十五歲論文集，見台北中央研究院歷史語言研究所集刊外篇第四種》（1960）。

---

116 羅香林在香港香港大學學進行的研究與出版，參見許翼心、方志欽編，《香港文化歷史名人傳略》（香港：名流出版社，1999），頁 247-253；區志堅，〈世界文化與本土文化相融合的一種構想：羅香林提倡以香港為中外文化交融的觀點〉，收於二十一世紀中華文化世界論壇籌備委員會編，《文化自覺與社會發展：二十一世紀中華文化世界論壇論文集》（香港：商務印書館，2005），頁 631-642；〈客籍學人對香江華文學界的貢獻：羅香林執教香港大學中文系的辦學理念及實踐〉，《客家研究輯刊》，1 期（2014），頁 113-137；〈客家研究子承父業──羅香林對其父師楊的傳承與創新〉，《客家研究輯刊》，1 期（2017），頁 1-27；〈中外文化交融下香港文化之新運：羅香林教授中外文化交流的觀點〉，趙令揚、馬楚堅編，《羅香林教授與香港史學：羅香林逝世二十周年紀念論文集》（香港：薈真文化事業出版社，2006），頁 36-52。

陳本（1906-1996）

陳本，六十至九十年代書樓講師。名幹卿，人多以本叔稱之，別字幹庵，號參天閣主，廣東增城人。早年畢業於廣東法官專科學院及中山大學，參加廣東省縣考試，名列第三名。遂以教育為己任，曾創辦廣東體育專門學校、華南體育學校、廣州陳氏聚賢中學、增城鎮龍仁伯小學，來港後歷任德明、香江、廣大、經緯、華僑、珠海書院教授，並於孔教學院、白沙學會、香港中文大學、香港大學校外部、宗教友誼社主講國學詩文。[117]

抗日時期，他歷參陳濟棠將軍幕府，赴重慶任農林部特派專員，復員返粵任接收專員，又任職海南特區長官公署，歷時廿載。1985年榮膺教育部服務僑校四十年褒獎大章。曾協力創立旅港陳氏宗親總會、廣東增城同鄉會。[118]

抗戰勝利後，陳先生返港，受書樓之聘擔任講師，主講「孟子文法研究」、「對聯與詩鐘」、「詩聯作法」、「聯語文學」等。[119] 晚年參與南薰詩社、健社、清遊會、香港中國筆會等，以文會友。先生作品由門人何乃文、陳卓記錄並刊行《參天閣集》。[120]

梁簡能（1907-1991）

梁簡能，戰後書樓講師。名炳坤，號簡齋，以字行。廣東順德倫教人，幼好學，自學成材。幼承家業，貨殖參茸。抗戰時，與詩友共結嘉陵詩社，以及應王淑陶院長之邀任華僑工商學院講席。

戰後先生來港定居，嘗講學學海書樓，先生為人敦厚，治學嚴

117　唐悦灼，〈憶陳師幹卿〉，《學海書樓七十五周年紀念集》，頁 77-78。

118　同上注，頁 78。

119　〈學海書樓人物錄〉，《香海傳薪錄：香港學海書樓紀實》，頁 311。

120　同上注，頁 311。

謹，以「振斯文，揚國故」為己任。[121] 又於上環文咸西街開設蓼若店
「新新堂」，闢閣樓為書室，接待當時書畫家如李研山、鄧芬，飲酒
課藝。後來適逢香港聯合書院成立，遂出任書院中文系教授兼註冊主
任，並先後任浸會、嶺南、莘僑、德明，官立中文夜學院席。後與陳
湛銓、馮康侯、曾如柏等籌辦經緯書院。梁氏提倡詩教，早年活躍於
碩果社，後與門人高倬雲、雷雨振、區桑耀等創「南雅詩社」。[122]

先生一生推廣詩學不遺餘力，平日以身教教導弟子律己慎行，
其門生之一洪肇平先生〈追記梁簡能先生〉一文更謂：「今島上能詩
者，率多出自先生門下」，香港一地創作詩詞者多是簡能先生的學
生。梁氏工書，小字《心經》尤為世重。[123] 其詩「出入宋賢境域，文
學鍛鍊，意境高超」[124]。著有《簡齋詩草》、《魏晉南北朝詩論》等。

李棪（1907-1998）

李棪，六十至九十年代書樓董事及講師。號棪齋，別署勁庵，
廣東順德人，祖父為李文田，是嶺南書法名家、清代咸豐探花，官拜
內閣學士兼禮部右侍郎。李棪少時師從蘇寶盉學習古文辭，後入讀香
港大學，從賴際熙讀廿四史。1932 年在時任北大校長建議下赴北平
深造，進入輔仁大學和北京大學學習，師從國學大師陳垣、胡適、黃
節等，研究南明史和甲骨文。[125]

抗戰後他回到香港，在聖士提反中學任教。1952 年起應英國倫
敦大學亞非學院之聘在倫敦大學和伯明翰大學任教，長達十數年。

1964 年先生回港，任香港大學客座教授。翌年，應香港中文大

---

121 洪肇平，〈追記梁簡能先生〉，《學海書樓七十五周年紀念集》，頁 80。
122 同上注，頁 81。
123 〈學海書樓人物錄〉，《香海傳薪錄：香港學海書樓紀實》，頁 310。
124 洪肇平，〈追記梁簡能先生〉，《學海書樓七十五周年紀念集》，頁 81。
125 同上注，頁 312。

學聯合書院之聘，為中文系高級講師。1966 年，先生擔任書樓董事，並連任長達三十年，此期間常於學海書樓講學，先生是甲骨文專家，尤擅講古文字學，講題有「古詩五言罕見聲律例證」、「古詩五言聲律及文字學」等。[126] 同年，擔任聯合書院中文系系主任，任內重視金甲研究，成為香港中文大學第一任文學院院長。李氏擅書法，尤工篆書、甲骨、章草。李氏晚歲深耽詩律，「年八十餘，猶能日書小字數紙，夾注聲韻」[127] 先生是世界有名的史學家和甲骨文研究專家，工舊體詩，稱為「棪齋體」。生平代表著作有《棪齋詩稿》、《東林黨籍考》等。[128]

盧國洪（1908-1987）

盧國洪，六十至九十年代書樓講師。廣東潮汕人。在香港漢文師範畢業後秉承父志投身教育界，執教杏壇三十多年，平生亦儒亦醫，退休後懸壺濟世。歷任官立英皇及皇仁中學教席、官立小學校長、孔教三樂學校校長、新會商會董事、旅港潮汕同鄉會名譽會長及潮汕同鄉會學校校監、香港健康情緒學會主席、九龍中醫師學院講師。[129]

先生長期擔任香港學海書樓國學講座講師，是六十至九十年代講學主題數較多的講師之一。於書樓講學期間，主講「唐詩人李白」、「古文選讀」、「勵志詩選」、《世說新語》、「諸子節選」、「論語言治國五事」、「孟子事略附孟子賦」、「明代大儒新會陳白沙」等課程，熱心傳揚傳統國學。[130]

126　同上注。

127　常宗豪（署名恕齋），〈李棪齋先生行狀〉，《學海書樓七十五周年紀念集》，頁 72。

128　同上注。

129　〈學海書樓人物錄〉，《香海傳薪錄：香港學海書樓紀實》，頁 312。

130　駱偉，〈學海書樓講座述略〉，《香海傳薪錄：香港學海書樓紀實》，頁 248-251。

唐君毅（1909-1978）

唐君毅，五十至六十年代書樓講師。四川宜賓人，祖籍廣東五華，為現代新儒家的代表人物，也是當代新儒學的開山祖之一。十一歲入成都省立第一師範附屬小學高小。十三歲考入重慶聯合中學。[131]後赴北平升學，先入中俄大學，後考入北京大學哲學系。一年半後，往南京轉讀東南大學哲學系，副修文學系。青年時代受梁啟超、梁漱溟、熊十力學術和思想的影響，先後任教於華西大學、中央大學、金陵大學，曾任江南大學教務長。[132]

1949 年，因時局不安，與錢穆、張丕介、崔書琴、謝幼偉、程兆熊、劉尚一諸先生乘船抵港後，創辦亞洲文商夜學院，後改組為新亞書院。書院成立後，先生受聘為教授，兼任哲學系系主任及第一任文學院院長等職。[133]1950 年，倡設新亞學術文化講座，新亞聲名鵲起，更被譽為「新儒學發展的基地」。1956 年赴台訪問，會見政界、學術界知名人仕，如蔣介石、蔣經國等。[134]1958 年與徐復觀、牟宗三、張君勱聯名發表被稱為海外當代新儒家思想綱領的〈中國文化與世界〉宣言。[135]1962 年，成立東方人文學會，並出任會長。[136]

1967 年，先生應聘為學海書樓特邀高級講師，致力於書樓講學，主講「王龍溪學術」。[137] 1978 年，先生卒於九龍浸會醫院，享年69 歲。[138] 生平代表著作如《人生之體驗》、《人生之體驗續編》、《道

---

131 唐君毅全集編輯委員會，〈年譜，著述年表，先人著述〉，《唐君毅全集》，卷 29（台北：台灣學生書局，1990），頁 8-9。

132 同上注，頁 64。

133 同上注，頁 70。

134 同上注，頁 72。

135 同上注，頁 112。

136 同上注，頁 150。

137〈學海書樓人物錄〉，《香海傳薪錄：香港學海書樓紀實》，頁 313。

138 唐君毅全集編輯委員會，《唐君毅全集》（台北：台灣學生書局，1991），卷 29，頁235。

德自我之建立》、《中國哲學原論》、《生命存在與心靈境界》等。

潘小磐（1914-2001）

　　潘小磐於 1960 至 2000 年間為書樓講師，名世安，字小磐，號餘庵，以字行，廣東順德人。幼承庭訓，後負笈香江以廣所學，抗戰期間學業中斷，侍奉母親，照顧弟妹之餘，經營木材糧油貿易，夜間撰文投稿，在《星島日報》、《華僑日報》撰寫專欄。1959 年，受聘為恒生銀行中文部襄理，負責日常尺牘往還、文書草擬、撰寫演辭等，直到退休。1976 年與潘新安和梁簡能等創立愉社，發揚國學，提倡風雅，又參加碩果社、雲社等，為錦山文社創辦十老之一。又先後任教香港樹仁學院文史系、香港大學、香港中文大學校外進修部，於各學府及教育機構講授詩詞文章，並任香港政府公務員事務局中文應用學講師，潛心傳播傳統文化。[139]

　　先生在學海書樓講學長達數十載，精通詩詞，主講「晏幾道小山詞」、「唐文選雋」、「史記留侯世家」、「《三國志‧諸葛亮傳》」、「詩律與老杜」、「袁子才駢文」、「清代詠史詩」、「古文味腴」、「記事文選」等講題。潘氏善詩古文辭，尤工駢文，雅擅詩文，酷愛以文會友，酬詩和應。性詼諧，喜旅遊，其記遊詩多附小序，詳記地形名勝及文物掌故，潘氏文風放任自然，時人稱有李白之風，詩歌與吳天任齊名，有「南潘北吳」之美譽。著有《餘庵詩草》、《餘庵詩餘》、《餘庵詞》、《餘庵文存》及《餘庵遊草》等。[140]

鄧又同（1915-2003）

　　鄧又同，祖籍順德龍山。祖父鄧華熙為晚清封疆大吏，曾任漕

---

139 〈學海書樓人物錄〉，《香海傳薪錄：香港學海書樓紀實》，頁 314。

140 鄒穎文，《香港古典詩文集經眼錄》，頁 234；何竹平〈潘小磐餘菴先生平生行狀〉，《潘小磐餘菴先生榮哀錄》（香港：出版者不詳，2001），頁 3-4。

運總督，安徽、貴州、山西等省巡撫，晚年授太子少保。父親鄧本達，是浙江處州知州、寧波知府、寧紹道臺。鄧又同於民國初年生於上海，自幼便在一群前清翰林吟詩雅頌的氛圍中長大。[141] 肄業初中時，便開始對中國歷史文物產生濃厚的興趣，課餘喜閱讀有關書畫史籍，搜集文物，十餘年來，日積月累，蔚為大觀。大學肄業期間（1933-1936），每天花兩小時整理家中藏書，從清蟲、釘裝、分部（經史子集四部）主編成《鄧氏納盈書屋藏書目錄》，三年告成。祖父的藏書，以及與朝中賢達的往來書翰，使他對清廷舊事了然於胸。憑着豐富的素材和積澱的學養，大學畢業後就出版了《清代廣東翰林考》。從廣東國民大學畢業的鄧又同，遊學四方。他在印度拜見了甘地，在國際大學拜見了詩人泰戈爾，雖是匆匆一晤，仍然感悟至深。[142]1934 年大學肄業期間，課餘在學校任英語班主任，此為從事教育工作之始。抗日期間，移居港澳。任澳門公立孔教中學校長，其後在香港中小學任教席及教育工作。由於他一直與眾多近代名人深有交往，加上記憶力絕佳，文筆古雅，史料翔實。因此，幾十年來，他在香港《大公報》和《春秋》雜誌上發表了大量文章，鈎沉了許多不為人知的歷史事件。[143]

又同先生秉承家學，好古敏求，在教學治學的同時，潛心收集文物，對祖父遺物予以悉心珍藏，梳理挖掘有價值的資料。不徇私愛，化私為公，廣敷文教。近四十年間，先後向中國社會科學院歷史研究所、香港中文大學、香港市政圖書館、廣州博物館、廣州荔灣區博物館及圖書館、順德市博物館等機構捐贈珍貴文物多達千餘件，包括康有為、李鴻章、張之洞、陳散原、翁同龢等人的手札畫作，這些

141 李健明，〈香江名士鄧又同〉，陳紹南編，《學海書樓九十年》（香港：學海書樓，2013），頁 211。

142 有關鄧氏遊學經歷，詳見李健明，〈香江名士鄧又同〉，《學海書樓九十年》，頁 211。

143 李健明，〈香江名士鄧又同〉，《學海書樓九十年》，頁 212。

文獻是研究清末歷史文化的重要一手史料。為表揚鄧氏的無私奉獻，1998 年，廣州市政府向他頒發感謝狀，並在廣州博物館舉辦「鄧又同捐贈文物展」，後受聘擔任廣州市政協文史委員會委員、廣州博物館學術委員會指導、廣州荔枝灣文化交流協會名譽會長等職。[144]

　　1985 年，書樓董事伍步剛先生推薦鄧又同進入學海書樓服務，擔任學海書樓行政秘書，其間邀請教授專家前來講學。同時運用自己交遊洽廣的關係，將講座繼續向全港大小圖書館拓展。日間他負責每週四次公開講座之課程安排及主持工作，工餘為書樓編纂書籍，十年以來，編有《學海書樓藏書目錄》、《學海書樓講學錄選集（1965-1989）》、《學海書樓前期講學錄彙輯（1946-1964）》、《學海書樓主講翰林文鈔》、《學海書樓陳湛銓先生講學集》、《香港學海書樓歷史文獻‧歷年講學提要彙輯‧藏廣東文獻書籍目錄》及《鄧和簡公奏議》、《李氏泰華樓三世及其事跡》、《學海書樓七十周年紀念文集》等多種書籍，不遺餘力地收集和整理本地文化，推動學海書樓的發展，孜孜不倦，令人敬佩。[145]

　　鄧又同先生的女兒鄧巧兒女士，自 1997 年任書樓助理，至 2000 年任書樓執行秘書，旋於 2008 年至 14 年任書樓董事，處理書樓事務達十七年次久，主要負責規劃、推動及執書樓在市政局（及後命名為康樂文化事務局）屬下的公共圖書館舉行國學公開講座。書樓曾於每周假座在中環的大會堂、灣仔、油麻地，其後在柴灣的公共圖書館，定期確定舉行的書樓國學公開講座場地，多由巧兒負責，此時邀請油印、費免派講義，更為書樓編有《文哲選讀數碼 CD》、《國粹國說》、《學海書樓八十五年》及參與編刊《學海書樓九十年紀念特刊》。

---

144 〈學海書樓人物錄〉，《香海傳薪錄：香港學海書樓紀實》，頁 315。

145 鄧巧兒，〈鄧又同與《學海書樓》〉，《國文天地》，第 33 卷，第 10 期（2018 年 3 月），
　　總 394 期，頁 56-59；李健明，〈香江名士鄧又同〉，《學海書樓九十年》，頁 211-215。

陳湛銓（1916-1986）

陳湛銓，五十至八十年代書樓講師。字青萍，號修竹園主人，晚年號霸儒，廣東新會人，1916 年生於縣之東沙瀾。沙瀾「屋後是修竹園，兩數百年古榕樹如高幢夾擁之」，故自號「修竹園主人」。

陳湛銓少年從學於鄉宿儒陳景度，奠下紮實的學問基礎。翌年，赴廣州入讀禺山高中，受新式學校教育。家道中落後，更益自奮發，[146] 屢得獎學金以完成高中教育。後考入國立中山大學，聽從陳景度之勸由物理改讀中國文學。自此，追隨李雁晴、詹祝南二大儒，研習經學與文學。後來曾賦詩云:「平生足宗尊，陳李詹而已」，[147] 可見陳景度、李雁晴、詹祝南三公對其影響之深。陳氏早為時人所器重。畢業後，他旋即獲校長張雲聘為校長室秘書兼講師，後應邀轉任貴陽大夏文學院，廣州珠海大學中文系教授。抗戰期間，他隨校輾轉多方，曾任教於貴陽大夏大學文學院。[148]

1949 年，陳湛銓南遷香港。翌年，他受李景康先生之邀，授課於學海書樓，主講「子書概說」、「周易坎離二卦」、「莊學述要」、「元遺山詩編年選注」、「元遺山詩篇選注」、「陸放翁詩」、「昭明文選」、「蘇東坡詩」、「國文選」等。陳湛銓講學三十五年，可分為兩大階段：前期為 1950 至 1964 年間，主要講授經學，尤以易學為主；後期為 1965 至 1984 年間，主要講授古典文學，為香港培養出大批文史及詩詞創作人才，[149] 如現任書樓講師何文匯，因曾聽在大會堂湛公

---

146 鄧又同編，〈陳湛銓教授事略〉，《香港學海書樓陳湛銓先生講學集》（香港：學海書樓，1989），未標頁碼。

147 陳湛銓，《修竹園近詩》，頁 100。

148 〈學海書樓人物錄〉，《香海傳薪錄：香港學海書樓紀實》，頁 316。

149 葉德平，〈學貫五經，宏振斯文——陳湛銓先生事略〉，《國文天地》，第 33 卷，第 10 期，頁 48。

講學，自此結下廿載師生緣。[150]1956 年，蔣法賢創辦聯合書院，並禮聘先生規劃中國文學系。1961 年，創立譽為「國學少林寺」之經緯書院，並任監督及校長。其後歷任浸會書院（今香港浸會大學）、嶺南書院（今嶺南大學）中文系主任。[151]

　　從上世紀七十年代初至 1984 年，先生累計講學十多年，積數十個主題，深受聽眾愛戴，講學直至 1984 年 7 月因腳傷而中止，可惜 1986 年他病卒於香港。[152] 陳湛銓一生詩作超過三萬六千首，著作如《周易講疏》、《莊學述要》、《陶淵明詩文述》、《詩品補注》、《杜詩編年選注》、《蘇東坡編年詩講疏》、《元遺山論詩絕句講疏》、《修竹園詩前集》、《修竹園近詩》、《修竹園詩二集》、《修竹園詩三集》、《修竹園叢稿》。[153] 陳教授乃學海書樓後期講壇中堅，為表彰他對學海書樓的傑出貢獻，鄧又同乃積講稿彙編出版《香港學海書樓陳湛銓先生講學集》，以資紀念。

吳天任（1916-1992）

　　吳天任，五十至七十年代書樓講師。初名鬱熙，號荔莊，廣東南海人，法取少陵。少時家貧，奔走牧羊，年十一始入學，勤奮自勵。[154] 先後從學於鄧禮芝、黃祝蕖，年十九即以詩名。廣州祝蕖國學專修院畢業，後留校任教。時日本南侵，先生輾轉遊走西江南路，粵桂邊邑，期間，先生歷任廣東省行政專署、廣東省府視察、中華民國

---

150 留金騰，〈陳湛銓先生與學海書樓國學講座〉，《國文天地》，第 33 卷，第 10 期，頁 54。

151 有關陳湛銓研究易學的特色及傳播經學知識的貢獻，參見謝向榮，〈陳湛銓先生易學研究述略〉〔宣讀論文〕，香港浸會大學中國語言文學系、新亞研究所於 2015 年 5 月 6-7 日，主辦「香港經學研究的回顧與前瞻國際學術研討會」（未刊稿）；楊昆岡，〈懷念陳湛銓〉，《楊昆岡自選集》（香港：中華書局，2008），頁 317-321。

152 葉德平，〈學貫五經，宏振斯文──陳湛銓先生事略〉，頁 48。

153 〈學海書樓人物錄〉，《香海傳薪錄：香港學海書樓紀實》，頁 316。

154 同上注，頁 315。

空軍總司令部秘書、最高法院薦任書記官等。1949 年，抗戰後先生即歸廣州，在廣州大學兼講杜詩。後國府渡台，即在同年解職赴港。定居香港後，吳氏歷任金文泰中學、香港葛量洪師範學院、官立文商學院及香港樹仁學院教席。[155]

1953 年，先生受聘任學海書樓國學講師，主講「詩聖杜甫」、「集大成的賦家－庾信」、「詩仙李白」、「王安石的政治思想」、「楚辭文學的特質」、「鄭樵生平與通志簡介」、「通志總序疏證自序」、「正始文學與阮籍詠懷」、「元遺山評傳」、「史學敘識」等。其所著《牧課山房叢稿》下篇，及《元遺山評傳》即為書樓之講學錄（後乃抽印單行）。[156]

吳氏工詩詞，來港後設中華藝苑教授詩詞，其詩作多涉歷史、時事，故有詩史之美譽；因承家學又工書畫，與當世書畫家如張谷離、李撫虹、周千秋、林千石諸先生交情至篤。吳氏畢生潛心學術研究，著述尤多，如《元遺山評傳》、《章實齋史學》、《楚辭文學的特質》、《中國兩大詩聖》、《國史治要》、《水經註疏清寫本與最後修訂本校記》、《黃公度先生傳稿》、《梁節庵先生年譜》、《酈學研究史》、《荔莊詩稿》、《牧課山房隨筆》等。[157]

饒宗頤（1917-2018）

饒宗頤，戰後書樓講師，香港國學大師。字固庵，號選堂，廣東潮安人。先生涉獵多種古文字，博通群籍，著作廣涉敦煌學、甲骨學、詞學、史學、目錄學、楚辭學、考古學（含金石學）和書畫等門

---

155 鄒穎文，《香港古典詩文集經眼錄》，頁 40。

156 曾廣才，〈荔莊先生二三事〉，《學海書樓七十五周年紀念集》，頁 56。

157 《荔莊詩稿》獲中華民國第六屆國家文藝詩歌獎；《黃公度傳稿》獲中華民國六十三年中山學術著作獎。參見曾廣才，〈荔莊先生二三事〉，《學海書樓七十五周年紀念集》，頁 53-58。

類，熔學術與藝術於一爐，為國際著名漢學大家和書畫家。饒氏自學成家，曾在印度班達伽東方研究所、法國科學中心、法國遠東學院從事研究，歷任香港大學中文系教授、新加坡國立大學中文系首任講座教授、中央研究院歷史語言研究所教授、美國耶魯大學研究院客座教授、法國高等研究院宗教部客座教授、京都大學及人文科學研究所客座、香港中文大學藝術系及中國文化研究所榮譽講座教授、香港大學中文系榮譽講座教授、中央研究院文哲研究所諮詢委員。[158]

五十年代，饒公在學海書樓任講師，主講「談石鼓文」、「顧亭林詩」等，皆刊於《學海書樓講學錄》中。先生譽滿國際儒林，曾獲法國漢學儒蓮獎，又被選為法國亞洲學會榮譽會員、法國遠東學院院士、中國敦煌研究院榮譽研究員、中國國務院古籍整理小組顧問、台灣中央研究院文藝研究所諮詢委員等。[159]生平代表著作有《詞籍考》、《敦煌曲》、《固庵文錄》、《虛白齋藏書畫選》（解題）等，又輯《全明詞稿》，其著作彙編為《饒宗頤二十世紀學術文集》。[160]

以下為部分饒宗頤著作：

饒宗頤：《楚辭書錄》（香港：東南書局，1956 年）。

饒宗頤：〈日本古鈔本文選出五臣注殘卷〉，見《東方文化》第三卷第二期（1956 年）。

饒宗頤：《敦煌六朝寫本老子想爾注校箋》（自印本，1956）。

饒宗頤：《巴黎所見甲骨錄》（自印本，1960）。

饒宗頤：《殷代貞卜人物通考》（二冊）（香港：香港大學出版社，1959）。

---

158 同上注，頁 321。

159 同上注，頁 321。

160 同上注。有關學人對饒宗頤教授的研究，可參考鄭煒明編，《論饒宗頤》（香港：三聯書店，1995）；香港浸會大學饒宗頤國學院編，《饒宗頤學術研究論文集》（香港：中華書局，2015）。

饒宗頤：〈宋季金元琴史考述〉，《清華學報》（慶祝梅校長貽琦七十壽辰論文集），第二卷第一期（1960）。

羅忼烈（1918-2009）

羅忼烈，又作慷烈，戰後書樓講師。原籍廣西合浦。民國二十五年（1936）考入中山大學文學院中文系。在學期間，羅忼烈師從詞學大家詹安泰作詩填詞，在師友間有「詞人」雅號。羅氏長年深造文字學、訓詁學和古音學；對中國古典文學之詩、詞、曲深有研究。1950 年定居香港，任教培正中學、羅富國師範學院及香港大學中文系。1966 年，他到香港大學中文系任教，期間兼任香港大學及多所大學客座教授，至 1983 年退休。羅氏擅寫詞，早年與劉伯端、廖鳳舒、曾希穎、王韶生等組堅社，提倡倚聲。[161]

羅氏多次在學海書樓開設講座，著作分別在內地和香港出版，有《周邦彥清真集箋》、《話柳永》、《北小令文字譜》、《元曲三百首箋》、《詞曲論稿》、《詩詞曲論文集》、《兩小齋論文集》等十餘種。2004 年，香港大學授予其「名譽大學院士」銜，譽為當代國學名家。[162]

溫中行（1918-1985）

溫中行，戰後書樓講師。原名必復，昆仲為必信、必果、必清，後面一字加起來，即「信果復清」，可見其父之志，以字行，廣東順德龍山人。其父溫肅，為書樓創辦之初眾太史之一，溫肅興辦中文教學的理念，是以振文教以保存中國傳統道德教化。[163] 溫中行承其父志，畢生致力文教工作。溫中行夙承家學，淹通經史，尤精春秋三

---

161 鄒穎文，《香港古典詩文集經眼錄》，頁 286-288。

162 〈學海書樓人物錄〉，《香海傳薪錄：香港學海書樓紀實》，頁 321。

163 有關溫肅學術思想，詳見區志堅，〈學海書樓推動中國文化教育的貢獻〉，《香海傳薪錄：香港學海書樓紀實》，頁 96-97。

傳，擅文章之學。1962 至 1973 年期間任教於香港官立金文泰中學。1976 年，於孔聖堂中學任教，為首屆導師，任教《論語》一課。退休後，他與吳天任、潘小磐等諸先生同任教於樹仁學院，溫氏任中文系講師，擅講文史如《春秋左傳》、《詞選》等。又任學海書樓講師，主講「《昭明文選》隅舉」等。溫氏一生投身教育事業，桃李滿門。[164]

　　1978 年始，溫氏為學海書樓與香港電台合辦的「播音國學講座」主講「《論語》選講」。溫氏生平代表著作，如《強志齋詩文集》、《課詩籋答問》、《古文學今譯》、《三字經今譯》等，亦為父親溫肅太史編《溫文節公集》。[165]

何叔惠（1919-2012）

　　何叔惠，1970 年至 2000 年間的書樓講師。字叔惠，號薇盦，諱家懍，廣東順德水藤人。其書齋名曰三在堂，又曰雙薇館。何氏的大伯父何國澄登進士第，二伯父何國澧獲授翰林院編修，父親何國溥亦為秀才，當時人美譽「何家三鳳」。先生年幼時隨翰林公婿老伯准及簡岸公簡朝亮之徒任子貞兩先生讀書，後入讀廣州廣雅書院（今廣才中學）。日本侵華，何氏輾轉來港，與母卜居九龍。[166]

　　七十年代，先生受聘於學海書樓任主講講師，尤擅孔孟之學，曾主講「杜甫秋興八首」、「孟子－人格的教育」、「李義山詩」、「書譜序」、「庾信哀江南賦」、「四書－大學」、「論語學而篇、述而篇、雍也篇注釋」。先生從事教育垂五十年，先後任香港的珠海、崇文、堅道等高等院校及中學講席。後於上環辦鳳山藝文院，該院自 1997 年起加開國學課。[167]

---

164 〈學海書樓人物錄〉，《香海傳薪錄：香港學海書樓紀實》，頁 316。
165 同上注，頁 316。
166 招明，〈薇盦先生事略〉，陳紹南編，《學海書樓九十年》，頁 216。
167 同上注，頁 216。

先生闡釋《書譜》，精研八法，並常與夫人梁潔貞書畫翰墨，有「墨潤瑤箋」之譽。又潛心詩翰，為碩果社及披荊文會之中堅。晚年遊心道釋，初為廣州至寶臺第三傳道侶，道號台鏘，後皈依香港荃灣東林覺苑定西老和尚，受持五戒，法號宏觀。又嗜武學，師從白鶴拳法師父吳肇鍾，太極梁勁予二公研習氣功拳術。先生歷年的詩詞文翰，輯成《薇盦存稿》傳世。[168]

蘇文擢（1921-1997）

蘇文擢，六十至七十年代書樓講師，民間奉為「蘇公」雅號。廣東順德人。生於上海，為清代大書法家蘇若瑚之孫，父蘇寶盉為嶺南名儒。肄業無錫國學專修學校，師從國學大師錢基博、唐蔚芝及陳柱尊諸先生，擅經史辭章、書法。

1950 年，先生定居香港，曾在端正、德明、聖心、仁華等學校任教。六十年代在香港中文大學中文系擔任高級講師，教授經、子、詩詞、文論等課。1963 年，先生受聘於學海書樓講學，主講「詩選」。又於孔聖堂國學班任教，培養文史人才。八十年代中後期從香港中文大學轉到香港教育學院，退休後任教珠海書院文史研究所。[169]1982 年，獲第七屆中華民國國家文藝創作特別貢獻獎。1987年，與及門組織鳴社，弘揚詩學。1996 年，獲珠海書院頒授名譽博士學位。他曾多次出任中、港、台詩詞、書法、朗誦比賽評判、主講與顧問。[170]

世人稱蘇氏古文宗韓愈，詩歌學陶潛、杜甫、蘇軾等，書法學蘇東坡。代表著作有《儒學論稿》、《黎簡先生年譜》、《韓文四論》、

168〈學海書樓人物錄〉，《香海傳薪錄：香港學海書樓紀實》，頁 322。

169 同上注，頁 318。

170 蘇文玖，〈蘇文擢先生傳略〉，《學海書樓七十五周年紀念集》，頁 74-75。

《經詁拾存》、《邃加室詩文集》、《說詩晬語詮評》、《邃加室講論集》等。逝世後門人編有《邃加室遺稿》、《儒學論稿》、《邃加師逝世五月周年紀念集》。先生逝世十周年時，香港中文大學聯合書院、香港中文大學圖書館暨鳴社又為先生編輯《魏唐三昧：蘇文擢教授法書展專集》、《蘇文擢教授詩詞朗誦會詩詞注釋》，以為紀念。[171]

陳維略（1921-2008）

陳維略，字仁韜，別署南沙逸民，廣東南海人，八十至九十年代書樓講師。早年從遊三水名儒黃榮康，自此篤志探究義理之學。1937 年日軍南侵，遂奔走澳門、佛山、西樵諸地，為小職員及執業貨運生意。上世紀五十年代初，歸任為南沙學校校長，後因病辭職遷居香港。

1980 年代，先生受聘於學海書樓講學，曾講「《史記》」、「朱九江先生生平行誼實錄」等。先生為人好學，暇時入讀澳門華僑大學教育系與香港德明書院社教系。先生一生熱心教育，晚年又創辦了澳門博愛學校及香港聖德學校，退休後，於華僑書院主講儒家哲學史說。1988 年，陳氏移籍加拿大。代表著作有《陳維略：海書傳統詩文書法集》、《陳維略自傳》、《明德格物新詮》、《仁韜陳維略晚年書法集》等。

郭霖沅（出生年份不詳 -1987）

郭霖沅，八九十年代的書樓講師。廣東人，畢業於廣州中山大學。曾任廣州中南中學校長，後到香港，歷任真光中學高級國文教師、利瑪竇書院中文部國文科主任、潮州公學校務主任、德明書院大

---

171 鄒穎文，《香港古典詩文集經眼錄》，頁 292；另參見黃坤堯，〈蘇文擢《邃加室詞》欣賞〉，《香港詩詞論稿》（香港：當代文藝出版社，2004），頁 106-112。

專部文史教授、佛教書院國文講師、香港浸會學院國文講師。

八十年代，郭氏受聘為學海書樓講師，主講「南宋八家文選讀」、「荀子學說」、「荀子勸學要旨與段落大意」、「史記」等課程。著作有《國文名著研究》三冊、《中國歷史》四冊、《現代應用文》一冊、《應用文全書》一冊、《中國文學史提綱》一冊等。[172]

陳潔淮（1937-2005）

陳潔淮，1990 至 2000 年間為書樓講師。廣東澄海人，中年後齋名孤往，自號「孤往齋主人」，出生時方值日本侵華，及至成長，父母仍禮聘塾師教授，然因戰事顛沛流離，家亦無餘財，亦只能稍學稍斷。幸潔淮以學習專注，問疑窮根究柢，博學強識，深獲鄉人認同。及至舉家南下，初考獲庇里羅士女子中學五年獎學金豁免學費，但因為幫補家計，只得自願放棄學籍，以十二歲之齡為工廠小工，更自修中學課程，並向小學同學借書抄讀，晚上或清晨運用工餘時間借取街燈苦讀，最終以自修方式考獲中學會考全科合格，正值意大利米蘭會韓崇禮神父在石硤尾村內成立聖芳濟各英文小學。潔淮受知於韓神父，獲薦入校教授英文，並於晚上執教玫瑰書院夜校，舉家生活改善，有感韓神父知遇之恩，在聖芳濟各英文小學教了二十五年。及後在德明英文系就讀期間，旁聽中文系主任陳湛銓的國學課程。[173] 八十年代，陳湛銓先生因健康辭去講授多年之中文大學校外課程之「易學入門」及《易經》兩課，旋即推薦陳潔淮任教。後先生晉升為中華民國教育部檢定教授，講授文字學、《論語》及「老莊」等課程。

九十年代始，潔淮先生擔任學海書樓國學講座講師，先後講授《孟子》、《四部選粹》、「古文選」、《論語》、《莊子》、《老子》、《後

172〈學海書樓人物錄〉，《香海傳薪錄：香港學海書樓紀實》，頁 319。

173 陳乾綱，〈追懷陳潔淮女史〉，《學海書樓八十五年》，頁 122。

漢書》、《晉書・阮籍傳》、「韓文選講」、《禮記》等。2003 年，為香港電台長者進修學院主持「易學《易經》」課程，推廣易學，傳揚傳統文化，終生不倦。[174]

常宗豪（1937-2010）

常宗豪，1990 年至 2006 年間的書樓講師，曾任書樓董事及副主席。號恕齋，山東煙台牟平人，在其著作中自署「之罘常宗豪」[175]。1947 年，先生從大陸移居香港，五十年代先後就讀華僑書院及經緯書院，師從葉哲豪等書畫名家。[176]1958 年加入香港中國美術協會。六十年代入讀香港中文大學聯合書院中文系。求學期間，師從陳湛銓、熊潤桐、梁簡能、李棪、鄭水心等國學名儒，諸老既是學院教授，也是學海書樓的講師，常氏因而與學海書樓結緣。[177]

1969 年，常氏入讀研究院，在李棪先生指導下完成碩士論文《戰國青銅器銘文研究》，畢業後留在香港中文大學中文系任教，1978 年出任中文系系主任，主要講授文字學、《楚辭》和古典詩詞等。先生曾任珠海書院文史研究所及新亞研究所教授、香港藝術館及澳門博物館顧問等。

九十年代，常先生受聘在書樓講學，主講《文心雕龍》、〈離騷〉、《說文解字・序》，授課大綱如「漢字構形學」。常宗豪先生積極推動國學文化傳播，熱衷發展書樓文化及教育事業，1994 年出任學海書樓董事及於 1999 年出任副主席，代表著作有《戰國青銅器銘文研究》、《中國上古音表：據高本漢擬音》、《唐五代詞講義》、《九

174　同上注，頁 320。

175　「之罘」一名源自山名，之罘山又名芝罘山，位於今山東煙台市北。著者注。

176　〈學海書樓人物錄〉，《香海傳薪錄：香港學海書樓紀實》，頁 325。

177　姚道生，〈常宗豪先生側記〉，《國文天地》，第 33 卷，第 10 期（2018 年 3 月），總394 期，頁 60。

歌新論》，亦不忘推動書樓文化發展，嘗為書樓出版《學海》及《唐五代詞講義》。

香港和澳門的文化機構曾為常先生辦過書畫展，並出版書畫集。2001 年，澳門國際創價學會、澳門藝術博物館和香港國際創價學會，先後主辦「木老土石頑──常宗豪黎曉明伉儷書畫展」，出版《常宗豪黎曉明伉儷書畫集》。2005 年，澳門藝術博物館主辦「綆短汲深──常宗豪書畫展」，出版《綆短汲深──常宗豪書畫》。常先生逝世後，澳門雲霓文化藝術傳播協會又主辦「藝途餘韻──常宗豪教授遺墨展」（2011），出版《藝途餘韻》。較近期的「環瑋博達──常宗豪書法展」（2016），由香港中文大學文物館主辦，中文系協辦，並出版《環瑋博達──常宗豪書法展》。

何沛雄（1953-2013）

何沛雄，九十年代書樓講師及書樓董事。廣東順德人，四歲失恃，又值日本侵港，生活困苦。抗戰後，先生以自修生資格考入麗澤中學及培正中學，再進葛量洪師範學院，繼而考進香港大學，獲香港大學首屆研究生獎學金等多個獎學金，在國學大師饒宗頤教授指導下完成碩士論文，並得碩士學位。1965 年，他往牛津大學深造，1968 年獲博士學位，並任香港中文大學研究院行政主任，次年起轉往香港大學中文系任教，歷四十餘年至 1999 年退休，任香港大學中文學院名譽教授、珠海學院中文系主任兼中國文史研究所所長。[178]

何氏自九十年代起，受學海書樓所聘任講師，曾講「漢魏六朝賦」等。1994 至 2011 年間，除數年因事缺任外，何氏長期擔任學海書樓董事。何氏學問根柢深厚，曾獲台北中華學術院高級院士、英國語言學院院士、英國皇家學會院士、英國皇家亞洲學會院士、香港教

---

178 招祥騏，〈深切懷念何沛雄教授〉，陳紹南編，《學海書樓九十年》，頁 217。

育學院院士等榮銜。先生熱心於香港文教活動，歷任香港的孔教學院
副院長、香港作家聯會副監事長等。[179] 因先生對香港一地的文化及教
育事業的貢獻，榮獲「香港大學長期服務獎」、「世界文化名人成就
獎」及「英女皇獎章」等。

　　何氏擅書法，有鋼筆行草字帖《古詩十九首》行世，曾獲「當代
中國作家書法優秀獎」，其作品《慶祝祖國六十年華誕書畫集》，亦
獲孫中山大元帥紀念館及各大專院校收藏。[180] 代表著作有《古詩十九
首：英譯析論》（英文）、《讀賦零拾》、《賦話六種》、《漢魏六朝賦
家論略》、《漢魏六朝賦論集》、《中國歷代賦選》、《孔學五論》等書
十餘種。

3. 推動國學的宣傳與普及

　　戰後書樓藏書損毀甚鉅，幸有部分藏書因藏於馮平山圖書館而
得以保存。1962 年，書樓自置的般含道 20 號樓宇日久殘舊，亟需改
建，安置藏書，急不容緩。恰逢 1963 年中環大會堂落成，備有公共
圖書館，於是書樓方面，由董事鄧肇堅、利榮森、李海東、賴高年出
面與市政局簽約，將所有藏書長期借存於市政局大會堂公共圖書館，
免費供市民閱覽。1999 年 5 月，在康文署建議下，學海書樓藏書三
萬餘冊自大會堂圖書館移藏新建成之香港中央圖書館。與公共圖書館
的合作，一方面為書樓的藏書找到合適存放與使用的場所，也為書樓
運用圖書館的空間展開國學宣傳提供的方便。在與圖書館的合約中，
訂明書樓與市政局各區圖書館合辦，每週舉行國學講座，免費派發講
義，書樓可於每週星期日下午 2 時至 4 時免費借用大會堂高座演講室
作為公開講座之用。此後，書樓又與市政局合辦國學講座，每逢週三

---

179 同上注，頁 218。
180 同上注，頁 219。

在香港灣仔公共圖書館，週五在九龍油麻地公共圖書館，週六在九龍
馬頭圍道公共圖書館設壇授課，不收費用，歡迎各界人士入座聽講。
由於場地改變，條件改善，每次講座的聽者多達二百之眾，深得各界
讚揚[181]。1977 年與市政局圖書館合辦「週五國學講座」，由潘小磐主
講《史記‧留侯世家》。1986 年 12 月，書樓積存歷年講座之錄音帶
三套共 131 盒連同講義贈予市政局圖書館。

　　據 1986 年至 2004 年學海書樓開辦課程的統計，於 1986 年 4 月
至 1987 年 3 月舉辦了 182 次演講，聽眾共有一萬五百多人，於 2002
年 4 月至 2003 年 3 月，舉辦了 192 次演講，聽眾共有一萬九百多
人，自八十年代至今，也是一週四次舉行講座，當中也涉及經學義
理，如溫中行自 1978 年 9 月 20 日至 1979 年 12 月 11 日演講「論語
選講」，並由香港電台轉播，其他學者也有：陳本演講「讀講孟子」、
何叔惠演講「孟子人格教育」、李巽仿演講「孝經」。[182] 自 2004 至
2013 年學海書樓舉辦的國學講座主要談及四書和經學知識者，如下：

日期	講者	講題	地點	講座次數	聽講人數	平均每次人數
2004 年 1 月至 6 月、9 月至 12 月	陳汝柏	易經	駱克道圖書館	40 次	2181 人	54 人
2004 年 4 月至 2005 年 3 月	黃兆顯	四部選粹	土瓜灣圖書館	45 次	2074 人	46 人
2005 年 12 月至 2006 年 3 月	洪肇平	左傳	大會堂圖書館	12 次	996 人	83 人
2007 年 9 月至 10 月	朱冠華	左傳	九龍圖書館	12 次	661 人	55 人

---

181 講座的情況可參見區志堅，〈經學知識學術制度化及普及化的發展：以香港學海書樓
　　為例〉，《中國文哲研究通訊》，第 30 卷，第 4 期，2020 年 12 月，頁 182-186。

182 〈市局圖書館與學海書樓　中大校外部及香港電台合辦國學講座〉（原刊 1979 年 2 月
　　5 日《華僑日報》，1979 年 12 月 11 日《華僑日報》），鄧又同編，《學海書樓歷史文
　　獻、歷年講學提要彙輯，藏廣東文獻書籍目錄》（香港：學海書樓董事會，1995），頁
　　44；頁 49；頁 61；頁 64；頁 69；頁 89；頁 91；頁 95；頁 105。

日期	講者	講題	地點	講座次數	聽講人數	平均每次人數
2008 年 2 月	許子濱	儀禮	柴灣圖書館	2 次	57 人	28 人
2008 年 3 月	朱冠華	論語	柴灣圖書館	5 次	225 人	45 人
2008 年 4 月 7 日及 9 月至 12 月	陳汝柏	易經	駱克道圖書館	33 次	2000 人	61 人
2008 年 4 月至 6 月	朱冠華	論語	大會堂圖書館	13 次	869 人	67 人
2009 年 4 月至 6 月	同上	易經	同上	11 次	1221 人	111 人
2009 年 4 月及 2010 年 1 月至 3 月	同上	同上	同上	15 次	1336 人	91 人
2010 年 4 月及 2011 年 1 月至 3 月	同上	同上	同上	15 次	1163 人	78 人
2011 年 6 月	許子濱	儀禮	駱克道圖書館	4 次	212 人	53 人
2011 年 4 月	朱冠華	易經	大會堂圖書館	4 次	311 人	78 人
2012 年 6 月至 7 月	區永超	論語分類選講	駱克道圖書館	9 次	690 人	77 人
2012 年 4 月至 6 月	朱冠華	易經	大會堂圖書館	13 次	1174 人	90 人
2012 年 9 月至 12 月 -	洪肇平	禮記孝經選讀	同上	18 次	1702 人	95 人
2013 年 1 月至 3 月	朱冠華	易經	同上	11 次	1403 人	78 人

[183]

---

183 詳見《學海書樓歷史文獻、歷年講學提要彙輯,藏廣東文獻書籍目錄》一書內,有關書樓活動的剪報,參見鄧巧兒輯錄,〈學海書樓國學講座概況〉,《學海書樓九十年》,頁 95-108;區志堅,〈發揚文化,保全國粹:學海書樓八十年簡史〉,頁 13-25。

　　談及現代學術發展，可以注意學人多喜把講義成書。[184] 書樓主講也喜把上課講義，先在講堂上予以影印頒發，聽眾得以即時閱讀講義，配合聆聽講者生動演說，加強知識傳播的感染力，聽眾也能感受講者的學術氣魄，藉與講者演講後的討論，加強與經學知識的互動，講堂成為主講及聽眾交往知識的平台，後來，書樓也喜把講義整理成專刊予以出版，既保存文獻，又可以廣傳知識。書樓主講余叔文早已說出「當其一堂授受，訢合無間，而又擇焉而必精，語焉而必詳，是以筆之於書，以免遺忘，而備他時之誦習，且足以傳播遠方，為學子所觀摩，法至良，意至美也」，書樓講學以來，積稿日夥，故編「演講錄」，「以通儒碩學，丕振宗風」，以傳聲教，「保存文獻，宏揚國粹」，望「港人沾濡流澤」，[185] 書樓也先後編刊四集《香港學海書樓前期講學錄彙輯（1946 至 1964 年）》及《香港學海書樓講學錄選集（一九六五年至一九八九年）》。其後，把陳湛銓的講義編成專書《香港學海書樓陳湛銓先生講學集》，又把主講張文燦上課演說的〈詩經講義〉更名為《詩經探微》，由書樓出版。[186]

　　《香港學海書樓前期講學錄彙輯（1946 至 1964 年）》及《香港學海書樓講學錄選集（一九六五年至一九八九年）》收了不少演說經學的文章，作者也以淺白文字，闡述經學知識，如：

作者	文章	收錄	原刊出版年份	文稿收入
伍憲子	孔子	第一集	1953	《香港學海書樓前期講學錄彙輯（1946 至 1964 年）》

184　陳平原，《作為學科的文學史》（北京：北京大學出版社，2011），頁 143-150。

185　余叔文，〈序〉，利榮森〈序〉，《香港學海書樓講學選集》，未編頁碼。

186　有關陳湛銓研究易學的特色及傳播經學知識的貢獻，參見謝向榮，〈陳湛銓先生易學研究述略〉〔宣讀論文〕，香港浸會大學中國語言文學系、新亞研究所於 2015 年 5 月 6-7 日，主辦「香港經學研究的回顧與前瞻國際學術研討會」。

作者	文章	收錄	原刊出版年份	文稿收入
梁寒操	孟子的人性論	同上	同上	同上
朱子範	毛詩十五國風六義	第二集	1955	同上
李景康	説仁	同上	同上	同上
李景康	説義	第三集	1959	同上
黃維琠	原孝	同上	同上	同上
陳湛銓	周易坎離二卦	第四集	1964	同上
黃維琠	孝道淺説	同上	同上	同上
何叔惠	論語雍也篇第廿七章註釋		1990	《香港學海書樓講學錄選集（一九六五年至一九八九年）》
何叔惠	論語雍也篇第廿七章註釋			按：此為二次演講的不同內容
何叔惠	論語雍也篇第廿七章註釋			同上
陳本	孟子文法研究			同上
盧國洪	論語言治國五事			同上
盧國洪	孟子事略附孟子賦			同上
陳汝栢	周易繫辭傳之作者			同上

　　將藏書借存公共圖書館後，學海書樓仍對藏書進行進一步開發和利用。1986 年 4 月董事會會議委任鄧又同編《學海書樓藏書目錄》，統計書樓藏於大會堂圖書館的書籍種類，歷時半年，編印成書。1988 年，正值書樓創立六十五周年，董事會便以《學海書樓藏書目錄》為紀念及表揚書樓創辦人賴際熙太史的功德。1988 年又為書樓藏書長期借存市政局公共圖書館二十五周年，當局及書樓為此舉行紀念活動，先後於 12 月 6 日至 31 日，於香港大會堂高座二樓及九龍培正道市政局九龍中央圖書館舉行「學海書樓特藏廣東文獻書展」；又委託鄧又同協助挑選廣東版線裝書籍二百三十多本展出，並由鄧氏在大會堂高座會議室，舉行「香港學海書樓沿革及國學欣賞」講座。是次展覽後，書樓委託鄧氏編印《學海書樓特藏廣東文獻書籍目

錄》，贈予入場人士。其時展出的書籍主要有以下幾種：（一）廣東歷代名家學術著作；（二）廣東版本書籍；（三）廣東善本書籍；（四）廣東手抄本書籍；（五）學海書樓出版書籍。是次展覽，書樓同人希望市民大眾「多認識國學，培養青年學子研究國學興趣，多閱讀古籍，從而知道保全國粹，發揚傳統文化」，又表揚「學海書樓諸君致力保全古籍，發揚國粹之盛舉」。展品中，以明人張家玉撰《銘山集》手抄本最為珍貴。近年更與公共圖書館合作，陸續把書樓藏善本、珍本，通過電子科技影像數碼化，給讀者自行往公共圖書館網絡瀏覽，增加香港市民對國學的認識。[187]

為擴大國學講座的影響，學海書樓也積極與各類傳媒平台合作。如 1958 年，書樓決定與香港電台合辦「中國文學講座」，聽者踴躍，反應良好。1966 年與香港商業電台合辦「國學講座」節目，每週播放一次。1978 年每逢週三於香港商業電台辦「播音國學講座」，每次十五分鐘。10 月改名「學海觀瀾」，播出至 1982 年 12 月。「國學講座」增至每週四次，並得《華僑日報》文化版刊出每週課題通告。這些講座都有不錯的回饋。1984 年 4 月起，香港電台重播「學海觀瀾」國學講座。

此外，學海書樓與香港各高校一直保持密切聯繫。1969 年 10 月開始，書樓與香港中文大學校外進修部合辦週末國學公開講座，題為「中國文學概論」。到了八十年代，書樓繼續舉辦國學講座，並與香港中文大學合辦文史教學文憑課程，並與香港中文大學多有出版合作，如校外進修部合編《古文今譯》，與中文大學文物館合編《粵畫萃珍》等。近年，學海書樓又與香港城市大學合辦國學專修文憑課程，除兩所大學外，學海書樓與其他大專院校也合辦有國學專修文憑課程。

---

187 承蒙前學海書樓行政人員梁啟業先生、張倩儀小姐相告，特此致意。

　　學海書樓還通過舉辦各種文化類的比賽活動，吸引市民認識傳統文化，增加研習國學的興趣。如 1963 年父親節，由學海書樓徵求有關孝道論文，提交者從青年學生到耆年碩德，所得論文達三百餘篇；[188] 七十周年慶典之際，書樓曾與香港教育署合辦全港中學生「中國文化專題設計比賽」，並在香港教師中心舉行作品展覽開幕及頒獎禮，藉此活動「希望有更多年青一代對本書樓之提倡國學，心嚮往之」。

　　學海書樓對藏書的運用、開發、講座、展覽等對國學的宣傳、介紹活動一直延續至今。進入二十一世紀之後，書樓亦注重與內地的交流。2003 年 4 月 6 日，學海書樓八十周年慶祝晚會，假香港中環馬車會會所舉行。8 月 28 日，廣東省政協副秘書長林雅傑一行訪問學海書樓。2004 年 12 月，學海書樓及主席賴恬昌分別獲香港大學中文學會頒贈「文藝復興獎」。佛山市順德區委常委、宣傳部長龔嘉明及區文體局人員一行訪問學海書樓。2005 年書樓借出所藏何啟《新政論議》供香港歷史博物館舉辦「東西匯港 —— 粵港澳文物大展」巡迴展覽。同年 3 月 21 日，主席賴恬昌、執行秘書鄧巧兒應邀訪問廣東省政協，並參觀錦綸會館舊址陳列館。7 月，書樓學員成立「國學研習班」。7 月 20 日，廣東省政協學習和文史資料委員會主任邱金用及原副秘書長林雅傑等一行來港，商議編印《香海傳薪錄：香港學海書樓紀實》。2006 年 6 月 11 日，順德歷史文化研究會李健明等一行訪問學海書樓。2007 年 4 月 20 日，主席賴恬昌出席香港中文大學聯合書院主辦之「唐魏三昧 —— 蘇文擢教授法書展」，已故蘇氏為書樓文學講師。同年 5 月 10 日，主席賴恬昌在書樓接受香港亞洲電視「解密百年香港」節目訪問。7 月，《香海傳薪錄：香港學海書樓紀實》定稿會在廣州舉行，文史專家李吉奎、曾慶榴，研究員林雅傑、

---

188 羅香林，《香港與中西文化之交流》，頁 261。

陳忠烈，順德博物館副館長李健明等出席。香港大會堂、土瓜灣及駱克道公共圖書館進行裝修工程期間，「國學講座」改於柴灣公共圖書館、九龍公共圖書館、鰂魚涌公共圖書館舉行。2008 年 11 月 29 日，學海書樓創立八十五周年慶典暨《香海傳薪錄》首發儀式假九龍童軍中心總監俱樂部金陶軒酒家舉行。2009 年 12 月 31 日，香港電台電視部製作的《香港歷史系列·國學南來》播出，當中涉及多位學海書樓的人物。2013 年學海書樓建立網頁，2014 年與香港公共圖書館簽約，將學海書樓借存的藏書數碼化，上載於網絡供讀者查閱。2016 年在北山堂的贊助下，書樓與香港公共圖書館合辦「中國文化講座系列」講座及工作坊，活動旨在以深入淺出的方式面向大眾——尤其年輕一代及教育工作者，傳揚中國傳統學問。2017 年 2 月，組織「國學講座」禮記課學員，參觀香港文化博物館之「宮囍——清帝大婚展覽」。6 至 11 月，書樓又續辦「中國文化講座系列」講座及工作坊。為方便讀者迅速查閱，與香港公共圖書館商定將學海書樓藏書之資訊及連接置於學海書樓網頁之藏書書目頁內。2018 年 3 月，《國文天地》第 394 期為「香港學海書樓專輯」，同年 6 至 11 月的「中國文化講座系列」以古籍為主題，續辦講座及工作坊。10 至 12 月，於香港大會堂圖書館舉辦「陳湛銓先生紀念講座」。

　　書樓在香江百年「聚書講學」，「把藏書、讀書、輔導、討論連結在一起，可以說，在我國私人藏書史上是一種創舉」[189] 前人已記錄於三十年代：「每當太史公登壇，全場肅靜，鴉雀無聲，必恭必敬，太史長衫有履，雍容端座，聽眾起主致敬，然後坐下。講課如儀，斯時授課」[190]。及至五十年代，書樓復課，有些中學生更在課堂後，往書

---

189 駱偉語，見氏著，〈學海書樓國學講座述略〉，《學海書樓九十年》，頁 77。

190 鄧又同：〈香港學海書樓之沿革〉，收入氏編，《香港學海書樓前期講學錄彙輯 1946-1964》（香港：成記印刷廠，1990），頁 2。

樓，聽國學，「以作補課」，這時為聽眾的中學生感到講者「國學深厚，講解非常流暢、詳細、清晰，深入淺出、內容豐富，我們如沐春風，如獲至寶」[191] 至二十一世紀初，書樓學員聽講者分享後，均感到書樓講者「暢論唐詩宋詞，余嘗往聽之，深覺其風格與一般國學講者迥異」[192]，「被敦請作學術演講者，全部是博學鴻儒，演講內容都是古典文學的經、史、子、集」，「這些老師宿儒，當時領導了香港的國學傳播工作，他們負起了傳授和發揚國學的責任，座上的聽眾如我，不禁對他們的工作起無限的敬意」，有些學員更在講台前，放置了多部錄音機，記錄講學內容。[193] 又有談及任詩詞的講者是：「聽老師的講解是一種享受，更改變我與所有學生一貫對中國文學的看法，這並不是刻版古肅的片言隻字，而是一個一個感人肺腑的故事」[194]，「老師均清楚講解其出處，寄寓何意。老師講課，不會局限於一篇文章之講授，而是旁及古今相類作品，上及《周易》《詩經》《楚辭》，先秦諸子，以至唐宋明清作品比較論析，庶幾令學子得窺中國文學全貌」[195]，「書樓禮聘資深的教師，講解深入淺出，引人入勝，增強了大眾對國學的認知和欣賞能力。他們秉持古人傳道授業，有教無類的優良傳統，庶幾潛移默化，移風易俗焉」。[196] 因為講師教學投入及熱誠，講解深入，由是「下課後仍有人圍著老師討教」[197]，也有中學教員在課餘時間，積極參加書樓講座，學習國學知識。[198] 當然也有學員因講師於

---

191 姚欣能，〈五十年代的學海書樓〉，《學海書樓九十年》，頁 209

192 梁德成：〈張師講學憶趣〉，《學海書樓八十五年》，頁 171。

193 潘少孟，〈學海書樓一位聽眾的獨白〉，《學海書樓八十五年》，頁 173-174。

194 冼憲章，〈我認識的洪肇平老師〉，《學海書樓八十五年》，頁 176。

195 關順心，〈我對學海書樓的認識〉，《學海書樓八十五年》，頁 181。

196 陳鳳蓮，〈學海書樓有感〉，《學海書樓八十五年》，頁 183。

197 關順心，〈此地有學海有書樓，是能讀經史讀子集〉，《學海書樓八十五年》，頁 187。

198 其時一位學員為中學教員勞美玲老師，參見勞美玲著、區志堅訪問及整理，〈勞美玲老師訪談〉（2015 年 4 月 3 日）〔未刊稿〕。

書樓假座大會堂舉行定期學術講座，便「早早就要去排隊準備入座，二時一刻的課，一時半就要到，否則額滿即些就會錯過講座，老師講學的歡迎程度可想而知。課堂上，老師曾抄寫年輕時的詩作，就令我更感仰了」[199] 甚至，在學海講者的教學薰陶下，學員更在課堂後，自行組織有志求學的學員，自陶腰包，或邀請講者登門，或往講者合適地方，自行求學，學員更自發組成「學海書友」電子網上群組，分享及交流香港一地舉行的講座及展覽會等文化活動訊息，尤在新冠病毒疫情肆虐期間，「學海書友」網上群組除成為學員互相分享香港一地國學活動及講座的訊息外，更成為學員間心靈安慰，互相交流及請安的重要平台，依筆者於二〇二三年七月中得見此「學海書友」網上群組的管理員，為多年管理此民間自發組織網頁，以及把書樓訊息向其他各學員引介的余自立，而網上群組成員已有八十七人。[200]

　　可見，書樓自 1923 年成立至今，以一所私人籌辦的學術機構，能夠每周在香港不同社區內多間公共圖書館，開辦講座，派發講義，以傳統文化為主題，組織討論與交流活動，甚受讀者與聽眾歡迎，這樣促使傳統文化知識流佈民間，學海書樓實居功至偉！

199 劉浚桀，〈從髯翁師學詩記〉，《仁聲》（香港：香港樹仁大學，2020），頁 84。

200 誠蒙余自立先生相告，參「學海書友」網上群組，而且不少書樓主講更獲邀往香港基督教辦學機構演講國學；又承李金強教授於 2015 年 5 月 6 日，香港經學研究的回顧與前瞻國際學術研討會研討會後談及他於中學就學時，多收聽電台廣播陳湛銓演講易經，潘小磐演講古典文學作品，為獲得國學知識來源之一，又承李教授告知學海書樓的主講曾在建道神學院講授經學。

結語：百年書樓，文化傳承

　　清末政局的變化，使移居香港的一班遺老有「聖人之道」快將滅絕的危機感。如何延續中國歷史文化與傳統綱常的價值體系，成了他們不能不思考的問題。儒者自有「修身、齊家、治國、平天下」之責任，此時已深感亡天下的一眾士子，強烈渴望重建和維繫傳統價值，因此他們來到香港後，積極推行中文教育。其中最負盛名的是賴際熙太史，他在逆勢中推行中文教育，先在香港大學教授中文，又仿照廣州學海堂創立學海書樓，後更積極投入香港大學中文學院的建設。賴際熙與陳伯陶、朱汝珍、溫肅、吳道鎔等遺老在學術傳統上和清季東塾學派關係密切，他們以學海書樓作為平台，廣集古賢，登壇講學，希望於逆世中將中國傳統文化思想傳承下去。他們把自己在世變中的傳經講學之功上比古昔聖人。[1] 套用賴際熙的話：「從此官禮得存諸域外，鄒魯即在於海濱，存茲墜緒，斯民皆是周遺，挽彼狂瀾，其功不在禹下。」[2]

　　學海書樓是香港第一個私人籌辦供公眾運用的中文圖書館，通過講座、藏書、借書等措施，使得自北南來的中國文化精神和傳統文化得到良好的傳播。另一方面，教育人士與資源以書樓為平台和依託，擴展到香港的教育領域、學術研究的每個角落。在這個過程中，學海書樓的學術理念已通過教育人士的流動傳播到其他教育機構。相關學術機構在建立初期，較為系統的課程培訓，層層漸進的中國文化

1　陳學然、韓子奇，〈金文泰治港時期的政學商互動及其對五四新潮的排拒〉，《新亞學報》，頁 284。
2　賴際熙，〈籌建崇聖書堂序〉，賴際熙著，羅香林編，《荔垞文存》，頁 32。

知識系統，均得益於賴際熙等書樓遺老積極推揚，可謂貫徹書樓「羽翼經訓」之宗旨。可見，學海書樓在推動香港文教發展，貢獻頗多，甚至對香港整體的社會風氣都有很大的影響。

　　儘管學海書樓的設立與各類活動，亦為港英政府用以防範新思潮對社會穩定造成衝擊，維護殖民統治，[3] 但書樓設立的根本動機，是堅持「聚書講學」，保護與弘揚傳統文化。書樓的延續與發展，不僅將中國傳統文化「靈根」植立香江，亦為後續南來學人更深入討論和思考國學的定位與發展方向提供了條件。今日所見，學海書樓藏書歷經百年滄桑，留下煌煌三萬多冊藏書，保存了豐富的傳統典籍和地方文獻。書籍的收集和利用，凝聚了幾代人的心血，是一種具有使命感的人文堅持和文化傳承，而學海書樓先賢，以及戰後書樓的一眾師生則是這一事業重要的傳承者和保護者。

　　學海書樓自 1923 年創辦至今，經歷百年發展，書樓先哲藉着講學及藏書，秉持「發揚文化，保全國粹」、「聚書講學，兼而有之」的辦學宗旨，以傳承文化為己任，存「鄒魯」於「海濱」，又在復興之後，堅持講授儒家思想，傳授文史知識，弘揚鄉邦文化，參與國學講座的學者不斷增多；為了擴大影響，書樓亦積極與各類媒體平台合作，擴闊內容，吸引民眾關注傳統文化，對弘揚及發展香港傳統文化，可謂鞠躬盡瘁。由前清翰林到今天的董事，經歷戰亂至復課，邁進新世紀後，書樓也將繼續嘉惠學子，造福文教，將前賢建築的百年基業繼續發揚光大。

3　陳學然、韓子奇，〈金文泰治港時期的政學商互動及其對五四新潮的排拒〉，《新亞學報》，頁 250。

附 錄

一、香港 1941 年前書塾、義學列表 [1]

區域 Area	分區 District	村名 Village	校名 School	設立時間 Time	網絡資料鏈接及備注
新界	大埔區	大埔頭	敬羅家塾	1872（1932 年重修）	https：//www.amo.gov.hk/tc/historic-buildings/monuments/new-territories/monuments_67/index.html
新界	大埔區		叢桂書室	約二十世紀初	https://www.aab.gov.hk/filemanager/aab/common/historicbuilding/en/1381_Appraisal_En.pdf
新界	大埔區	大埔墟	崇德學校	1926	參見潘淑華,〈從鄉村師範的建立到鄉村學校的消失〉,廖迪生主編,《大埔傳統與文物》（香港：大埔區議會,2008）,頁 215。
新界	大埔區	大菴村	育賢書室	光緒年間	https：//www.aab.gov.hk/filemanager/aab/common/historicbuilding/cn/1386_Appraisal_Chin.pdf
新界	大埔區	大菴村	六德書室	1930 年代	https：//www.aab.gov.hk/filemanager/aab/common/historicbuilding/cn/834_Appraisal_Chin.pdf
新界	大埔區	林村	梧桐寨沈氏古書塾		https：//www.aab.gov.hk/filemanager/aab/common/historicbuilding/cn/1199_Appraisal_Chin.pdf

---

1　表格主要依據何惠儀、游子安,《教不倦：新界傳統教育的蛻變》（香港：區域市政局,1996）；王齊樂,《香港中文教育發展史》（香港：波文書局,1983）；方駿、熊賢君主編,《香港教育通史》（香港：齡記出版有限公司,2008）及香港記憶、古物諮詢委員會、古物古蹟辦事處等網站資料整理,其他相關信息來源已列入表內,或有其他書塾學舍,信息較不明確,未能列入。此外,如第一章所述,大部分宗祠、家祠都可能作為教學場所,數目繁多,表中僅列出有明確依據曾作為教學場所且較有代表性的幾處,東華義學的相關信息已在第一章做簡要整理。

（續上表）

區域 Area	分區 District	村名 Village	校名 School	設立時間 Time	網絡資料鏈接及備注
新界	大埔區	林村	龍丫排茂華家塾		https：//www.aab.gov.hk/filemanager/aab/common/historicbuilding/cn/511_Appraisal_Chin.pdf
新界	大埔區	泰亨村	善慶書室	光緒年間	
新界	大埔區	泰亨村	正倫書室	光緒年間	
新界	大埔區	泰亨村	叢桂書室		
新界	大埔區	泰亨村	藝浣堂	1700 年代	https：//www.aab.gov.hk/filemanager/aab/common/historicbuilding/cn/879_Appraisal_Chin.pdf
新界	大埔區	樟樹灘	樹人學校（協天宮）	1938	http：//www.shensitan.com/
新界	大埔區	高塘	誘善學校	1940	
新界	大埔區	蛋家灣	崇明學校	1890 年代	https：//www.aab.gov.hk/filemanager/aab/common/historicbuilding/cn/N344_Appraisal_Chin.pdf
新界	大埔區	赤徑村	寶田家塾		
新界	大埔區	碗窰村	文瀾書室	1930 年代前	
新界	屯門	寶田村	含英書室	1916	https：//www.aab.gov.hk/filemanager/aab/common/historicbuilding/cn/1061_Appraisal_Chin.pdf
新界	屯門	楊青路	青山佛教學校	1925	https：//plm.org.hk/education.php?mainnav=3
新界	元朗區	蕃田村	麟峯文公祠	220 餘年歷史	https：//www.amo.gov.hk/tc/historic-buildings/monuments/new-territories/monuments_19/index.html
新界	元朗區	竹坑村	蘭芳書室	1862	https：//www.aab.gov.hk/filemanager/aab/common/historicbuilding/cn/629_Appraisal_Chin.pdf
新界	元朗區	八鄉上村	植桂書室	1899	https：//www.amo.gov.hk/tc/historic-buildings/monuments/new-territories/monuments_82/index.html
新界	元朗區	田心新村	大紀家塾	光緒年間	
新界	元朗區	山背村	兆元書室	初建時間不詳，1949 年重建	

（續上表）

區域 Area	分區 District	村名 Village	校名 School	設立時間 Time	網絡資料鏈接及備注
新界	元朗區	蓮花地	同益學堂	1921	http：//www.phcps.edu.hk/?page_id=22&lang=zh
新界	元朗區	橫台山永寧里村	東園書屋	1880	
新界	元朗區	橫台山永寧里村	義裕書室	1878	
新界	元朗區	橫台山	匯泉書室	1760	
新界	元朗區	牛徑村	翊廷書室	1891	
新界	元朗區	龍田	龍田書室	1926	https：//www.aab.gov.hk/filemanager/aab/common/historicbuilding/cn/570_Appraisal_Chin.pdf
新界	元朗區	白沙	五奎書室	1890	
新界	元朗區		永安學校	1938 年註冊	https：//www.museum.eduhk.hk/upload/press/20150910_am730.pdf
新界	元朗區	大橋	鐘聲學校	1934	https：//www.chungsing.edu.hk/school/3.htm
新界	元朗區	坑頭村	仁敦岡書室		https：//www.amo.gov.hk/sc/historic-buildings/monuments/new-territories/monuments_94/index.html
新界	元朗區	坑尾村	覲廷書室	1870	https：//www.aab.gov.hk/filemanager/aab/common/historicbuilding/cn/12_Appraisal_Chin.pdf
新界	元朗區	坑尾村	若虛書室	明末清初	
新界	元朗區	坑尾村	聖軒公家塾	同治年間	https：//www.aab.gov.hk/filemanager/aab/common/historicbuilding/cn/530_Appraisal_Chin.pdf
新界	元朗區	坑頭村	愈喬二公祠	十六世紀初	https：//www.amo.gov.hk/tc/historic-buildings/monuments/new-territories/monuments_74/index.html
新界	元朗區	坑頭村	五桂書室	1822	
新界	元朗區	塘坊村	述卿書室	1874	
新界	元朗區	橫州	福興書室	1880	
新界	元朗區	欖口村	仁壽堂	1924	https：//www.aab.gov.hk/filemanager/aab/common/historicbuilding/cn/1043_Appraisal_Chin.pdf

（續上表）

區域 Area	分區 District	村名 Village	校名 School	設立時間 Time	網絡資料鏈接及備註
新界	元朗區	輞井圍	敬業書室	1941 年前設立，具體時間不詳	https：//www.aab.gov.hk/filemanager/aab/common/historicbuilding/cn/1231_Appraisal_Chin.pdf
新界	元朗區	山廈村	達仁書室	1910 年代	https：//www.aab.gov.hk/filemanager/aab/common/historicbuilding/cn/541_Appraisal_Chin.pdf
新界	元朗區	山廈村	興寶書室	1913	https：//www.aab.gov.hk/filemanager/aab/common/historicbuilding/cn/1011_Appraisal_Chin.pdf
新界	元朗區	山廈村	君悅書室	不詳，1986 年重修	
新界	元朗區	黎屋村	植桂書室	1899 年以前	https：//www.amo.gov.hk/tc/historic-buildings/monuments/new-territories/monuments_82/index.html
新界	元朗區	廈村	鄧氏宗祠（友恭堂）/友恭學校	1794 年，友恭學校大約設立於 1924 年之前	https：//www.amo.gov.hk/tc/historic-buildings/monuments/new-territories/monuments_83/index.html
新界	元朗區	錫降圍	太初書室	清末（1939 年重修）	
新界	元朗區	新圍	士宏書室	1910	https：//www.aab.gov.hk/filemanager/aab/common/historicbuilding/cn/899_Appraisal_Chin.pdf
新界	元朗區	新圍	友善書室	1830	https：//www.aab.gov.hk/filemanager/aab/common/historicbuilding/cn/1382_Appraisal_Chin.pdf
新界	元朗區	蕃田村	莘野文公祠	1740 年前	https：//www.aab.gov.hk/filemanager/aab/common/historicbuilding/cn/318_Appraisal_Chin.pdf
新界	元朗區	蕃田村	麟峰文公祠	約十七世紀中葉	https：//www.amo.gov.hk/tc/historic-buildings/monuments/new-territories/monuments_19/index.html
新界	元朗區	蕃田村	文氏宗祠（惇裕堂）	初建於 1444 年，清代復界後重建	https：//www.aab.gov.hk/filemanager/aab/common/historicbuilding/cn/75_Appraisal_Chin.pdf

（續上表）

區域 Area	分區 District	村名 Village	校名 School	設立時間 Time	網絡資料鏈接及備註
新界	元朗區	蕃田村	明遠堂	1750	https：//www.aab.gov.hk/filemanager/aab/common/historicbuilding/cn/406_Appraisal_Chin.pdf
新界	元朗區	蕃田村	明德堂	1811	https：//www.aab.gov.hk/filemanager/aab/common/historicbuilding/cn/1355_Appraisal_Chin.pdf
新界	元朗區	新龍村	德泰書室	不詳，2000 年重修	
新界	元朗區	仁壽圍	仁壽書室	不詳，1998 年重修	
新界	元朗區	逢吉鄉	靈愛草廬	1934	http：//www.lingoi.edu.hk/?page_id=97
新界	元朗區	錦田圍村	力瀛書院	1075	
新界	元朗區	北圍村後	周王二公書院	1685	
新界	元朗區	水頭村	泝流園	1742	
新界	元朗區	水頭村	二帝書院	道光初年	
新界	元朗區	水頭村	長春園	光緒年間（1939 年重修）	
新界	元朗區	水頭村	鄧虞階書室	十九世紀初	https：//www.aab.gov.hk/filemanager/aab/common/historicbuilding/cn/932_Appraisal_Chin.pdf
新界	元朗區	水頭村	力榮堂書室	約 1835 年前	https：//www.aab.gov.hk/filemanager/aab/common/historicbuilding/cn/211_Appraisal_Chin.pdf
新界	元朗區	永隆圍	耕心堂	1880 左右	https：//www.aab.gov.hk/filemanager/aab/common/historicbuilding/cn/1023_Appraisal_Chin.pdf
新界	北區上水	門口村與中心村之間	廖萬石堂 / 鳳溪小學	建於1722 年前後/1932	https：//www.amo.gov.hk/tc/historic-buildings/monuments/new-territories/monuments_30/index.html
新界	北區上水古洞	河上鄉道	仁華廬（愛華學校）	1933	https：//www.aab.gov.hk/filemanager/aab/common/historicbuilding/cn/884_Appraisal_Chin.pdf

（續上表）

區域 Area	分區 District	村名 Village	校名 School	設立時間 Time	網絡資料鏈接及備註
新界	北區 上水古洞	松柏塱村	松柏塱博文 學校	1919- 1920	https：//www.aab.gov.hk/filemanager/aab/ common/historicbuilding/cn/1049_Appraisal_ Chin.pdf
新界	北區 上水古洞	金錢村	宗福學校	1928	https：//digitalrepository.lib.hku.hk/catalog/ w9505313k#?c=&m=&s=&cv=&xywh=- 1311%2C-60%2C3620%2C1194
新界	北區 上水鄉	莆上村	允升家塾	1860	
新界	北區 上水鄉	莆上村	應龍廖公 家塾	1838	
新界	北區 上水鄉	大圍村	應鳳廖公 家塾	1828	
新界	北區 上水鄉	大圍村	圖南書室	清末	
新界	北區粉嶺	新屋村	善述書室	1840	
新界	北區粉嶺	南圍	思德書室	1846	https：//www.aab.gov.hk/filemanager/aab/ common/historicbuilding/cn/520_Appraisal_ Chin.pdf
新界	北區粉嶺	崇謙堂村	谷詒書室	1913	參見關之英，〈庠序的桃花源：香港一所客 家村校的辦學歷程〉，《贛南師範學院學 報》，2011 年第 1 期，頁 12-20。
新界	北區 沙頭角	鹿頸南涌 李屋 村	靜觀家塾	1900	https：//www.aab.gov.hk/filemanager/aab/ common/historicbuilding/cn/437_Appraisal_ Chin.pdf
新界	北區 沙頭角	上合坑村	鏡蓉書室	1736	https：//www.amo.gov.hk/tc/historic- buildings/monuments/new-territories/ monuments_44/index.html
新界	北區 沙頭角	打鼓嶺塘 坊村	永傑書室	清末	
新界	北區 沙頭角	谷埔村	啟才學校	1931	https：//www.aab.gov.hk/filemanager/aab/ common/historicbuilding/cn/1105_Appraisal_ Chin.pdf
新界	北區 沙頭角	擔水坑村	群雅學校 （泮林書室）	1930	https：//www.aab.gov.hk/filemanager/aab/ common/historicbuilding/cn/873_Appraisal_ Chin.pdf

（續上表）

區域 Area	分區 District	村名 Village	校名 School	設立時間 Time	網絡資料鏈接及備註
新界	北區 沙頭角	鎖羅盆村	啟明學校	1932	
新界	西貢 南丫島	大灣村	陳氏家塾	1920 年	https：//www.aab.gov.hk/filemanager/aab/common/historicbuilding/cn/1357_Appraisal_Chin.pdf
新界	西貢 西貢市中心	沙角尾村	育賢書室	1928 年	https：//lsy.edu.hk/tc/%E5%BB%BA%E6%A0%A1%E6%AD%B7%E5%8F%B2
新界	荃灣區	老圍	翠屏書室 （張氏家祠）	1920 年代以前	參見江玉翠，〈香港客家村落的轉變與延續：以荃灣老圍為例〉，《全球客家研究》，2018 年 5 月，第 10 期，頁 220-221
新界	荃灣區	關門村口	聯芳書室	清末	
新界	荃灣區	深井	文通書室	清末	
新界	荃灣區	三棟屋	南園書舍	1920 年代以前	http：//www.twpsch.edu.hk/school_info/history/index.htm
新界	荃灣區	石圍角	荃灣公學 （天后宮）	1920 年代以前	https：//www.aab.gov.hk/filemanager/aab/common/historicbuilding/cn/366_Appraisal_Chin.pdf
新界	荃灣區	田寮	芳園書室 （陳氏書齋）	1900 年代左右	https：//www.aab.gov.hk/filemanager/aab/common/historicbuilding/cn/868_Appraisal_Chin.pdf
新界	沙田區	火炭村	育文學校	1920 年前	
新界	葵青區	九華徑	養正家塾 / 養正學校	1922	/https：//www.aab.gov.hk/filemanager/aab/common/historicbuilding/cn/770_Appraisal_Chin.pdf，另參見周家建，《九華徑舊村及鄰近地區研究》，研究報告，2019 年，頁 21，參見：https：//www.jtia.hk/wp-content/uploads/2019/ 九華徑舊村及鄰近地區研究 __DrChowJTIA_TC.pdf
新界	葵青區	涌美村	永聯學校	1938 前	
九龍	九龍城		龍津義學	1847	參見高添強，鍾寶賢，〈「龍津橋及其鄰近區域」歷史研究〉，研究報告，香港，2012，頁 52，參見：https：//www.amo.gov.hk/filemanager/amo/common/form/research_ltsb_surrounding_final.pdf

（續上表）

區域 Area	分區 District	村名 Village	校名 School	設立時間 Time	網絡資料鏈接及備註
九龍	油尖旺		油麻地書院	1894-1920 年間	https：//www.amo.gov.hk/tc/historic-buildings/monuments/kowloon/monuments_126/index.html
九龍	黃大仙	沙埔	吳氏宗祠 / 仕高私塾		https：//www.hkmemory.hk/MHK/collections/oral_history/All_Items_OH/oha_104/records/index_cht.html
九龍	觀塘	鯉魚門	啟蒙學校	1920	
九龍	觀塘		三山國王廟 / 龍池小學	1860 年代初開始提供教育服務	https：//www.aab.gov.hk/filemanager/aab/common/historicbuilding/cn/859_Appraisal_Chin.pdf
九龍	觀塘	茜草灣村	四山義學 （天后宮）		
離島	大嶼山	銀礦灣 大池塘村	梅窩學校	1939	http：//www.mws.edu.hk/
離島	大嶼山	大澳村	協和社學	早於 1910 年代	https：//www.aab.gov.hk/filemanager/aab/common/historicbuilding/cn/1228_Appraisal_Chin.pdf
離島	大嶼山	大澳村	保安書室	1850	
離島	大嶼山	東涌 嶺皮村	何氏書室	清末	
離島	長洲	—	漢川學校	—	
離島	長洲	國民路	東莞學校、保安學校、惠潮書室（後三所合併為國民學校）	1899	http：//www.cckms.edu.hk/
離島	坪洲	志仁里	志仁學校	1927	http：//www.aab.gov.hk/filemanager/aab/common/historicbuilding/en/422_Appraisal_En.pdf
離島	馬灣		芳園書室	清末	
港島	灣仔區	銅鑼灣	寶覺義學校	1931	https：//www.pokok.edu.hk/joomla/index.php

（續上表）

區域 Area	分區 District	村名 Village	校名 School	設立時間 Time	網絡資料鏈接及備注
港島	灣仔區	大坑村	孔聖會義學	1909	https：//www.aab.gov.hk/filemanager/aab/common/178meeting/aab-10-annex-a-b5.pdf
港島			維多利亞城 3 間書館，名稱不詳	1847 年	負責人分別名為 Chui Shing-Cheung，Leung Sing-sang 及 Mak Mui-chun
港島			香港仔兩間書館	早於 1847 年	負責人分別名為 Soo Ping-foong 及 Ching Yeak-teen
港島			赤柱三間書館	早於 1847 年	負責人分別名為 Lo A-choeng, Chong Tsheen-ko 及 Ching Suei-kuei

二、學海書樓大事記 [2]

年份	大事
1920 年	賴際熙太史移居南隅後，因目睹當時社會風氣日壞，崇夷鄙夏之風蔚為風尚，遂欲聚書講學，故租賃香港中環半山堅道廿七號樓下，設壇講學，以挽救世道人心。爰聘何藻翔每週二主講國學至一九二二年。
1923 年	• 賴際熙與何藻翔商討在堅道廿七號籌辦藏書處及講座事宜。 • 賴際熙購香港中區般含道二十號作藏書及講學之用，並先後聘陳伯陶、朱汝珍、溫肅、區大典、區大原、岑光樾太史及何藻翔、俞叔文等為主講講師。
1924 年	四月二十九日，陳伯陶太史到學海書樓發還春季課卷並提交夏季講授課題。
1927 年	經省港大罷工後，一眾華商社會地位於此時得以提升，部分華商成為日後熱心支持書樓運作主要代表，包括利希慎、馮平山家族。
1928 年	五月一日，華商們提倡推揚國學，與書樓宗旨不謀而合。自此，一眾華商熱心資助學海書樓購買藏書及翰林主講的活動，對書樓日後發展貢獻尤巨。
1932 年	• 賴際熙太史推薦溫肅、朱汝珍太史等任香港大學漢文教席。 • 十二月，學海書樓決定由朱汝珍太史續講《兩都賦》，星期六下午由俞叔文講《詩經》。星期日下午由賴際熙講《文獻通考序》。

2　信息依據廣東省政協文化和文史資料委員會編，《香海傳薪錄：香港學海書樓紀實》，頁 331-341 及學海書樓所提供的資料。

（續上表）

年份	大事
1933 年	賴際熙太史離開香港大學。
1934 年	・ 七月六日，書樓創辦人賴際熙在學海書樓講學。 ・ 日軍侵佔香港，書樓同人星散，藏書損毀甚鉅。淪陷期間，講座輟講四載。
1945 年	・ 香港重光，書樓同人先後返港，同心協辦，規復舊觀，增添藏書，恢復講學。 ・ 時任東華醫院主席李海東積極籌備重開書樓，選舉新董事共同捐資，並擔任學海書樓行政事務工作兼司庫（義務）。
1948 年	一月二十日，學海書樓恢復講座。
1953 年	由李景康編輯的《學海書樓講學錄》第一集出版。
1955 年	由俞叔文編輯的《學海書樓講學錄》第二集出版。
1958 年	・ 香港漢文中學校長、書樓講師李景康向香港政府申請學海書樓為註冊有限公司，成立董事會。董事為：利榮森（主席）、盧冠芹、楊萼輝、李景康、賴恬昌、賴高年（秘書）、李海東、黃允畋和梁季典。 ・ 時任香港大學英文系導師賴恬昌和李景康代表學海書樓出席香港圖書協會會議。 ・ 學海書樓加入香港圖書協會成為會員。 ・ 學海書樓與香港電台合辦「中國文學講座」，廣播後反應良好，深得各界人士讚揚。
1959 年	・ 由李景康編輯的《學海書樓講學錄》第三集出版。 ・ 為擴展書樓活動，董事會主席利榮森向華民政務司署申請資助。 ・ 利榮森出國期間，由李海東，李景康出任代主席。
1960 年	・ 董事李景康逝世。 ・ 董事會主席利榮森提議選賢增補董事，招量行、馮秉華增補為書樓董事。 ・ 書樓秘書賴高年因公務繁忙辭去職務，並推薦賴恬昌繼任。
1961 年	・ 補周天湛（醫生）為書樓董事。 ・ 圖書館來函請求學海書樓將全部藏書長期借用存放。書樓為求保存書籍及方便各界人士，董事會通過接納大會堂圖書館請求，惟附如下條件： （甲）學海書樓所藏書籍必須存放大會堂圖書館，未經本書樓同意不得移往別處。 （乙）所有學海書樓書籍只在館內借閱，不能借出。 （丙）在大會堂適當之地點須有合適之標誌以記學海書樓存書之舉。 （丁）每星期下午二時至四時學海書樓可免費借用大會堂作講座之用。
1962 年	・ 學海書樓與大會堂正式簽定借存書籍合約手續，由主席利榮森及賴恬昌，李海東為書樓簽約人，時任潔淨局議員、保良局主席鄧肇堅為見證人。 ・ 學海書樓在香港大會堂舉辦週末及週日講座，平均有二百人次，深受各界人士歡迎。 ・ 董事梁季典逝世，董事楊萼輝推薦趙君慈（則師）為書樓董事。
1963 年	・ 聘請李幼成、蘇文擢教授為書樓講師。 ・ 大會堂主辦香港「五十年影展」，邀請學海書樓合辦香港歷史講座，由吳毓璘、饒宗頤教授擔任主講。 ・ 董事鄧肇堅、利榮森、賴高年等與市政局多番磋商最後簽約，把書樓藏書借存於香港大會堂。

（續上表）

年份	大事
1964 年	• 董事趙君慈逝世。 • 書樓將所保存梁保三之藏書一箱交還梁氏後人。 • 由賴高年編輯的《學海書樓講學錄》（第四集）出版，並分贈各學術機構。 • 書樓搬出約四萬冊圖書至香港大會堂圖書館。[3]
1965 年	• 董事會主席利榮森建議，由本年起規定每位講師講期原則上為兩個月。 • 一月七日，學海書樓假公爵行頂樓香港大學同學會會所邀請書樓基本講師陳湛銓、陳荊鴻、黃維琩、鄭水森、吳天任、梁簡能、潘小磐、饒宗頤、溫中行、李幼成、熊潤桐、羅香林等聚餐。
1966 年	• 香港中文大學教授李棪、陳伯陶四子陳良耜增補為書樓董事。 • 根據上年度學海書樓在香港大會堂主辦之週末及週日國學講座統計人數，平均每次聽眾約一百五十至二百名，因滿額，以至部分聽眾需站立旁聽，可見其受歡迎之程度。 • 為弘揚中國傳統文化，學海書樓與香港商業電台合辦「國學講座」節目，每週播放一次。 • 為滿足愛好國學人士需求，除原有基本講師外，李海東推薦國學家莫儉溥教授為書樓講師。 • 董事李棪提議「十元募捐運動」，每位董事負責募捐十份，以助書樓經費。
1967 年	• 因書樓經費不足，各董事協力襄助，並向各界賢達募捐。 • 秘書賴恬昌因公務繁忙，改由賴高年任秘書之職。 • 董事馮秉華因事離港，推薦趙公輔為書樓董事。
1968 年	• 學海書樓與香港商業電台合辦之國學講座暫時停辦。 • 八月，主席利榮森出國，書樓事務由李海東暫行代理。 • 書樓租用香港郵政署郵箱一個，以方便往來檔通訊。 • 梁保三《四書日課旁證稿》等籍轉送香港大學聯合書院圖書館。 • 書樓講師溫中行，鄭水心因故未能繼續講課，利榮森主席請各董事推薦講師替代。
1969 年	• 十月開始，學海書樓與香港中文大學校外進修部合辦週末國學公開講座，講題為「中國文學概論二十八講」。 • 李棪、李海東先生負責講師人選安排。 • 商人許晉封任書樓董事。
1971 年	• 時任行政局非官守議員及啟祥集團主席馮秉芬接任書樓名譽會長。 • 名譽顧問鄧肇堅改聘為名譽會長。 • 時任孔學院院長黃允畋接任書樓董事會主席，賴恬昌為副主席。
1972 年	四月廿八日，部分董事前往大會堂圖書館，了解書樓藏書情況。
1973 年	• 書樓董事李海東逝世。 • 高福申、何耀光先生增補為書樓董事。

3　香港大會堂圖書館安排政府貨車將約 4 萬冊圖書由般含道學海書樓搬到香港大會堂圖書館。由於書籍頗多而搬運貨車只得兩架，由六七名政府工人花了兩天才搬運完成。當時是用大竹籮載書，再由工人徒手搬運。出自〈關於學海書樓藏書的若干問題—前市政局公共圖書館總館長吳懷德答問〉，《香海傳薪錄：香港學海書樓記實》（北京：中國文史出版社，2008），頁 288。

（續上表）

年份	大事
1974 年	董事會主席黃允畋推薦永隆銀行創辦人伍宜孫任書樓董事。
1975 年	• 伍宜孫辭去書樓董事職。 • 二月底，書樓書記關少泉因移民赴美辭去書樓職務，隨聘劉國瑔補缺。
1976 年	• 十一月，書樓書記助理黃炳權因事辭職，由劉煥梅繼任。 • 為使各講師均有機會為書樓講學，每位講師講學定為三個月一期，惟陳湛銓教授例外，但每期仍不得超過六個月。 • 郵政信箱收到來自北韓、印度、英國、愛爾蘭及英國之刊物及印刷品，全部轉送香港大會堂圖書館。
1977 年	• 董事會一致推薦四海及萬邦綢緞公司創辦人黎時煖任書樓董事。 • 學海書樓與市政圖書館合辦「週五國學講座」，經由賴恬昌與該館館長周建華詳細洽商後，定於一九七七年七月十五日（週五）晚上六時半至八時在九龍窩打老道，冠華花園二樓該分館舉行，由潘小磐開講《史記・留侯世家》及介紹王曇「留侯祠」。 • 董事會主席何耀光邀請陳湛銓、溫中行、潘小磐、盧國洪、劉紹進、陳本、余少凱、陳崇興、常宗豪、羅忼烈、何叔惠、何沛雄、黃維琩等十五位講師討論研究如何推進講學工作，提高聽眾對國學研究的興趣。
1978 年	• 三月廿一日，董事高福申逝世。 • 學海書樓與香港商業電台合辦之國學講座，名為「播音國學講座」，定每週每次十五分鐘。 • 書樓國學講座由每週兩次改為每週四次。 • 書樓國學講座每週之課題通告，刊於《華僑日報》文化版，蒙黃嗇名編輯常年支付，書樓發感謝函致意。
1979 年	• 書樓義務司庫許晉封因經常在國外而提出辭職。 • 劉殿爵、胡文瀚、高福永、馮漢柱、龐鼎元增補為書樓董事。 • 董事賴恬昌提議與中文大學校外進修部合編《古文今譯》。
1980 年	• 書樓助理劉煥梅於四月十五日辭職。 • 三月二十日，因書樓書記劉國瑔逝世，改聘謝慶銓為書記，廖廣泉為助理。
1981 年	• 由書樓與香港中文大學校外進修部合編的《古文今譯》出版。 • 「播音國學講座」節目由四月底暫停，十月十五復播，改名「學海觀瀾」，在香港電台第一台播出。
1982 年	書樓撥款購買股票保值，由董事會主席趙公輔，義務司庫黎時煖及董事盧冠芹辦理。
1983 年	• 「國學廣播」由一月一日起暫停外，其餘各講座均如常舉行。 • 董事會推舉黎時煖為主席。 • 莫華釗任書樓董事。
1984 年	• 四月起，香港電台重播去年之「學海觀瀾」國學講座。 • 書樓書記謝慶銓辭職，由張道藩暫代。

（續上表）

年份	大事
1985 年	・ 書樓講師陳湛銓因健康問題暫停講學。 ・ 書樓董事伍步剛，賴恬昌分別推薦香國樑和陳維樑為書樓董事。 ・ 董事會一致推舉伍步剛為董事會主席。 ・ 書樓書記張道藩辭職，由鄧又同補缺。 ・ 八月，書樓董事盧冠芹逝世。
1986 年	・ 行政秘書鄧又同開始編寫《學海書樓藏書目錄》。 ・ 六月，名譽會長鄧肇堅逝世。 ・ 十二月，書樓積存之完整錄音帶三套共一百三十一盒連同講義送贈市政局圖書館。 ・ 學海書樓與中文大學文物館合作編印之《粵畫萃珍》出版。
1987 年	書樓前講師陳湛銓、郭霖沅、盧國洪先後逝世。
1988 年	・ 書樓董事等以管理費煩，且有地產發展公司提出收購，經董事會通過議價完成出售，繼有資金，使書樓保全資源。 ・ 為紀念學海書樓在香港大會堂圖書館藏書廿五年，市政局圖書館舉辦「學海書樓特藏廣東文獻書籍展覽」。由市政局議員劉文龍太平紳士致詞，展覽期間，舉行「古學的欣賞」講座。 ・ 由鄧又同編輯的《學海書樓藏書目錄》和《學海書樓特藏廣東文獻書籍目錄》出版。
1989 年	・ 六月十七日書樓董事賴高年逝世。 ・ 由鄧又同編輯的《粵畫粹珍續集》出版。
1990 年	・ 由鄧又同編選的《學海書樓講學錄選集（1965-1989）》及《陳湛銓講學集》兩書出版。 ・ 由鄧又同編輯的《學海書樓前期講學錄彙輯》出版（由董事何竹平資助）。 ・ 書樓董事趙公輔因移居國外辭去董事職務。
1991 年	書樓成立投資小組，許晉義、伍步剛、香國樑為小組成員。
1992 年	・ 由鄧又同輯錄的《香港學海書樓主講翰林文鈔》出版。 ・ 成立慶祝書樓創立七十周年籌備委員會，由董事會主席許晉義，副主席賴恬昌、莫華釗，義務秘書何竹平，義務司庫香國樑組成。 ・ 書樓講師吳天任逝世。
1993 年	・ 一月七日，書樓講師黃維琩逝世。 ・ 一月二十八日，書樓講師陳荊鴻逝世。 ・ 二月二日，名譽顧問龐鼎元逝世。 ・ 七月至十月，因大會堂裝修，講座暫停四個月。 ・ 沈東強、張日昇任書樓董事。 ・ 為紀念學海書樓創立七十周年，書樓與香港教育署合辦「推廣中國文化計劃」，並由書樓資助。 ・ 十一月二十五日，學海書樓創立七十周年紀念慶典在王府大飯店舉行。 ・ 由何竹平輯錄的《學海書樓七十周年紀念文集》出版。

（續上表）

年份	大事
1994 年	<ul><li>利榮森任書樓名譽會長。</li><li>何耀先、李棪任書樓名譽顧問。</li><li>何家樹、何沛雄、常宗豪任書樓董事。</li><li>五月三十一日，學海書樓與教育署合辦「中國文化專題設計比賽」，作品展覽開幕典禮及頒獎禮在香港教師中心舉行。</li></ul>
1995 年	<ul><li>陳紹南任書樓董事。</li><li>董事會成立修章小組，董事香國樑、陳維樑、伍步剛、沈東強、何家樹、賴恬昌等為修章小組成員。</li></ul>
1996 年	<ul><li>黃允畋任書樓顧問。</li><li>黃振明任書樓董事兼義務司庫。</li><li>名譽顧問李棪逝世。</li></ul>
1997 年	<ul><li>學海書樓七十五周年紀念集編輯委員會成立，成員為鄧又同、賴恬昌、常宗豪、杜祖貽、陳紹南、何竹平。</li><li>十一月，書樓助理廖廣泉辭職，由鄧巧兒接任。</li><li>何文匯、馬國權任書樓董事。</li><li>名譽顧問黃允畋逝世。</li></ul>
1998 年	書樓推動國學講座，成立國學小組，以策劃講師人選及課程事宜，賴恬昌為小組召集人，何文匯、何沛雄、杜祖貽、常宗豪、馬國權、陳紹南為委員。
1999 年	<ul><li>杜祖貽任董事會主席。</li><li>由學海書樓編輯委員會編輯的《學海書樓七十五周年紀念集》出版。</li></ul>
2000 年	<ul><li>書樓購入星光行一四零五室作書樓會所。</li><li>鄧又同榮休，鄧巧兒接任書樓秘書。</li><li>書樓同人及友好募捐「國學專題講座及學術基金」（包括經、史、子、集及藝術講座）。</li><li>蔡有強任書樓文書。</li><li>由賴恬昌編輯的《荔垞文存》、《溫文節公集》及由常宗豪編輯的《學海》（師生及學員作品）出版（均由北山堂贊助）。</li></ul>
2001 年	<ul><li>書樓借存大會堂藏書移存香港中央圖書館之學海書樓藏書室。</li><li>由賴恬昌編輯的《陳文良公集》出版（由北山堂贊助）。</li><li>八月八日，名譽會長利榮森，董事會主席杜祖貽，義務司庫香國樑，董事伍步剛等參觀新落成之中央圖書館及視察寄存之藏書。</li></ul>
2002 年	<ul><li>由賴恬昌編輯的《博采錄》、黃坤堯編輯的《番禺劉氏三世詩鈔》、常宗豪編輯的《唐五代詞講義》出版（均由北山堂贊助）。</li><li>香港中文大學哲學講座（榮休）教授劉述先博士在書樓主講《港台新儒家與經典詮釋》。</li><li>名譽會長馮秉芬逝世。</li><li>四月二十六日，董事馬國權逝世。</li><li>賴恬昌任董事會主席。</li><li>呂元驄任書樓董事。</li><li>湯偉俠任書樓董事。</li><li>常宗豪辭去董事職務。</li><li>學海書樓創立八十周年紀念籌備委員會成立，許晉義任召集人，並邀請各前任主席參與籌辦紀念活動事項。</li></ul>

（續上表）

年份	大事
2003 年	• 四月六日書樓在香港中央圖書館舉辦「儒釋道」專題講座，分別由何沛雄教授，願炯法師及陳潔淮女士主講。 • 黃宜定、黃宜鑄任書樓董事。 • 鄧又同任書樓顧問。 • 馮國培任書樓董事。 • 趙令揚、李林建華任書樓董事。 • 由羅忼烈編輯的《元曲三百首箋重訂編》、賴恬昌編輯的《李景康先生詩文集》、《俞叔文文存》、《學海書樓八十年》、《翰墨流芳》出版（均由北山堂贊助）。 • 四月六日，書樓假香港中環威靈頓街馬車會會所舉行八十周年慶祝晚會，嘉賓，董事及學員百餘人出席。 • 八月二十八日，廣東省政協副秘書長林雅傑一行訪問學海書樓。 • 九月二十日，顧問鄧又同逝世。 • 九月二十二日，顧問許晉封逝世。 • 十二月九日，《文哲選讀》經兩月時間剪接，配樂並出版。
2004 年	• 馮慶鏘任書樓董事。 • 七月二十日，書樓講師陳潔淮病逝。 • 八月十七日，書樓董事何竹平逝世。 • 十二月五日，董事會主席賴恬昌及學海書樓分別獲香港大學中文學會頒贈「文藝復興獎」。 • 由張文燦編輯的《詩經探微》出版（由北山堂贊助）。 • 十二月中旬，佛山市順德區委常委、宣傳部長龔嘉明及區文體局等有關部門責人訪問學海書樓。
2005 年	• 歷史博物館等主辦之「東西匯港 — 粵港澳文物大展」巡迴展覽展出學海書樓提供所藏何啟《新政論議》一書。 • 香國樑任名譽會長兼義務司庫。 • 重組書樓投資小組，成員為許晉義、香國樑、陳紹南、何家樹、湯偉俠。 • 三月二十一日，主席賴恬昌，執行秘書鄧巧兒應邀到廣州訪問廣東省政協，並參觀錦綸會館舊址陳列館。 • 七月一日，書樓學員發起成立「國學研習班」。 • 七月二十日廣東省政協學習和文史資料委員會主任邱金用及原副秘書長林雅傑等一行應邀來訪，並舉行座談會，商議編印《香海傳薪錄：香港學海書樓紀實》一書事宜。 • 十月二十八日，主席賴恬昌、執行秘書鄧巧兒應邀出席順德清暉園修繕工程完竣暨定名二百周年開幕典禮，參觀清暉園內之「學海書樓清暉閣」。
2006 年	• 一月二十三日，書樓顧問胡文瀚逝世。 • 呂元驄任書樓董事會副主席。 • 馮慶鏘因事務繁忙辭去董事職務。 • 五月二十一日，董事會主席賴恬昌接受香港慈愛英文中學學生代表訪問。 • 六月十一日，順德歷史文化研究會李健明一行訪問學海書樓。 • 七月十四日，黃宜定請辭董事一職。 • 由江紹倫編輯的《禪趣詩》、賴恬昌編輯的《翰墨流芳續篇》出版（均由北山堂贊助）。 • 十月十二日，名譽顧問何耀光逝世。 • 十二月七日，董事會主席賴恬昌，執行秘書鄧巧兒應廣東省政協書畫副會長林雅傑之邀，出席在香港藝術館舉行之「廣東省政協書畫藝術交流促進會捐贈『中國歷代書法碑林拓本』儀式」。

（續上表）

年份	大事
2007 年	• 二月二十四日，名譽會長利榮森逝世。 • 四月二十日，董事會主席賴恬昌應邀出席香港中文大學聯合書院主辦之「唐魏三昧——蘇文擢教授法書展」。 • 五月十日，董事會主席賴恬昌在書樓接受香港亞洲電視「解密百年香港」節目組採訪。 • 七月二十三至二十五日，《香海傳薪錄：香港學海書樓紀實》一書定稿會在廣州花都芙蓉度假村舉行，文史專家李吉奎教授、林雅傑研究員、曾慶榴教授、陳忠烈研究員、順德博物館李健明副館長、廣東省政協辦公廳副巡視徐英焰、副調研員古流森和學海書樓執行秘書鄧巧兒等出席。 • 賴拯中、江紹倫任書樓董事。 • 由賴恬昌編輯的《潘小磐詩選》、潘新安編輯的《音義匡正》、鄧巧兒編著的《國粹圖説》出版（均由北山堂贊助）。 • 在香港大會堂高座八樓推廣活動室，土瓜灣公共圖書館及駱克道公共圖書館進行裝修工程期間，「國學講座」講學地點作如下調整：週日講座改在柴灣公共圖書館；週六講座改在九龍公共圖書館；週三講座改在鰂魚涌公共圖書館。
2008 年	• 一月三十一日鄧巧兒辭去執行秘書職務。 • 凌毅任書樓秘書。 • 鄧巧兒任書樓董事。 • 七月十四日，何文匯辭去董事職務。 • 十一月二十九日，學海書樓創立八十五周年慶典暨《香海傳薪錄》新書首發式，假九龍童軍中心總監俱樂部金陶軒酒家舉行，出席嘉賓有：廣東省政協委員、中聯辦教育科技部處長、康民署副署長及香港公共圖書館總館長等，是次活動項目經費由潘新安先生贊助。 • 由賴恬昌編輯的《修竹園近詩》、《學海書樓八十五年》出版（均由北山堂贊助）。
2009 年	• 香港中文大學專業進修學院合辦的國學課程已於五月份結束。 • 香港電台電視部製作的「香港歷史系列」，其中一輯《國學南來》於本年十二月三十一日晚上七時播出後，引起多方關注，因而公開國學講座學員人數不斷增加。 • 學海書樓叢書《在水一方》出版（北山堂贊助）。 • 潘新安任書樓名譽顧問。
2010 年	• 書樓秘書凌毅於五月三十一日辭職，隨由梁啟業接任。 • 六月二十二日，沈東強辭去董事職務。 • 重組書樓財務投資小組，成員為許晉義、伍步剛、陳紹南、湯偉俠、何家樹。
2011 年	• 賴恬昌任永遠名譽會長。 • 陳紹南任董事會主席。 • 何家樹任副主席。 • 許晉義任義務司庫。 • 賴拯中任義務秘書。 • 何猶灝任書樓董事。
2012 年	• 二月二十七日，何沛雄辭去董事職務。 • 三月一日，江紹倫辭去董事職務。 • 四月二日，黃振明辭去董事職務。

（續上表）

年份	大事
2013 年	• 書樓為教育文化機構及圖書館密切研究使書樓古籍善本、珍本，通過影像數碼化操作方式，讓網上讀者普及對國學的認識。 • 由陳紹南編輯的《學海書樓九十年》出版。
2014 年	與香港公共圖書館簽約，開始將學海書樓借存的藏書數碼化，並放於網上，以利讀者查閱。
2016 年	與香港公共圖書館合辦「中國文化講座系列」講座及工作坊（由北山堂贊助）。活動旨在以深入淺出的方式向大眾——尤其年輕一代及教育工作者，傳揚中國傳統學問。
2017 年	• 二月，「國學講座」禮記課學員，參觀香港文化博物館之「宮囍－清帝大婚展覽」。 • 六月至十一月，續辦「中國文化講座系列」講座及工作坊。為方便讀者迅速查閱，與香港公共圖書館商定，將學海書樓藏書之資訊及鏈接，置於學海書樓網頁之藏書書目頁。
2018 年	• 三月一日，國文天地第三百九十四期以學海書樓為主題，出版《國文天地》（香港學海書樓專輯）。 • 八月，由何小書編輯的《承前啟後——中國文化講座彙編》出版（由北山堂基金贊助）。
2019 年	• 四月《承前啟後—中國文化講座續編》出版，北山堂贊助。
2020 年	• 七月至八月，與教育局課程發展處中文組合辦「暑期教師文史哲藝研習班」，共七講。
2021 年	• 七月至八月，與教育局課程發展處中文組合辦「暑期教師文史哲藝研習班」，共六講。 • 十一月至十二月，舉辦教師精修班：楹聯賞析，共三講。
2022 年	• 四月至二○二三年二月，「雲遊詩詞中國」活動，供香港高小及初中學生免費參加。 • 四月七日至八月二十三日，「古典今情講座系列」假中央圖書館舉行，原則上每週一次。 • 四月至二○二三年二月，推出「雲遊詩詞中國」，供香港高小及初中學生免費參加。 • 十月，《蘇文擢教授紀念文集》出版
2023 年	• 一月，推出「學海書樓人生學問講座」。每月一次在中央圖書館舉行。 • 六月，《香港名勝楹聯賞析集》出版。 • 六月，《學海蘭馨：教師研習班講論集》出版。 • 十月《學海書樓與香江國學：中國傳統文化在香港的傳承與革新》由香港中華書局出版。 • 十月十四日，假尖沙咀富豪九龍酒店舉行「學海書樓一百周年誌慶午宴」。

三、《香港工商日報》部分學海書樓講學資訊摘錄

• 1926 年 4 月 7 日《香港工商日報‧學海書樓之演講》

　　該星期三及星期日，仍由賴煥文（賴際熙）老師續講詩經，星期三由俞叔文老師講唐韓愈與李翱論文書。該年聽講者有所上升，遲到者因而無座可入，故擬定增加座位。

- 1926 年 4 月 20 日《香港工商日報．學海書樓延耆宿講學；本星期學海書樓之演講》

  岑敏仲先生，順德名太史，學者久尊仰之，前來港就席，書樓同人特意邀請他於星期日到樓書講學，聞聽講者極為滿意；星期三、星期日下午，由賴際熙太史講詩經；星期六下午由俞叔文講鍾嶸詩品序，因講學人數眾多，特將長桌移去，以多加二十多個座位。

- 1926 年 4 月 26 日《香港工商日報．本星期學海樓之演講》

  該星期三及星期日下午，仍由賴煥文（賴際熙）老師講詩經，星期六下午由俞叔文老師講鍾嶸詩品，日前取講義之聽眾需帶回講義入座。

- 1926 年 5 月 8 日 《香港工商日報．學海書樓之演講》

  該星期三與星期日仍由賴際熙老師講詩經，該星期六下午因上星期俞叔文老師因事未能到堂，將補講柳冕與一友論文書。

- 1926 年 5 月 25 日 《香港工商日報．學海書樓講演記》

  學海書樓該星期三與星期日下午，由賴煥文（賴際熙）老師講解考試所出春季經解各題，星期六下午，由俞叔文老師講曾滌笙論文家書。

- 1926 年 6 月 16 日《香港工商日報．學海書樓講學記》

  學海書樓，星期三、星期日下午，由賴煥文（賴際熙）老師識漢唐宋明黨議，星期六由俞叔文老師續講曾滌笙與劉孟蓉書。

- 1926 年 12 月 14 日《香港工商日報・學海書樓講學記》

  學海務樓該星期三與星期日下午，仍由賴際熙老師主講荀子；星期六下午，由俞叔文老師主講戴存莊朱建論，王夫之楊時論，俱有講義派發。

- 1926 年 12 月 20 日《香港工商日報・學海書樓講學記》

  該星期三及星期日，由賴煥文（賴際熙）老師主講荀子，星期三由俞叔文老師主講王夫之宋論，並會派發講義，每天開講 2.5 小時。

- 1926 年 12 月 29 日《香港工商日報・學海書樓講學記》

  學海書樓該星期三與星期日下午，由賴際熙考師主講荀子，星期六下午仍由俞叔文老師續講王夫之宋論，俱有講義派發。

- 1927 年 2 月 14 日 《香港工商日報・學海書樓定期講學》

  般含道學海書樓定於舊曆十八日繼續開講，由賴煥文（賴際熙）、俞叔文兩位老師主講，章程如舊。

- 1927 年 2 月 1 日《香港工商日報・學海書樓講學記》

  學海書樓已於前星期開講，本星期內，星期三由賴煥文老師，因有事輟講，星期六講管子，星期三由俞叔文老師講全祖望四皓論，並蘇軾武王論。均有講義派發。

- 1927 年 3 月 7 日《香港工商日報・學海書樓講學記》

  該是星期仍由賴煥文（賴際熙）老師講管子，俞叔文老師講王慶麟王安石蘇洵論、王安石譽妃論，均有講義派發。

- 1927 年 3 月 10 日《香港工商日報‧學海書樓變更講學日期》

　　該本年因賴煥文（賴際熙）老師在大學任講席，故星期三下午暫停講學，星期六、日則仍照常講學，故該星期起，賴老師講授書經、不設講義，聽講者須自備書籍入座。

- 1927 年 3 月 29 日《香港工商日報‧學海書樓講學日記》

　　學海書樓此星期內仍由賴煥文（賴際熙）老師講書經，不發講義。俞叔文老師講俞蔭甫伯魯論，有講義發給。

- 1927 年 5 月 11 日《香港工商日報‧學海書樓講學記》

　　該星期仍由賴際熙老師講書經。俞叔文老師講劉大魁「難言續難言」，有講義派發。

- 1927 年 5 月 16 日《香港工商日報‧學海書樓講學記》

　　學海書樓該星期由賴煥文（賴際熙）老師講書經，俞叔文老師講蘇軾范蠡論、姚鼐范蠡論，並有派發講義。

　　當年迎增書籍有：涵芬樓古今文鈔，周禮補注，聚學軒叢書，擇是居叢書五種，擇是居叢書六種，擇是居叢書十三種，涵芬樓秘笈，近代詩鈔，坡門酬唱集，金石索，李文忠公全集，清朝文錄簡篇，古今遊記叢鈔，石遺詩集，賞雨茅屋詩集，反離騷，笠澤叢書，脈經，秋士遺集，散原精舍詩集，味蘇齋詩集，陽春白雪，魚玄機集，黃牡丹菊詩傑，徐公文集，歸玄恭遺著，越漫堂詩話，三國志齋尺讀，唐拓柳書金剛經，佛學易經，阿彌陀佛疏鈔，淨土津要，淨土津要續篇，淨土津要十三種，淨土四經，佛爾雅，佛教哲學，拿破崙本紀，美國名君言行錄，集成曲譜，太平廣記，爵華閣遺集，共四十八種。

- 1927 年 5 月 23 日《香港工商日報·學海書樓講學記》

    該星期仍由賴煥文（賴際熙）老師講經，不發講義，俞叔文老師講朱彝尊陳壽論，候朝宗荊軻論，均有講義派發。

- 1927 年 5 月 31 日《香港工商日報·學海書樓講學記》

    該星期由賴煥文老師講書經，星期六值蒲節（即端午節），是日輟講。

- 1927 年 6 月 14 日《香港工商日報·學海書樓講學記》

    學海書樓該星期仍由賴煥文（賴際熙）老師講書經，俞叔文老師講鮫大昕皋陶論，有講義派發。

- 1927 年 7 月 6 日《香港工商日報·學海書樓加聘區太史講學》

    此星期起，星期三下午改由賴煥文（賴際熙）老師主講書經，星期六下午由俞叔文老師主講史論，有講義派發，星期日下午，加請區徽五（區大典）老師主講五經大義，亦有講義發給。

- 1928 年 8 月 20 日《香港工商日報·學海書樓添聘區岑兩太史講學》

    學海書樓在賴煥文（賴際熙）太史、俞叔文老師之基礎之上，自七月起加聘區徽五（區大典）、岑敏仲（岑光樾）兩太史，在每星期三下午輪流講學，並先由岑太史講朱九江先生年譜，及發講義。

- 1928 年 8 月 27 日《香港工商日報·學海書樓講學日記》

該星期三由岑光樾太史講朱九江年譜，刊有講義。星期六下午由俞叔文講左傳僖公三十三年，及有賴煥文（賴際熙）老師講書經周書。

- 1928 年 9 月 3 日《香港工商日報·學海書樓講學日記》

該星期書樓定由岑光樾太史講朱九江先生年譜，刊有講義。星期六下午由俞叔文講左傳僖公三十三年，及有賴煥文（賴際熙）老師講書經周書。區大典老師不日到港，到書樓講授。

- 1928 年 9 月 10 日《香港工商日報·本星期學海書樓之講學》

該星期三由岑敏仲老師續講東九江年譜；星期六由俞叔文老師續講左傳文公，星期日由賴煥文（賴際熙）老師續講書經；下月星期三由區徽五（區大典）老師講學，選講何書。

- 1928 年 9 月 17 日《香港工商日報·學海書樓講學日記》

該星期書樓講學，區大典老師雖返港，但因事未暇，星期三仍由岑光樾老師講朱九江年譜，星期六日俞叔文老師講左傳文公，星期日由賴老師講書經周書。

- 1928 年 9 月 24 日《香港工商日報·學海書樓講學日記》

書樓本星期講學如下：星期三八月十三日由岑敏仲先生講朱九江先生年譜，星期六八月十六日由俞叔文先生講左傳文公，星期日八月十七日由賴煥文先生講書經周書。

- 1928 年 11 月 26 日《香港工商日報·學海書樓講學預記》

書樓本星期講學如下：星期三下午由賴煥文先生續講

史記，星期六下午由俞叔文先生講左傳文公，星期日下午
由區徽五先生講周易大義。

- 1928 年 12 月 17 日《香港工商日報‧學海書樓講學日記》

    書樓本星期講學如下：星期三下午由賴煥文先生續講
    史記，星期六為冬節，講學暫停，星期日講學亦取消。

- 1928 年 12 月 25 日《香港工商日報‧學海書樓講學日記》

    書樓本星期講學如下：星期三下午由賴煥文先生續講
    史記，星期六下午由俞叔文先生講左傳文公，星期日下午
    由於區徽五先生旅遊未歸，講學取消。

- 1928 年 12 月 31 日《香港工商日報‧學海書樓講學日記》

    書樓本星期講學如下：星期三下午由賴煥文先生續講
    史記，星期六下午由俞叔文先生講左傳文公，星期日下午
    由岑敏仲老師續講朱九江先生年譜，並會派發講義。

- 1929 年 4 月 15 日《香港工商日報‧學海書樓講學日記》

    書樓本星期講學如下：星期三下午由賴煥文先生續講
    史記，星期六下午由俞叔文先生講左傳文公，星期日下午
    由岑敏仲老師講文獻通考序，並會派發講義，其他課堂講
    義由學生自備。

- 1929 年 4 月 22 日《香港工商日報‧學海書樓講學日記》

    書樓本星期講學如下：星期三下午由賴煥文先生續講
    史記，星期六下午由俞叔文先生講左傳文公，星期日下午
    由岑敏仲老師講文獻通考序，並會派發講義，其他課堂講
    義由學生自備。

- 1929 年 5 月 6 日《香港工商日報·學海書樓講學日記》

  書樓本星期講學如下：星期三下午由賴煥文先生續講史記，星期六下午由俞叔文先生講左傳文公，星期日下午由岑敏仲老師講文獻通考序，並會派發講義，其他課堂講義由學生自備。

- 1929 年 5 月 27 日《香港工商日報·學海書樓講學日記》

  書樓本星期講學如下：星期三下午由賴煥文先生續講史記，星期六下午由俞叔文先生講左傳文公，星期六日下午由岑敏仲老師講文獻通考序，並會派發講義，其他課堂講義由學生自備。

- 1929 年 6 月 4 日《香港工商日報·學海書樓講學日記》

  書樓本星期講學如下：星期三下午由賴煥文先生續講史記，星期六下午由俞叔文先生講左傳文公，星期日下午岑敏仲老師輟講，由區徽五講周易大典，並會派發講義，其他課堂講義由學生自備。

- 1929 年 6 月 10 日《香港工商日報·學海書樓講學日記》

  書樓本星期講學如下：星期三下午由賴煥文先生續講史記，星期六下午由俞叔文先生講左傳，星期日下午由區徽五老師講周易大義，並會派發講義，其他課堂講義由學生自備。

- 1929 年 6 月 18 日《香港工商日報·學海書樓日記》

  書樓本星期講學如下：星期三下午由賴煥文先生續講史記，星期六下午由俞叔文先生講左傳，星期日下午由區

徽五老師講周易大義，並會派發講義，其他課堂講義由學生自備。

- 1929 年 6 月 24 日《香港工商日報·學海書樓日記》

　　書樓本星期講學如下：星期三下午由賴煥文先生續講史記，星期六下午由俞叔文先生講左傳，星期日下午由區徽五老師講周易大義，並會派發講義，其他課堂講義由學生自備。

- 1929 年 7 月 15 日《香港工商日報·學海書樓講學日記》

　　書樓本星期講學如下：星期三下午由賴煥文先生續講史記，星期六下午由俞叔文先生講左傳，星期日下午由區徽五老師講周易大義，並會派發講義，其他課堂講義由學生自備。

- 1929 年 7 月 22 日《香港工商日報·學海書樓講學日記》

　　書樓本星期講學如下：星期三下午由賴煥文先生因有事停講，星期六下午由俞叔文先生講左傳，星期日下午由區徽五老師講周易大義，並會派發講義，其他課堂講義由學生自備。

- 1929 年 7 月 29 日《香港工商日報·學海書樓講學日記》

　　書樓本星期講學如下：星期三下午由賴煥文先生續講史記，星期六下午由俞叔文先生講左傳，星期日下午由區徽五老師講周易大義，並會派發講義，其他課堂講義由學生自備。

- 1929 年 8 月 12 日《香港華字日報・學海書樓講學日記》

  書樓本星期講學如下：星期三下午由賴煥文先生續講史記，星期六下午由俞叔文先生講左傳，星期日下午由區徽五老師講周易大義，並會派發講義，其他課堂講義由學生自備。

- 1929 年 8 月 19 日《香港工商日報・學海書樓講學日記》

  書樓本星期講學如下：星期三下午由賴煥文先生續講史記，星期六下午由俞叔文先生講左傳，星期日下午由區徽五老師講周易大義，並會派發講義，其他課堂講義由學生自備。

- 1929 年 8 月 26 日《香港華字日報・學海書樓講學日記》

  書樓本星期講學如下：星期三下午由賴煥文先生續講史記，星期六下午由俞叔文先生講左傳，星期日下午由區徽五老師講周易大義，並會派發講義，其他課堂講義由學生自備。

- 1929 年 9 月 2 日《香港工商日報・學海書樓講學日記》

  書樓本星期講學如下：星期三下午由賴煥文先生續講史記，星期六下午由俞叔文先生講左傳，星期日下午由區徽五老師講周易大義，並會派發講義，其他課堂講義由學生自備。

- 1929 年 9 月 9 日《香港工商日報・學海書樓講學記》

  書樓本星期講學如下：星期三下午由賴煥文先生續講史記，星期六下午由俞叔文先生講左傳，星期日下午課堂

因區徽五老師事忙而取消。

- 1929 年 9 月 16 日《香港工商日報‧學海書樓講學記》

　　書樓本星期講學如下：星期三下午由賴煥文先生續講
史記，星期六下午由俞叔文先生講左傳，星期日下午課堂
因區徽五老師事忙而取消。

- 1929 年 9 月 23 日《香港華字日報‧學海書樓講學日記》

　　書樓本星期講學如下：星期三下午由賴煥文先生續講
史記，星期六下午由俞叔文先生講左傳，星期日下午課堂
因區徽五老師事忙而取消。

- 1929 年 10 月 1 日《香港華字日報‧學海書樓講學日記》

　　書樓本星期講學如下：星期三下午由賴煥文先生續講
史記，星期六下午由俞叔文先生講左傳，星期日下午課堂
因區徽五老師事忙而取消。

- 1929 年 12 月 30 日《香港工商日報‧學海書樓講學日記》

　　書樓本星期講學如下：星期三下午由賴煥文先生續講
史記，星期六下午由俞叔文先生講左傳，星期日下午課堂
因區徽五老師事忙而取消。

- 1930 年 1 月 6 日《香港工商日報‧學海書樓講學日記》

　　書樓本星期講學如下：星期三下午由賴煥文先生續講
史記，星期六下午由俞叔文先生講左傳昭公，星期日課堂
取消。

- 1930 年 1 月 13 日《香港工商日報‧學海書樓講學日記》

　　書樓本星期講學如下：星期三下午由賴煥文先生續講史記，星期六下午由俞叔文先生講左傳昭公，星期日課堂取消。

- 1930 年 1 月 20 日《香港工商日報 · 學海書樓講學日記》

　　書樓本星期講學如下：星期三下午由賴煥文先生續講史記，星期六下午由俞叔文先生講左傳昭公，星期日課堂取消。

- 1930 年 2 月 4 日《香港華字日報 · 學海書樓講學日記》

　　書樓本年於初五開始營業，講學則按以往做法：星期六下午由俞叔文先生講左傳，下星期三及星期日下午，則由賴煥文先生續講史記，聽講者需自備講義。

- 1930 年 2 月 10 日《香港華字日報 · 學海書樓講學日記》

　　書樓本星期講學如下：星期三下午由賴煥文先生續講史記，星期六下午由俞叔文先生講左傳昭公，星期日課堂取消。

- 1930 年 2 月 17 日《香港華字日報 · 學海書樓講學日記》

　　書樓本星期講學如下：星期三下午由賴煥文先生續講史記，星期六下午由俞叔文先生講左傳昭公，星期日課堂取消。

- 1930 年 2 月 24 日《香港華字日報 · 學海書樓講學日記》

　　書樓本星期講學如下：星期三下午由賴煥文先生續講史記，星期六下午由俞叔文先生講左傳昭公，星期日課堂取消。

- 1930 年 3 月 3 日《香港華字日報・學海書樓講學日記》

  書樓本星期講學如下：星期三下午由賴煥文先生續講史記，星期六下午由俞叔文先生講左傳昭公，星期日課堂取消。

- 1930 年 3 月 10 日《香港工商日報・學海書樓講學日記》

  書樓本星期講學如下：星期三下午由賴煥文先生續講史記，星期六下午由俞叔文先生講左傳昭公，星期日課堂取消。

- 1930 年 3 月 17 日《香港工商日報・學海書樓講學日記》

  書樓本星期講學如下：星期三下午由賴煥文先生續講史記，星期六下午由俞叔文先生講左傳昭公，星期日課堂取消。

- 1930 年 3 月 24 日《香港華字日報・學海書樓講學日記》

  書樓本星期講學如下：星期三下午由賴煥文先生續講史記，星期六下午由俞叔文先生講左傳昭公，星期日課堂取消。

- 1930 年 4 月 1 日《香港工商日報・學海書樓講學日記》

  書樓本星期講學如下：星期三下午由賴煥文先生續講史記，星期六由於是清明節，課堂取消。

- 1930 年 4 月 7 日《香港工商日報・學海書樓講學日記》

  書樓本星期講學如下：星期三下午由賴煥文先生續講史記，星期六下午由俞叔文先生講左傳昭公，星期日課堂取消。

四、學海書樓藏書長期借存香港市政局大會堂公共圖書館合約 [4]

學海書樓藏書長期借存香港市政局大會堂公共圖書館，雙方訂約如下：

（一）學海書樓藏書借存在大會堂圖書館，由經理全權管理。

（二）學海書樓藏書存在大會堂圖書館，可供應社會人士自由借閱，但不得帶離圖書館。

（三）圖書館主管有全權將學海書樓藏書釘裝、修補，並將不便貯藏部份退還學海書樓。

（四）學海書樓得隨時要求退還任何部份書籍，惟必須先付回合理之書籍修補費用。

（五）主管將儘量設法將學海書樓書籍保存，但政府及其屬下人員對書籍之遺失或損壞不承擔任何責任。

（六）圖書館主管可有權酌量在學海書樓書籍面上加蓋學海書樓藏書標誌或所需符號。

（七）經理須標誌：「學海書樓藏書長期借存於本圖書館以利公眾閱覽」之匾額，懸掛在圖書館之內。

（八）學海書樓可於每週星期日下午2時至4時，或其他日期時間，免費借用大會堂高座演講室作為公開國學講座之用。實際時間，得由大會堂經理全權決定。

（九）學海書樓倘有需要，可要求大會堂圖書館將本書樓藏書退還，惟必須先付合理之補償與市政局，如修補、

4　廣東省政協文化和文史資料委員會編，《香海傳薪錄：香港學海書樓紀實》，頁290-292。

重裝書籍等費用。

訂約人：學海書樓全權代表 董事： 鄧肇堅簽署

利榮森簽署

李海東簽署

賴高年簽署

香港大會堂經理： JHAREY 簽署

西元 1962 年 6 月 30 日

AN AGREEMENT made the 16 day of June 0512 One thousand nine
hundred and sixty two BETWEEN HOK HOI LIBRARY of 20, Bonham Road, Victoria,
in the Colony of Hong Kong (hereinafter referred to as "the Lender") of
the one part and the MANAGER of the City Hall (hereinafter referred to as
"the Manager"), for and on behalf of the URBAN COUNCIL (hereinafter
referred to as "the Council") of the other part.

WHEREBY IT IS AGREED that the Lender shall transfer to the Manager on
permanent loan the books presently comprised in the library of the Lender,
which books will be listed in a schedule to be signed by or on behalf of
the parties hereto and are hereinafter referred to as "the Hok Hoi Library",
upon the following terms and conditions :—

1. The Hok Hoi Library shall be housed in and shall form part of
the City Hall Library, the disposal in the City Hall Library of the books
comprising the Hok Hoi Library being at the absolute discretion of the
Manager.

2. Subject to the rules applicable to the City Hall Library,
the books in the Hok Hoi Library shall be made freely available to the
general public for reference within the City Hall Library but shall not be
loaned outside the City Hall Library.

3. The Manager, in his absolute discretion, may maintain, repair
and rebind such of the books comprising the Hok Hoi Library as he may
consider necessary and may return to the Lender any books which he considers
too badly worn for retention in the City Hall Library.

4. The Lender may at any time withdraw from the City Hall Library
any book comprised in the Hok Hoi Library on payment to the Council of
such amount as may be assessed by the Manager as fair compensation for
any money expended by him on the repair or other improvement of such book.

5. While the Manager will take all practicable precautions to
ensure the safety of the Hok Hoi Library, neither the Council nor the
Hong Kong Government nor any of its or their servants shall be under any
liability whatsoever in respect of any loss or damage to any book forming
part of the Hok Hoi Library.

6. The Manager may in his absolute discretion endorse on or add
to any book forming part of the Hok Hoi Library such library mark or book.
plate as he may consider necessary.

Stamped without penalty.

DUPLICATE Or COUNTER-PART
Original duly Stamped with

/7........

3 0 JUN 1962

長期借存圖書合約原件

五、香港學海書樓講學名錄 [5]

講座題目	主講人	起訖時間
講述經義	陳伯陶	1923 年至 1941 年
講經學，談易經、揚儒學	區大典	
講學多闡發人倫大道，忠孝詳義	溫　肅	
課經史外，宣揚孔學	朱汝珍	
主講經史，弘揚儒學	岑光樾	
課經史，授詞章	區大原	
文獻通考 · 序	賴際熙	
兩都賦	朱汝珍	
詩經	俞叔文	
孔子	伍憲子	1951 年至 1960 年
孟子的人性論	梁寒操	
王龍溪學術	唐君毅	
班超與西域	羅香林	
詩聖杜甫	吳天任	
韓愈之生平及作品	黃維琠	
蘇東坡及其詩詞	孫甄陶	
顧亭林詩	饒宗頤	
四家之要義	中某某	
管子治齊能識貨幣相權之理	佚名	
談中國道統	梁寒操	
毛詩十五國風述義	朱子範	
説仁	李景康	
司馬遷與史記	黃維琠	
黎二樵之生平	陳荊鴻	

5　廣東省政協文化和文史資料委員會編，《香海傳薪錄：香港學海書樓紀實》，頁 248-255。

（續上表）

講座題目	主講人	起訖時間
集大成的賦家‧庾信	吳天任	
詩仙李白	吳天任	
關於柳宗元	黃維琩	
八家中的歐陽修	黃維琩	
談石鼓文	饒宗頤	
説義	李景康	
原孝	黃維琩	
陳白沙理學論	李景康	
子書概説	陳湛銓	
王安石的政治思想	吳天任	
史學敘識	吳天任	
楚辭文學的特質	吳天任	
周易坎離二卦	陳湛銓	1961 年至 1970 年
孝道淺説	黃維琩	
古詩五言罕見聲律例證	李　棪	
陳岩野詩文與其事功之考證	陳荊鴻	
鄭樵生平與通志簡介	吳天任	
通志總序疏證自序	吳天任	
莊學述要	陳湛銓	
離騷（屈原）	岑權波	
正始文學與阮籍詠懷	吳天任	
元遺山評傳	吳天任	
晏幾道小山詞	潘小磐	
魏晉六朝文學簡評	鄭水心	
花間十八家詞	鄭水心	
嶺南三大家之獨漉堂詩	陳荊鴻	
唐文選雋、古文摘、古詩摘腴	潘小磐	
魏晉六朝文學簡評	鄭水心	
花間十八家詞	鄭水心	
嶺南三大家之獨漉堂詩	陳荊鴻	

（續上表）

講座題目	主講人	起訖時間
唐文選雋、古文摘、古詩摘腴	潘小磐	
奇文共賞	潘小磐	
蘇東坡詩	陳湛銓	
國文選	陳湛銓	
昭明文選隅舉	溫中行	
詩選	蘇文擢	
黃山谷詩	劉紹進	
古文選讀	盧國洪	
唐詩人李白	盧國洪	
勵志詩選	盧國洪	
世說新語	盧國洪	
諸子節選	盧國洪	
唐文選雋	潘小磐	
史記留侯世家	潘小磐	
唐詩舉粹	溫中行	
兩宋三家詞	黃兆顯	
杜甫秋興八首	何叔惠	
宋名家詞選	溫中行	
元遺山詩編年選注	陳湛銓	
論語選講	溫中行	
《三國志・諸葛亮傳》	潘小磐	
元遺山詩篇選注	陳湛銓	
陸放翁詩	陳湛銓	
左傳	李巽仿	
孟子：人格的教育	何叔惠	
孝經	李巽仿	
史名家詞選	溫中行	
清名家王仲瞿詩選講	趙大鈍	
袁子才駢文	潘小磐	
孟子文法研究	陳　本	

（續上表）

講座題目	主講人	起訖時間
唐韓愈進學解語譯文注釋	溫中行	
清詞	黃兆顯	
王安石祭王回深甫文	郭霖沅	
詩律和老杜	潘小磐	
李義山詩	何叔惠	
文天祥詩	黃兆顯	
書譜序	何叔惠	
滕王閣序	潘小磐	
昭明文選	陳湛銓	1981 年至 1990 年
韓柳文舉要	溫中行	
六朝文	潘小磐	
論語言治國五事	盧國洪	
孟子事略附孟子賦	盧國洪	
南宋八家文選讀	郭霖沅	
荀子學說	郭霖沅	
蘇軾文	李巽仿	
對聯與詩鐘	陳　本	
詩聯作法	陳　本	
聯語文學	陳　本	
左傳	陳秉昌	
荀子勸學要旨與段落大意	郭霖沅	
明代大儒新會陳白沙	盧國洪	
庾信哀江南賦	何叔惠	
四書·大學	何叔惠	
清代詠史詩	潘小磐	
古文味腴	潘小磐	
韓文	何乃文	
論語學而篇、述而篇、雍而篇注釋	何叔惠	
左傳	陳秉昌	
清化科舉由貢士至翰林之考試程式	溫中行	

（續上表）

講座題目	主講人	起訖時間
清詞	黃兆顯	
魏晉詩	黃兆顯	
詩經	陳汝柏	
史記	郭霖沅	
歷代文學名作	張文燦	
論漢語之疊音結構	張文燦	
歷代文學名作	陳觀良	
樂毅報燕惠王書注釋	陳觀良	
歷代文學名作	鄧鴻鈞	
孔孟學說	尹德華	
史記	陳維略	
朱九江先生平行誼摘錄	陳維略	
文學名作	何乃文	
戰國策蘇秦為趙合縱說楚威王注釋	何乃文	
南北朝詩	黃兆顯	
董祐誠蘭石詞敘論	黃兆顯	
歷代學術流派	袁校良	
周易繫辭傳之作者	陳汝柏	
名家詩詞選	張文燦	
駢文選講	張文燦	
詩詞選講	陳觀良	
陸放翁詩	洪肇平	
群經選講	陳觀良	
唐韓愈送李願歸盤谷序注釋	何乃文	
記事文選	潘小磐	
尚書	黃兆顯	
遊記文選	陳秉昌	
子史摘講	鄧瀚鈞	
古詩五言聲律及文字學	李　棪	
漢諸葛亮出師表注釋	陳觀良	

（續上表）

講座題目	主講人	起訖時間
易經	葉伯榮	
駢體文選	張文燦	
甲骨文、唐詩律韻、易學	李 棪	
李義山詩	鄭滋斌	
甲骨文與古樂	唐健垣	1991 年至 2000 年
說文解字	陳觀良	
禮記	陳潔淮	
唐詩	潘小磐	
孝經	黃兆顯	
詩詞選	張文燦	
歷代文選	陳觀良	
宋詞	李 棪	
漢魏六朝賦	何沛雄	
古文選	陳潔淮	
莊子	陳潔淮	
禮記	黃兆顯	
七言古詩	陳觀良	
古史	林天蔚	
後漢書	陳潔淮	
老子	陳潔淮	
山水及花卉畫法	羅鶴鳴	
文心雕龍	洪肇平	
陶淵明詩	陳觀良	
晉書・阮籍傳	陳潔淮	
論語	潘小磐	
四部選粹	黃兆顯	
國學與書法	羅鶴鳴	
唐詩選	陳觀良	
古今藝術之研究	羅冠樵	
篆書與篆刻	陳禮源	

（續上表）

講座題目	主講人	起訖時間
從清史看中國發展	呂元驄	
史記不是史	周錫䪖	
中國文人畫精粹何在	周錫䪖	
唐文選講	何叔惠	
唐文選講	何叔惠	
孟子	何叔惠	
唐宋詩	張文燦	
韓文選講	陳潔雅	
杜牧詩	周錫䪖	
劉克莊詞	陳偉光	
詩詞與國畫	關應良	
杜甫詩	羅鶴鳴	
篆刻與書法	陳禮源	
史記	劉清真	
倫理學	陳思迪	
朱疆村詞	洪肇平	
孔子理財學	高家裕	
説文解字序	常宗豪	
詩詞欣賞與創新	郭 魂	
詩經	周錫䪖	
九七回歸	百元驄	
論語	陳潔淮	
姜白石詞	張文燦	
書法的欣賞與創作基礎課程	張錦華	
蘭亭集序	劉清真	
長江三峽及其詩文	張錦華	
玉台新詠序	劉清真	
詩品與人品	郭 魂	
新出土古文字與學術研究	張光裕	
楚辭九歌	劉清真	

（續上表）

講座題目	主講人	起訖時間
駢文賞析	陳志誠	
文學名作選講	張文燦	
粵北歷史文化	張錦華	
阿房宮賦	郭 魂	
中國古典小説	周錫馥	
以今論古	呂元驄	
青銅器與中國古代文化	張光裕	
文人畫淺談	李國明	
郭店楚簡儒書簡介	張光裕	
水經注	黃坤華	
紅樓夢詩詞欣賞	郭 魂	
史記類傳賞析	梁紹傑	
中西文化的異同	呂元驄	
文心雕龍	常宗豪	
儒學之現實意義	郭 魂	
港台新儒家與經典詮釋	劉述先	
從己亥雜詩看龔自珍	梁紹傑	
格律詩舉隅	何瑞麟	
「康雍乾」政績	呂元驄	
離騷	常宗豪	
詩歌鑑賞	郭 魂	
唐五代詞	李國明	
郭煌曲子詞	郭 魂	
哲理詩賞析	郭 魂	
李清照詞	洪肇平	
對聯創作與欣賞	陳錫波	
清代詩詞賞析	郭 魂	
道德經詮釋	郭 魂	
昭明文選	劉清真	
文學名作選講	張文燦	

（續上表）

講座題目	主講人	起訖時間
杜甫詩	洪肇平	
國玩七巧	梁紹傑	
易經	陳汝柏	
文學名作選講	張文燦	
四部選粹	黃兆顯	
道德經	湯偉俠	
中國古典小説之起源	郭偉廷	
古文賞析	郭　魂	
杜甫詩	洪肇平	
左傳	洪肇平	
姜白石詞	洪肇平	
潮音閣詩	洪肇平	
清明上河圖	陳錫波	
左傳	朱冠華	
詩文的魅力	郭　魂	
元遺山詩	張文燦	
楚辭與楚文化	吳淑鈿	

注：1941 年底，日軍侵佔香港，圖籍遭毀，人員星散，書樓講座被迫中斷數年。

六、學海書樓董事會名錄

- 1941 年以前，主持學海書樓行政的義務人員及董事：

主　任：賴煥文、羅旭龢、洪興錦、李海東（兼司庫）、俞叔文（兼司理）。

董　事：王辰頌　王德光　尹文楷　汪筱侶　江貽孫　江瑞英
　　　　阮文村　阮次靄　安得臣　李亦梅　李梓芳　李冠春
　　　　李瑞琴　李雲敘　李翰墀　李榮光　李右泉　李尚銘
　　　　李景康　何曉生　何世傑　何世奇　利希慎　宋奏雲
　　　　吳穗疇　周壽臣　周東生　岑伯銘　招文卿　馬敘朝

洪子良　洪子義　洪子榮　胡恒錦　梁保三　梁燕孫
梁季典　梁孔鑄　梁仁甫　容子名　容子靜　容兆焯
容禮珍　陳省三　陳殿臣　陳伯益　陳廉伯　陳哲如
陳廉孚　陳子丹　陳夢熊　陳星梅　陳敦甫　馮香泉
馮平山　馮璞庵　馮玉森　馮達衡　郭春秋　郭輔庭
郭炯彤　郭少流　區徽五　區　廣　黃麗生　黃麗川
黃培初　黃奉週　黃梓林　黃伯宸　高寶森　曹善允
莫干生　姚鉅源　張定庵　曾　富　傅亦明　楊寶君
葉履剛　鄧志昂　劉漁舫　劉少泉　劉季焯　劉亦焯
蔡耀公　盧醴蓀　盧舜雲　鍾仲芍　謝家寶　簡玉階
簡煥章　戴培基　羅持友等。

（1958 年，學海書樓向政府申請註冊為學海書樓有限公司，並成立書樓董事會）

- 1958 年

  主　席：利榮森

  義務秘書：賴高年

  董　事：盧冠芹　楊萼輝　李景康　賴恬昌　李海東　黃允畋
  　　　　梁季典

  書　記：梁其榴

- 1959 年

  主　席：利榮森

  代主席：李海東、李景康

  義務秘書：賴高年

  董　事：盧冠芹、楊萼輝、李景康、賴恬昌、李海東、黃允畋、
  　　　　梁季典

  書　記：梁其榴

- 1960 年

  主　席：利榮森

  義務秘書：賴恬昌

  董　事：盧冠芹　楊莘輝　李景康　李海東　黃允畋　梁季典
  　　　　賴高年　馮秉華　招量行

  書　記：梁其榴

- 1961 年

  主　席：利榮森

  義務秘書：賴恬昌

  董　事：盧冠芹　楊莘輝　賴高年　李海東　黃允畋　梁季典
  　　　　馮秉華　招量行　周天湛

  書　記：梁其榴

- 1962 年

  主　席：利榮森

  義務秘書：賴恬昌

  董　事：盧冠芹　楊莘輝　賴高年　李海東　黃允畋　梁季典
  　　　　馮秉華　招量行　周天湛　趙君慈

  書　記：梁其榴

- 1963 年

  名譽顧問：鄧肇堅、馮秉芬

  主　席：利榮森

  義務秘書：賴恬昌

  董　事：盧冠芹　楊莘輝　賴高年　李海東　黃允畋　馮秉華
  　　　　招量行　周天湛　趙君慈

  書　記：陸金源

- 1964 年

  名譽顧問：鄧肇堅、馮秉芬

  主　席：利榮森

  義務秘書：賴恬昌

  義務司庫：黃允畋

  董　事：盧冠芹　楊葛輝　賴高年　李海東　馮秉華　招量行
  　　　　趙君慈　周天湛

  書　記：陸金源

- 1965 年

  名譽顧問：鄧肇堅、馮秉芬

  主　席：利榮森

  義務秘書：賴恬昌

  義務司庫：黃允畋

  董　事：盧冠芹　楊葛輝　賴高年　李海東　馮秉華　招量行
  　　　　周天湛

  書　記：陸金源

- 1966 年

  名譽顧問：鄧肇堅、馮秉芬

  主　席：利榮森

  義務秘書：賴恬昌

  義務司庫：黃允畋

  董　事：盧冠芹　楊葛輝　賴高年　李海東　馮秉華　招量行
  　　　　周天湛　李　棪　陳良耜

  書　記：關少泉

- 1967 年

  名譽顧問：鄧肇堅、馮秉芬

  主　席：利榮森

義務秘書：賴高年

義務司庫：黃允畋

董　事：盧冠芹　楊萼輝　賴恬昌　李海東　招量行　周天湛
　　　　　李　楸　陳良耜　趙公輔　梁秉華

書　記：關少泉

- 1968 年

名譽顧問：鄧肇堅、馮秉芬

主　席：利榮森

代主席：李海東

義務秘書：賴高年

義務司庫：黃允畋

董　事：盧冠芹　楊萼輝　賴恬昌　李海東　招量行　周天湛
　　　　　李　楸　陳良耜　趙公輔

書　記：關少泉

- 1969 年

名譽顧問：鄧肇堅、馮秉芬

主　席：利榮森

義務秘書：賴高年

義務司庫：黃允畋

董　事：盧冠芹　楊萼輝　賴恬昌　李海東　招量行　周天湛
　　　　　李　楸　陳良耜　趙公輔　許晉封

書　記：關少泉

- 1970 年

名譽會長：鄧肇堅、馮秉芬

主　席：利榮森

義務秘書：賴高年

義務司庫：黃允畋

董　事：盧冠芹　楊蕚輝　賴恬昌　李海東　招量行　周天湛
　　　　李　棪　陳良耜　趙公輔　許晉封　馮秉華

書　記：關少泉

助　理：關鍵

- 1971 年

名譽會長：鄧肇堅、馮秉芬

主　席：黃允畋

副主席：賴恬昌

義務秘書：賴高年

義務司庫：趙公輔

董　事：利榮森　盧冠芹　楊蕚輝　李海東　招量行　周天湛
　　　　李　棪　陳良耜　許晉封

書　記：關少泉

助　理：關鍵

- 1972 年

名譽會長：鄧肇堅、馮秉芬

主　席：黃允畋

副主席：賴恬昌

義務秘書：賴高年

義務司庫：趙公輔

董　事：利榮森　盧冠芹　楊蕚輝　李海東　招量行　周天湛
　　　　李　棪　陳良耜　許晉封

書　記：關少泉

助　理：黃炳權

- 1973 年

名譽會長：鄧肇堅、馮秉芬

主　席：黃允畋

副主席：賴恬昌

義務秘書：賴高年

義務司庫：趙公輔

董　事：利榮森　盧冠芹　楊莩輝　李海東　周天湛　李　棪
　　　　陳良耜　許晉封　高福申　何耀光

書　記：關少泉

助　理：關鍵

- 1974 年

名譽會長：鄧肇堅、馮秉芬

主　席：黃允畋

副主席：賴恬昌

義務秘書：賴高年

義務司庫：趙公輔

董　事：利榮森　盧冠芹　楊莩輝　周天湛　李　棪　陳良耜
　　　　許晉封　高福申　何耀光　伍宜孫

書　記：關少泉

助　理：關鍵

- 1975 年

名譽會長：鄧肇堅、馮秉芬

主　席：黃允畋

副主席：賴恬昌

義務秘書：賴高年

義務司庫：趙公輔

董　事：利榮森　盧冠芹　楊莩輝　周天湛　李　棪　陳良耜
　　　　許晉封　高福申　何耀光

書　記：劉國瑔

助　理：黃炳權

- 1976 年

  名譽會長：鄧肇堅、馮秉芬

  主　　席：黃允畋

  副主席：賴恬昌

  義務司庫：趙公輔

  義務秘書：賴高年

  董　　事：利榮森　　盧冠芹　　楊萼輝　　周天湛　　李　楼　　陳良耜

  　　　　　許晉封　　高福申　　何耀光

  書　　記：劉國瑧

  助　　理：劉煥梅

- 1977 年

  名譽會長：鄧肇堅、馮秉芬

  主　　席：何耀光

  副主席：趙公輔

  義務秘書：賴高年

  義務司庫：許晉封

  董　　事：利榮森　　黃允畋　　賴恬昌　　盧冠芹　　楊萼輝　　周天湛

  　　　　　李　楼　　高福申　　黎時煖

  書　　記：劉國瑧

  助　　理：劉煥梅

- 1978 年

  名譽會長：鄧肇堅、馮秉芬

  主　　席：何耀光

  副主席：趙公輔

  義務秘書：賴高年

  義務司庫：許晉封

  董　　事：利榮森　　黃允畋　　賴恬昌　　盧冠芹　　楊萼輝　　周天湛

　　　　　　　李　棪　高福申　黎時煖

書　記：劉國瑧

助　理：劉煥梅

- 1979 年

名譽會長：鄧肇堅、馮秉芬

主　席：何耀光

副主席：趙公輔

義務秘書：賴高年

義務司庫：黎時煖

董　事：利榮森　黃允畋　賴恬昌　許晉封　盧冠芹　楊萼輝
　　　　　周天湛　李　棪　劉殿爵　胡文瀚　高福永　馮漢柱
　　　　　龐鼎元

書　記：劉國瑧

助　理：劉煥梅

- 1980 年

名譽會長：鄧肇堅、馮秉芬

主　席：趙公輔

副主席：賴恬昌

義務秘書：賴高年

義務司庫：黎時煖

董　事：利榮森　黃允畋　何耀光　許晉封　盧冠芹　楊萼輝
　　　　　周天湛　李　棪　劉殿爵　胡文瀚　龐鼎元

書　記：謝慶銓

助　理：廖廣泉

- 1981 年

名譽會長：鄧肇堅、馮秉芬

名譽顧問：楊葂輝、周天湛、龐鼎元、胡文瀚、許晉封

主　席：趙公輔

副主席：賴恬昌

義務秘書：賴高年

義務司庫：黎時煖

董　事：利榮森　黃允畋　盧冠芹　李　棪　何耀光　劉殿爵
　　　　許晉義　伍步剛

書　記：謝慶銓

助　理：廖廣泉

- 1982 年

名譽會長：鄧肇堅、馮秉芬

名譽顧問：楊葂輝、周天湛、龐鼎元、胡文瀚、許晉封

主　席：趙公輔

副主席：賴恬昌

義務秘書：賴高年

義務司庫：黎時煖

董　事：何耀光　利榮森　黃允畋　盧冠芹　李　棪　劉殿爵
　　　　許晉義　伍步剛

書　記：謝慶銓

助　理：廖廣泉

- 1983 年

名譽會長：鄧肇堅、馮秉芬

名譽顧問：楊葂輝、周天湛、龐鼎元、胡文瀚、許晉封

主　席：黎時煖

副主席：賴恬昌

義務秘書：賴高年

義務司庫：伍步剛

董　事：趙公輔　何耀光　利榮森　黃允畋　盧冠芹　李　棪
　　　　劉殿爵　許晉義　莫華釗

書　記：謝慶銓

助　理：廖廣泉

- 1984 年

名譽會長：鄧肇堅、馮秉芬

名譽顧問：楊蕚輝、周天湛、龐鼎元、胡文瀚、許晉封

主　席：黎時煖

副主席：賴恬昌

義務秘書：賴高年

義務司庫：伍步剛

董　事：趙公輔　何耀光　利榮森　黃允畋　盧冠芹　李　棪
　　　　劉殿爵　許晉義　莫華釗

書　記：張道藩

助　理：廖廣泉

- 1985 年

名譽會長：鄧肇堅、馮秉芬

名譽顧問：楊蕚輝、周天湛、龐鼎元、胡文瀚、許晉封

主　席：黎時煖

副主席：賴恬昌

義務秘書：賴高年

義務司庫：許晉義

董　事：趙公輔　何耀光　利榮森　黃允畋　李　棪　劉殿爵
　　　　莫華釗　陳維樑　香國樑

行政秘書：鄧又同

助　理：廖廣泉

- 1986 年

  名譽會長：鄧肇堅、馮秉芬

  名譽顧問：楊萼輝、周天湛、龐鼎元、胡文瀚、許晉封

  主　　席：伍步剛

  副主席：賴恬昌

  義務秘書：賴高年

  義務司庫：許晉義

  董　　事：趙公輔　何耀光　利榮森　黃允畋　李　棪　劉殿爵

  　　　　　莫華釗　陳維樑　香國樑　黎時煖

  行政秘書：鄧又同

  助　　理：廖廣泉

- 1987 年

  名譽會長：馮秉芬

  名譽顧問：楊萼輝、周天湛、龐鼎元、胡文瀚、許晉封

  主　　席：伍步剛

  副主席：賴恬昌

  義務秘書：賴高年

  義務司庫：許晉義

  董　　事：趙公輔　何耀光　利榮森　黃允畋　李　棪　劉殿爵

  　　　　　莫華釗　陳維樑　香國樑　黎時煖　杜祖貽　何竹平

  行政秘書：鄧又同

  助　　理：廖廣泉

- 1988 年

  名譽會長：馮秉芬

  名譽顧問：楊萼輝、周天湛、龐鼎元、胡文瀚、許晉封

  主　　席：伍步剛

  副主席：賴恬昌

義務秘書：賴高年

義務司庫：許晉義

董　事：趙公輔　何耀光　利榮森　黃允畋　李　棪　劉殿爵
　　　　　莫華釗　陳維樑　香國樑　黎時煖　杜祖貽　何竹平

行政秘書：鄧又同

助　理：廖廣泉

- 1989 年

名譽會長：馮秉芬

名譽顧問：楊萼輝、周天湛、龐鼎元、胡文瀚、許晉封

主　席：伍步剛

副主席：賴恬昌

義務秘書：賴高年

義務司庫：許晉義

董　事：趙公輔　何耀光　利榮森　黃允畋　李　棪　陳維樑
　　　　　香國樑　黎時煖　杜祖貽　何竹平

行政秘書：鄧又同

助　理：廖廣泉

- 1990 年

名譽會長：馮秉芬

名譽顧問：楊萼輝、周天湛、龐鼎元、胡文瀚、許晉封

主　席：伍步剛

副主席：賴恬昌、莫華釗

義務秘書：何竹平

義務司庫：香國樑

董　事：利榮森　何耀光　黃允畋　李　棪　陳維樑　賴高年
　　　　　黎時煖　杜祖貽

行政秘書：鄧又同

助　理：廖廣泉

- 1991 年

  名譽會長：馮秉芬

  名譽顧問：楊萼輝、周天湛、龐鼎元、胡文瀚、許晉封

  主　席：許晉義

  副主席：賴恬昌 、莫華釗

  義務秘書：何竹平

  義務司庫：香國樑

  董　事：利榮森　何耀光　黃允畋　李　棪、陳維樑　黎時煖

  　　　　　杜祖貽

  行政秘書：鄧又同

  助　理：廖廣泉

- 1992 年

  名譽會長：馮秉芬

  名譽顧問：楊萼輝、周天湛、龐鼎元、胡文瀚、許晉封

  主　席：許晉義

  副主席：賴恬昌、莫華釗

  義務秘書：何竹平

  義務司庫：香國樑

  董　事：利榮森　何耀光　黃允畋　李　棪　陳維樑　黎時煖

  　　　　　杜祖貽　伍步剛

  行政秘書：鄧又同

  助　理：廖廣泉

- 1993 年

  名譽會長：馮秉芬

  名譽顧問：楊萼輝、周天湛、龐鼎元、胡文瀚、許晉封

  主　席：許晉義

副主席：賴恬昌、陳維樑

義務秘書：何竹平

義務司庫：香國樑

董　事：利榮森　何耀光　黃允畋　李　棪　黎時煖　杜祖貽
　　　　莫華釗　伍步剛　沈東強　張日昇

行政秘書：鄧又同

助　理：廖廣泉

- 1994 年

名譽會長：馮秉芬、利榮森

名譽顧問：楊萼輝、周天湛、胡文瀚、許晉封、何耀光、李棪

主　席：何竹平

副主席：賴恬昌

義務秘書：沈東強

義務司庫：香國樑

董　事：黃允畋　黎時煖　杜祖貽　莫華釗　伍步剛　何家樹
　　　　何沛雄　常宗豪　許晉義

行政秘書：鄧又同

助　理：廖廣泉

- 1995 年

名譽會長：馮秉芬、利榮森

名譽顧問：胡文瀚、許晉封、何耀光、李棪

主　席：何竹平

副主席：賴恬昌、陳維樑

義務秘書：沈東強

義務司庫：香國樑

董　事：黃允畋　黎時煖　杜祖貽　莫華釗　伍步剛　何家樹
　　　　何沛雄　常宗豪　陳紹南　許晉義

行政秘書：鄧又同

助　理：廖廣泉

- 1996 年

名譽會長：馮秉芬、利榮森

名譽顧問：胡文瀚、許晉封、何耀光、黃允畋、李棪

主　席：何竹平

副主席：賴恬昌、陳維樑

義務秘書：沈東強

義務司庫：香國樑

董　事：黎時煖　杜祖貽　莫華釗　伍步剛　何家樹　何沛雄
　　　　常宗豪　陳紹南　黃振明　許晉義

行政秘書：鄧又同

助　理：廖廣泉

- 1997 年

名譽會長：馮秉芬、利榮森

名譽顧問：胡文瀚、許晉封、何耀光、黃允畋

主　席：何竹平

副主席：賴恬昌、陳維樑

義務秘書：陳紹南

義務司庫：香國樑

董　事：黎時煖　杜祖貽　莫華釗　伍步剛　何家樹　何沛雄
　　　　常宗豪　黃振明　何文匯　馬國權　沈東強　許晉義

行政秘書：鄧又同

助　理：鄧巧兒

- 1998 年

名譽會長：馮秉芬、利榮森

名譽顧問：胡文瀚、許晉封、何耀光、黃允畋

主　席：何竹平

副主席：賴恬昌、陳維樑

義務秘書：陳紹南

義務司庫：香國樑

董　事：黎時煖　杜祖貽　莫華釗　伍步剛　何家樹　何沛雄

　　　　　常宗豪　黃振明　何文匯　馬國權　沈東強　許晉義

行政秘書：鄧又同

助　理：鄧巧兒

- 1999 年

名譽會長：馮秉芬、利榮森 、何耀光、黃允畋

名譽顧問：胡文瀚、許晉封

主　席：杜祖貽

副主席：陳紹南、常宗豪

義務秘書：何家樹

義務司庫：香國樑

董　事：黎時煖　賴恬昌　何竹平　陳維樑　莫華釗　伍步剛

　　　　　何沛雄　黃振明　何文匯　馬國權　沈東強　許晉義

行政秘書：鄧又同

助　理：鄧巧兒

- 2000 年

名譽會長：馮秉芬、利榮森

名譽顧問：胡文瀚、許晉封、何耀光、黃允畋

主　席：杜祖貽

副主席：陳紹南、常宗豪

義務秘書：何家樹

義務司庫：香國樑

董　事：黎時煖　賴恬昌　何竹平　陳維樑　莫華釗　伍步剛

　　　　　　　　何沛雄　黃振明　何文匯　馬國權　沈東強　許晉義

執行秘書：鄧巧兒

文　書：蔡有強

- 2001 年

名譽會長：馮秉芬、利榮森

名譽顧問：胡文瀚、許晉封、何耀光、黃允畋

主　席：杜祖貽

副主席：陳紹南、常宗豪

義務秘書：何家樹

義務司庫：香國樑

董　事：黎時煖　賴恬昌　何竹平　陳維樑　莫華釗　伍步剛

　　　　何沛雄　黃振明　何文匯　馬國權　沈東強　許晉義

　　　　林建忠

執行秘書：鄧巧兒

文　書：蔡有強

- 2002 年

名譽會長：馮秉芬、利榮森

名譽顧問：胡文瀚、許晉封、何耀光、黃允畋

主　席：賴恬昌

副主席：陳紹南、常宗豪

義務秘書：何家樹

義務司庫：香國樑

董　事：黎時煖　杜祖貽　何竹平　陳維樑　莫華釗　伍步剛

　　　　何沛雄　黃振明　何文匯　馬國權　沈東強　許晉義

　　　　呂元驄　湯偉俠　林建忠

執行秘書：鄧巧兒

文　書：蔡有強

- 2003 年

名譽會長：利榮森

名譽顧問：胡文瀚 、許晉封 、何耀光、黃允畋、鄧又同

主　席：賴恬昌

副主席：陳紹南、常宗豪

義務秘書：何家樹

義務司庫：香國樑

董　事：黎時煖　杜祖貽　何竹平　陳維樑　莫華釗　伍步剛
　　　　何沛雄　黃振明　何文匯　馬國權　沈東強　許晉義
　　　　呂元驄　湯偉俠　林建忠　馮國培　黃宜定　黃宜鑄
　　　　趙令揚　李林建華

執行秘書：鄧巧兒

文　書：蔡有強

- 2004 年

名譽會長：利榮森

名譽顧問：胡文瀚、何耀光、黃允畋、鄧又同、許晉封

主　席：賴恬昌

副主席：陳紹南

義務秘書：何家樹

義務司庫：香國樑

董　事：黎時煖　杜祖貽　何竹平　陳維樑　莫華釗　伍步剛
　　　　何沛雄　黃振明　何文匯　馬國權　沈東強　許晉義
　　　　呂元驄　湯偉俠　林建忠　馮國培　黃宜定　黃宜鑄
　　　　趙令揚　李林建華　馮慶鏘

執行秘書：鄧巧兒

文　書：蔡有強

- 2005 年

  名譽會長：利榮森、香國樑

  名譽顧問：胡文瀚、何耀光、黃允畋

  主　席：賴恬昌

  副主席：陳紹南

  義務秘書：何家樹

  義務司庫：香國樑

  董　事：黎時煖　杜祖貽　何竹平　陳維樑　莫華釗　伍步剛
　　　　　何沛雄　黃振明　何文匯　馬國權　沈東強　許晉義
　　　　　呂元驄　湯偉俠　林建忠　馮國培　黃宜定　黃宜鑄
　　　　　趙令揚　李林建華　馮慶鏘

  執行秘書：鄧巧兒

  文　書：蔡有強

- 2006 年

  名譽會長：利榮森

  名譽顧問：胡文瀚、何耀光、黃允畋

  主　席：賴恬昌

  副主席：陳紹南、呂元驄

  義務秘書：何家樹

  義務司庫：香國樑

  董　事：黎時煖　杜祖貽　何竹平　陳維樑　莫華釗　伍步剛
　　　　　何沛雄　黃振明　何文匯　馬國權　沈東強　許晉義
　　　　　呂元驄　湯偉俠　林建忠　馮國培　黃宜定　黃宜鑄
　　　　　趙令揚　李林建華

  執行秘書：鄧巧兒

  文　書：蔡有強

- 2007 年

  主　席：賴恬昌

  副主席：呂元驄

  義務秘書：何家樹

  義務司庫：香國樑

  董　事：黎時煖　陳維樑　伍步剛　許晉義　趙令揚　賴拯中
  　　　　江紹倫　黃宜鑄　陳紹南　杜祖貽　何文匯　馮國培

- 2008 年

  主　席：賴恬昌

  副主席：陳紹南、呂元驄

  義務秘書：何家樹

  義務司庫：香國樑

  董　事：陳維樑　伍步剛　許晉義　黃振明　何沛雄　黎時煖
  　　　　沈東強　馮國培　李林建華　趙令揚　賴拯中
  　　　　江紹倫、鄧巧兒、杜祖貽

- 2009 年

  主　席：賴恬昌

  副主席：呂元驄

  義務秘書：何家樹

  義務司庫：香國樑

  董　事：陳紹南　陳維樑　伍步剛　許晉義　黃振明　何沛雄
  　　　　黎時煖　沈東強　馮國培　李林建華　趙令揚
  　　　　賴拯中　江紹倫　鄧巧兒　杜祖貽

- 2010 年

  主　席：賴恬昌

  副主席：陳紹南、呂元驄

義務秘書：何家樹

義務司庫：香國樑

董　事：黎時煖　杜祖貽　陳維樑　伍步剛　何沛雄　黃振明
　　　　沈東強　許晉義　湯偉俠　林建忠　馮國培　趙令揚
　　　　李林建華　江紹倫　賴拯中　鄧巧兒

- 2011 年

主　席：陳紹南

副主席：呂元驄、何家樹

義務秘書：賴拯中

義務司庫：許晉義

董　事：黎時煖　杜祖貽　陳維樑　伍步剛　何沛雄　黃振明
　　　　湯偉俠　林建忠　馮國培　趙令揚　李林建華
　　　　江紹倫　鄧巧兒

- 2012 年

主　席：陳紹南

副主席：呂元驄、何家樹

義務秘書：賴拯中

義務司庫：許晉義

董　事：黎時煖　杜祖貽　陳維樑　伍步剛　湯偉俠　林建忠
　　　　馮國培　趙令揚　李林建華　鄧巧兒　何猷灝
　　　　關禮雄

- 2013 年

主　席：陳紹南

副主席：呂元驄、何家樹

義務秘書：賴拯中

義務司庫：許晉義

董　事：黎時煖　杜祖貽　陳維樑　伍步剛　湯偉俠　林建忠

　　　　　馮國培　趙令揚　李林建華　鄧巧兒　何猷灝

　　　　　關禮雄

- 2014 年

　主　席：陳紹南

　副主席：呂元驄、何家樹

　義務秘書：賴拯中

　義務司庫：許晉義、梁國雄

　董　事：黎時煖　杜祖貽　陳維樑　伍步剛　湯偉俠　林建忠

　　　　　馮國培　趙令揚　李林建華　鄧巧兒　何猷灝

　　　　　關禮雄　脫新範　李潤桓　關定輝

- 2015 年

　主　席：何家樹

　副主席：何猷灝、關禮雄、脫新範

　義務秘書：賴拯中

　義務司庫：許晉義

　董　事：黎時煖　杜祖貽　陳維樑　伍步剛　湯偉俠　林建忠

　　　　　馮國培　趙令揚　李林建華　李潤桓　關定輝

　　　　　陳紹南　呂元驄　張倩儀

- 2016 年

　主　席：馮國培

　副主席：關禮雄、脫新範

　義務司庫：許晉義

　義務秘書：張倩儀

　董　事：黎時煖　杜祖貽　伍步剛　湯偉俠　林建忠　趙令揚

　　　　　李潤桓　關定輝　陳紹南　呂元驄　張倩儀　吳自豪

　　　　　梁元生

- 2017 年

  主　　席：馮國培

  副主席：關禮雄、脫新範

  義務司庫：許晉義

  義務秘書：張倩儀

  董　　事：黎時煖　杜祖貽　伍步剛　湯偉俠　林建忠　趙令揚
  　　　　　李潤桓　關定輝　陳紹南　呂元驄　吳自豪　梁元生
  　　　　　馬楚堅　馬桂綿

- 2018 年

  主　　席：馮國培

  副主席：關禮雄、脫新範

  義務司庫：許晉義

  義務秘書：張倩儀

  董　　事：黎時煖　伍步剛　許晉義　杜祖貽　何家樹　陳紹南
  　　　　　林健忠　呂元驄　湯偉俠　趙令揚　賴拯中　李潤桓
  　　　　　關定輝　梁元生　吳自豪　馬楚堅　馬桂綿

- 2019 年

  主　　席：馮國培

  副主席：脫新範

  義務司庫：吳自豪

  義務秘書：張倩儀

  董　　事：黎時煖　伍步剛　許晉義　杜祖貽　何家樹　陳紹南
  　　　　　林健忠　呂元驄　湯偉俠　趙令揚　賴拯中　李潤桓
  　　　　　關定輝　梁元生　馬楚堅　馬桂綿

- 2020 年

  主　　席：馮國培

副主席：脫新範

義務司庫：吳自豪

義務秘書：張倩儀

董　事：黎時煖　伍步剛　許晉義　杜祖貽　何家樹　陳紹南

　　　　林健忠　呂元驄　湯偉俠　李潤桓　關定輝　梁元生

　　　　馬楚堅　馬桂綿　羅富昌

- 2021 年

主　席：馮國培

副主席：脫新範

義務司庫：吳自豪

義務秘書：張倩儀

董　事：黎時煖　伍步剛　許晉義　杜祖貽　何家樹　陳紹南

　　　　林健忠　呂元驄　湯偉俠　李潤桓　關定輝　梁元生

　　　　馬楚堅　馬桂綿　羅富昌　盧偉成

- 2022 年

永遠名譽會長：賴恬昌

主席：馮國培

副主席：脫新範

義務秘書：張倩儀

義務司庫：吳自豪

董　事：許晉義、杜祖貽、何家樹、林健忠、湯偉俠、李潤桓、

　　　　關定輝、梁元生、馬桂綿、羅富昌、盧偉成

職　員：林春福、張偉樑

- 2023 年

永遠名譽會長：賴恬昌

主席：馮國培

副主席：脫新範

義務秘書：張倩儀

義務司庫：吳自豪

董　　事：許晉義、杜祖貽、何家樹、林健忠、湯偉俠、李潤桓、
　　　　　關定輝、梁元生、馬桂綿、羅富昌、盧偉成

職　　員：林春福、張偉樑

七、華商與港督捐助書籍目錄 [6]

書籍名稱	捐者名稱
《十三經注疏》	鄭壽山、鄭鏡堂
《古經解類》	劉鑄伯、張弼士、張耀軒
《小學匯函》	劉鑄伯、張弼士、張耀軒
《皇清經解》	陳啟明
《皇清經解續刻》	陳啟明
《御纂》	戴芷汀
《二十四史》	戴芷汀
《史記評林》	招雨田
《十七史商榷》	周少岐
《廿二史考異》	周少岐
《廿二史劄記》	周少岐
《歷代史表》	黃少逸
《歷代帝王表》	黃少逸
《歷代職官表》	張緝
《資治通鑑》	戴芷汀、張弼士、張耀軒

6　廣東省政協文化和文史資料委員會編，《香海傳薪錄：香港學海書樓紀實》，頁114-
　　117。

（續上表）

書籍名稱	捐者名稱
《通鑒釋文》	戴芷汀
《續資治通鑒》	戴芷汀
《御批通鑒》	馮音濤
《十六國春秋》	黃花農
《三朝北盟會編》	陳啟明
《繹史》	劉鑄伯
《左傳紀事本末》	戴芷汀
《南漢書》	黃花農
《十朝東華錄》	張弼士、張耀軒
《光緒東華錄》	張弼士、張耀軒
《國朝耆獻類徵》	張弼士、張耀軒
《硃批諭旨》	張弼士、張耀軒
《陸宣公奏議》	葉詠楚
《歷代名臣奏議》	張弼士、張耀軒
《歷代地理沿革險要圖》	郭少流
《歷代地理沿革表》	郭少流
《大明一統志》	張弼士、張耀軒
《天下郡國利病書》	謝蔭池
《讀史方輿紀要》	謝蔭池
《廣東通志》	陳啟明
《瀛寰志略》	戴芷汀
《海國圖志》	戴芷汀
《春明夢餘錄》	戴芷汀
《焦山志》	鄭壽山、鄭鏡堂
《皇朝一統輿圖》	戴芷汀
《歷代地理志類編》	張弼士、張耀軒
《日下舊聞考》	鄭壽山、鄭鏡堂
《九通》	劉鑄伯
《欽定大清會典》	張弼士、張耀軒
《四庫全書總目提要》	張弼士、張耀軒

（續上表）

書籍名稱	捐者名稱
《四庫簡明目錄》	戴芷汀
《子書百家》	戴芷汀
《朱子全書》	張弼士、張耀軒、招雨田
《近思錄》	周卓凡
《困學紀聞》	周卓凡
《格物通》	湛秀峰
《春秋正傳》	湛秀峰
《甘泉文集》	湛秀峰
《宋元學案》	鄭壽山、鄭鏡堂
《明儒學案》	鄭壽山、鄭鏡堂
《國朝學案小識》	鄭壽山、鄭鏡堂
《正誼堂全書》	張弼士、張耀軒
《果敏齋兵書》	張弼士、張耀軒
《登壇必究》	張弼士、張耀軒
《讀史兵略》	張輯三
《欽定古今圖書集成》	金文泰
《欽定淵鑒類函》	張弼士、張耀軒
《北堂書鈔》	張弼士、張耀軒
《太平御覽》	張弼士、張耀軒
《玉海》	張弼士、張耀軒
《諸葛武侯集》	招畫三
《韓昌黎集》	招畫三
《杜工部全集》	招畫三
《三蘇全集》	張弼士、張耀軒
《船山遺書》	張弼士、張耀軒
《亭林遺書》	張弼士、張耀軒
《胡文忠公全集》	張弼士、張耀軒
《曾文正公全集》	張弼士、張耀軒
《文選注》	鄭壽山、鄭鏡堂
《全上古三代秦漢三國晉南北朝文編》	鄭壽山、鄭鏡堂

（續上表）

書籍名稱	捐者名稱
《漢魏六朝百三家集》	張弼士、張耀軒
《古文淵鑒》	張弼士、張耀軒
《唐宋文醇》	戴芷汀
《國朝文錄並續編》	張弼士、張耀軒
《唐駢體文鈔》	容翼廷
《學海堂初集》	張弼士、張耀軒
《全蜀藝文志》	劉鑄伯
《全唐詩》	張弼士、張耀軒
《明詩綜》	容翼廷
《國朝詩人徵略》	張弼士、張耀軒
《宋六十名家詞》	張弼士、張耀軒
《詞綜》	張弼士、張耀軒
《類刻閨秀》	張弼士、張耀軒
《武英殿聚珍版叢書》	張弼士、張耀軒
《漢魏叢書》	張弼士、張耀軒
《知不足齋叢書》	張弼士、張耀軒
《玉函山房輯佚書》	戴芷汀
《海山仙館叢書》	張弼士、張耀軒
《粵雅堂叢書》	張弼士、張耀軒
《花雨樓叢鈔》	張弼士、張耀軒
《十萬卷樓叢書》	張弼士、張耀軒
《翠琅玕館叢書》	張弼士、張耀軒
《嶺南叢書》	張弼士、張耀軒
《知服齋叢書》	張弼士、張耀軒
《惜陰軒叢書》	張弼士、張耀軒
《述古叢鈔》	張弼士、張耀軒
《藏修堂叢書》	張弼士、張耀軒
《湖北叢書》	張弼士、張耀軒

八、《香港大學中文學院經學講義》圖書館收錄 [7]

藏書地	書名	編撰者	索書號	備註
香港大學圖書館	《香港大學中文學院經學講義》	區大典	特 020.7916 v.1-13	《易經講義》、《書經講義》、《講義》、《儀禮禮記合編講義》、《周官經講義》、《春秋三傳講義》、《孝經通義》、《大學講義》、《中庸講義》、《論語講義》、《孟子通義》、《老子講義》與《論語通義》各一冊。
香港大學圖書館	《香港大學經學講義》	遺史〔賴際熙〕輯	HKC 895.109 X62 v.1-5	《書經講義》、《周官經講義》、《儀禮禮記合編講義》與《春秋三傳講義》各冊原為香港大學中文學會圖書館藏書。《論語通義》一冊原為香港真光中學圖書室藏書，2003 年 3 月入藏香港大學圖書館。
香港嶺南大學圖書館	《香港大學經學講義》	遺史 [8]〔賴際熙〕	PL2466.Q44 1930	只有《詩經講義》一冊
香港中文大學圖書館	《香港大學經學講義》	遺史〔賴際熙〕輯	PL2461.Z7 H7 v.1-4	《書經講義》、《儀禮禮記合編講義》、《周官經講義》與《孟子通義》各一冊。《書經講義》、《儀禮禮記合編講義》、《周官經講義》三書的首頁與《孟子通義》卷一的首兩頁均遭缺德者惡意撕毀。各書亦遭撕去數量不一的，書內蟲蛀尤為嚴重。

---

7 許振興，《經學、教育與香港大學：二十世紀的足跡：二十世紀的足跡》，頁 84-86。

8 「遺史」為區大典，參見許振興考證。許振興，《經學、教育與香港大學：二十世紀的足跡》，頁 88-91。

（續上表）

藏書地	書名	編撰者	索書號	備註
香港中文大學圖書館	《香港大學經學講義》	遺史〔賴際熙〕輯	PL2461.Z7 H7 v.1 c.2	只有《周官經講義》一冊，館方將此書誤標為四冊本第一冊《書經講義》的覆本。
香港中文大學圖書館	《香港大學經學講義》	遺史輯	PL2461.Z6 C58 v.1-6	《易經講義》一冊、《大學講義》兩冊、《中庸講義》一冊、《孝經通義》一冊及《老子講義》一冊，合五種六冊。此藏本物主原為香港大學文學院 1916 年畢業生李景康。
香港中文大學圖書館	《論語通義》	遺史	PL2471 Z6 I2	《論語通義》一冊。
香港中文大學圖書館	《孟子通義》	遺史	PL2471 Z6 I2	《孟子通義》一冊。
香港中央圖書館	《經學講義》	遺史輯	121.311 3550	只有《老子講義》一冊，原為學海書樓藏書。
香港中央圖書館	《香港大學經學講義》	遺史輯	802.85 3550	只有《孟子講義》一冊
香港中央圖書館	《香港大學經學講義》	遺史〔賴際熙〕輯	090.2 2347	《書經講義》、《周官經講義》、《儀禮禮記合編講義》、《春秋三傳講義》、《論語通義》、《詩經講義》各一冊。

九、學海書樓歷年出版書目 [9]

書目	編者	出版年份
《學海書樓講學錄第一集》	李景康	1953
《學海書樓講學錄第二集》	俞叔文	1955
《學海書樓講學錄第三集》	李景康	1959
《學海書樓講學錄第四集》	賴高年	1964
《古文今譯》	學海書樓與香港中文大學校外進修部合編	1981
《粵畫粹珍》	學海書樓與香港中文大學文物館合編	1986
《學海書樓藏書目錄》	鄧又同	1988
《陳湛銓先生講學集》	鄧又同	1990
《學海書樓講學錄選集》	鄧又同	1990
《學海書樓講主講翰林文鈔》	鄧又同	1991
《學海書樓七十周年紀念文集》	何竹平	1993
《學海書樓七十五周年紀念文集》	學海書樓編輯委員會	1998
《荔垞文存》	賴恬昌	2000
《温文節公集》	賴恬昌	2000
《學海（學生作業）》	常宗豪	2000
《陳文良公集》	賴恬昌	2001
《博彩錄》	賴恬昌	2002
《番禺劉氏三世詩鈔》	黃坤堯	2002
《唐五代詞講義》	常宗豪	2002
《元曲三百首牋重訂彙》	羅慷烈	2003
《李景康先生詩文集》	賴恬昌	2003
《學海書樓八十年》	賴恬昌	2003
《翰墨流芳》	賴恬昌	2003

9　參見鄧巧兒輯錄,〈學海書樓歷年出版書目〉,陳紹南編,《學海書樓九十年》,頁
　　109-110 及學海書樓官方網站。

（續上表）

書目	編者	出版年份
《詩經探微》	張文燦	2004
《文哲選讀（數碼 CD)》	賴恬昌、鄧巧兒監製	2004
《俞叔文文存》	賴恬昌	2006
《禪趣詩》	江紹倫	2006
《翰墨流芳續篇》	賴恬昌	2006
《潘小磐詩選》	賴恬昌	2006
《音義匡正》	潘新安	2007
《國粹圖說》	鄧巧兒	2007
《學海書樓九十年》	陳紹南	2013
《唐近體詩雜說》	何文匯	2016
《承前啟後—中國文化講座彙編》	余少華等	2018
《承前啟後—中國文化講座續編》	尹耀全等	2019

參考資料

書籍

保良局文物館編,《保良局楹聯匯輯》,香港:保良局,2002。

鮑紹霖編,《北學南移:港台文史哲溯源(學人卷 II)》,台北:秀威資訊科技股份有林司,2015。

卞孝萱、唐文權編,《辛亥人物碑傳集》,北京:團結出版社,1991。

車行健,《現代學術視域中的民國經學:以課程、學風與機制為主要關照點》,台北市:萬卷樓圖書股份有限公司,2011。

陳伯陶,《孝經説》,民國間香港鉛印本。

陳伯陶著,盧曉麗校注,《陳伯陶詩文集校注》,廣州:中山大學出版社,2021。

陳步墀,《繡詩樓集》,香港:香港中文大學出版社,2007。

陳弘毅,《過渡時期的香港》,香港:三聯書店,1989。

陳煥章博士講演,《孔教論》,香港:孔教會,1912。

陳澧,《東塾緒餘續編》,香港:何曼庵,1986。

陳荊鴻,《海桑隨筆》,廣州:廣東人民出版社,2009。

陳君葆,《陳君葆日記》(上下冊),香港:商務印書館,1999。

陳三井,《八十文存:大時代中的史家與史學》,台北:秀威資訊,2017。

陳紹南編,《學海書樓九十年》,香港:學海書樓,2013。

陳紹南編,《代代相傳:陳伯陶紀念集》,香港:編者自刊,1997。

陳學然,《五四在香港:殖民情境、民族主義及本土意識》,香港:中華書局,2014。

陳雅飛,《傳統的移植:香港書法研究(1911-1941)》,杭州:浙江大學出版社,2019。

陳永正,《嶺南書法史》,廣州:廣東人民出版社,1994。

陳永正編,《順德詩萃》,北京:人民出版社,2005。

陳湛銓,《修竹園近詩》,香港:問學社,1978。

程美寶,《地域文化與國家認同:晚清以來廣東文化觀的形成》,香港:三聯書店,2018。

程中山,《清代廣東詩學考論》,廣州:廣東人民出版社,2012。

程中山編,《香港文學大系(1919-1949)舊體文學卷》,香港:商務印書館,2014。

程中山、陳煒舜主編,《風雅傳承:民初以來舊體文學論集》,香港:香港中文

大學中國語言及文學系，2017。

鄧昌宇、彭淑敏、區志堅、林皓賢編著，《屏山故事》，香港：中華書局，2012。

鄧洪波，《中國書院史》，台北：國立台灣大學出版中心，2005。

鄧家宙編著，陳覺聰點校，《香港華籍名人墓銘集二（九龍及新界編）》，香港：
　　香港史學會，2012。

鄧又同編，《香港學海書樓歷史文獻‧香港學海書樓歷年講學提要彙輯‧香港
　　學海書樓藏廣東文獻書籍目錄》，香港：學海書樓，1995。

鄧又同編，《香港學海書樓藏書目錄》，香港：學海書樓，1988。

鄧又同編，《香港學海書樓陳湛銓先生講學集》，香港：學海書樓，1989。

鄧又同編，《香港學海書樓前期講學錄專輯 1946-1964》，香港：學海書樓，
　　1990。

鄧又同編，《香港學海書樓講學錄選集 1965-1989》，香港：學海書樓，1990。

鄧又同編，《香港學海書樓主講翰林文鈔》，香港：學海書樓，1991。

杜定友，《廣東文化論叢》，香港：心一堂，2018。

方駿、麥肖玲、熊賢君，《香港早期中文報紙教育資料選粹》，湖南：湖南人民
　　出版社，2005。

方駿、熊賢君主編，《香港教育通史》，香港：齡記出版有限公司，2008。

方寬烈，《香港詩詞紀事分類選集》，香港：天馬圖書，1998。

方美賢，《香港早期教育發展史（1842-1941）》，香港：中國學社，1975。

馮邦彥，《香港華資集團（1841-1997）》，香港：三聯書店，1997。

馮美蓮、尹耀全，《庋藏遠見：馮平山》，香港：商務印書館，2013。

馮志明，《元朗文物古跡概覽》，香港：元朗區議會編印，1996。

傅偉勳，《從西方哲學到禪佛教》，北京：三聯書店，1989。

高嘉謙，《遺民、疆界與現代性：漢詩的南方離散與抒情（1895-1945）》，台北：
　　聯經出版公司，2016。

顧明遠，《中國教育大辭典》（第四卷），上海：上海教育出版社，1992。

顧明遠、杜祖貽主編，《香港教育的過去與未來》，北京：人民教育出版社，
　　2000。

顧明遠總主編，馮增俊、羅羨儀編，《20 世紀中國教育（四）‧20 世紀香港教
　　育》（修訂版），武漢：湖北教育出版社，2004。

廣東省政協文化和文史資料委員會編，《香海傳薪錄：香港學海書樓紀實》，北
　　京：中國文史出版社，2008。

桂文燦，《博采錄》（據江紹倫藏桂坫鈔本影印），香港：學海書樓，2002。

韓復智，《錢穆先生學術年譜》，台北：國立編譯館，2005。

何惠儀、游子安，《教不倦：新界傳統教育的蛻變》，香港：區域市政局，1996。

何廣棪，《陳振孫之經學及其〈直齋書錄解題〉經錄考證》，新北：花木蘭文化

出版社，2006。

何藻翔，《鄒崖六十自述》，出版社不詳，1924。

何藻翔著，吳天任編，《鄒崖詩集：附年譜》，香港：大利文具圖書印刷公司，
　　1958。

何竹平編，《香港學海書樓七十周年紀念文集》，香港：學海書樓，1993。

何竹平，《孝經淺釋》（附詩韻常用字），順德：何孝思堂，1996。

胡從經，《拓荒者‧墾殖者‧刈獲者：許地山與香港新文化的萌蘖和勃興》，香
　　港：中華書局，2018。

胡應漢，《伍憲子先生傳記》，香港：香港四強印刷公司，1953。

黃般若、葉恭綽、簡又文、黃慈博、許地山、李景康編，《廣東文物》（卷八），
　　上海：上海書店出版社，1990。

黃淳等撰、陳澤泓點校，《厓山志》，廣州：廣東人民出版社，2018。

黃坤堯，《香港詩詞論稿》，香港：香港當代文藝出版社，2004。

黃坤堯編，《香港舊體文學論集》，香港：香港中國語文學會，2008。

黃興濤、朱滸主編，《清帝遜位與民國肇建》（上下卷），北京：社會科學文獻出
　　版社，2016。

黃振威，《番書與黃龍：香港皇仁書院華人精英與近代中國》，香港：中華書局，
　　2019。

黃祖植，《桂林街的新亞書院》，香港：和記印刷有限公司，2005。

黃子律，《黃子律先生自書詩文稿》，香港：三槐堂，198?。

簡又文主編，《宋皇臺紀念集》，香港：香港趙族宗親總會，1960。

江紹倫，《禪趣詩》，香港：學海書樓，2006。

《金文泰中學新校舍建成紀念特刊》，香港：金文泰中學，1962。

《金文泰中學九十周年校慶特刊》香港：金文泰中學，2016。

科大偉、陸鴻基、吳倫霓霞編，《香港碑銘彙編》，香港：香港市政局，1986。

賴際熙，《荔垞文存》，香港：學海書樓，1974。

賴際熙主編，《崇正同人系譜》，香港：香港崇正總會出版部，1995。

賴恬昌編，《翰墨流芳》，香港：學海書樓，2003。

賴恬昌編，《學海書樓八十年》，香港：學海書樓，2003。

賴恬昌編，《學海書樓八十五年》，香港：學海書樓，2008。

李帆、黃兆強、區志堅編，《重訪錢穆》，台北：秀威資訊，2020。

李光雄編，《歷史與文化：香港史研究公開講座文集》，香港：香港公共圖書館，
　　2005。

李健明，《話說順德》，北京：人民出版社，2005。

李景康，《李景康先生詩文集》，香港：學海書樓，2003。

李歐梵,《尋回香港文化》,廣西:廣西師範大學出版社,2003。

李潤桓,莫家良編,《香江先賢墨跡》,香港:香港中文大學出版社,2006。

李緒柏,《陳伯陶評傳》,廣州:廣東人民出版社,2014。

李緒柏,《清代廣東樸學研究》,廣州:廣東省地圖出版社,2001。

李學銘,《讀史懷仁存稿》,台北:萬卷樓圖書股份有限公司,2014。

林毓生著,穆善培譯,《中國意識的危機》,貴州:貴州人民出版社,1988。

林甦、張浚,《香港:歷史變遷中的教育》,北京:中國人民大學出版社,1997。

林友蘭,《香港史話》,香港:香港上海印書館,1980。

林志宏,《民國乃敵國也:政治文化轉型下的清遺民》,台北:聯經出版公司,
　　2009。

劉龍心,《學術與制度:學科體制與現代中國史學的建立》,台北:遠流出版公司,
　　2002。

劉智鵬,《香港達德學院:中國知識份子的追求與命運》,香港:中華書局,
　　2011。

劉聲木,《萇楚齋隨筆續筆三筆四筆五筆》,北京:中華書局,1988。

盧輔聖主編,《中國書畫全書》(一),上海:上海書畫出版社,1993。

陸鴻基,《從榕樹下到電腦前:香港教育的故事》,香港:進一步多媒體有限公
　　司,2003。

陸鴻基、鄔健靈編繪,《香港戰後的教育:統計圖表》,香港:華風書局,1983。

盧瑋鑾編,《香港的憂鬱——文人筆下的香港(1925-1941)》,香港:華風書局,
　　1983。

羅香林,《香港與中西文化之交流》,香港:中國學社,1961。

羅志歡,《倫明評傳》,廣州:廣東人民出版社,2014。

馬國權,《近代印人傳》,上海:上海書畫出版社,1998。

麥勁生、李金強編著,《共和維新:辛亥百年研討會論文集》,香港:香港城市
　　大學出版社,2013。

【美】麥哲維著,沈正邦譯,《學海堂與晚清嶺南學術文化》,廣州:廣東人民出
　　版社,2018。

茂峰法師,《茂峰長老(慈悲王)搜稿》,香港:香港荃灣東普陀講寺,2018。

莫家良編,《書海觀瀾——中國書法國際學術會議論文集》,香港:香港中文大
　　學藝術系及香港中文大學文物館,1998。

牟宗三,《現象與物自身》,台北:學生書局,1990。

南海市地方志編纂委員會,《南海縣志》,香港:中華書局,2000。

區大典編,《香港大學中文學院經學講義》,香港:奇雅中西印務,1930。

區兆熊主編,《區大原太史翰墨集》,廣州:廣州今人彩色印刷有限公司,2019。

潘世謙，《蛻庵全集》，香港：出版者不詳，1986。

潘小磐，《潘小磐詩選》，香港：學海書樓，2007。

《潘小磐餘菴先生榮哀錄》，香港：出版者不詳，2001。

潘新安，《音義匡正》，香港：學海書樓，2007。

錢穆，《八十憶雙親 ‧ 師友雜憶合刊》，台北：東大圖書公司，1983。

錢穆，《現代中國學術論衡》，北京：九州出版社，2011。

錢穆，《國學概論》，北京：商務印書館，1997。

錢穆，《新亞遺鐸》，北京：三聯書店，2004。

錢穆，《國史新論》，北京：三聯書店，2005。

邱小金、梁潔玲、鄒兆麟著，香港博物館編，《百年樹人：香港教育發展》，香港：香港市政局，1993。

阮柔，《香港教育：香港教育制度之史的研究》，香港：香港進步教育出版社，1948。

阮廷焯輯，《近代粵詞蒐逸補遺》，台北：大陸雜誌社，1976。

桑兵、張凱、於梅舫、楊思機編，《國學的歷史》，北京：國家圖書館出版社，2010。

沈永興主編，《從砵甸乍到彭定康：歷屆港督傳略》，香港：新天出版社，1994。

施仲謀、蔡思行，《香港中國文化教育》，香港：商務印書館，2020。

蘇慶彬，《七十雜憶：從香港淪陷到新亞書院的歲月》，香港：中華書局，2011。

蘇文擢，《邃加室詩文集》，香港：學海書樓，1979。

蘇澤東編，《宋臺秋唱》，東莞：粵東編譯公司刊本，1917。

孫國棟，《生命的足跡》，香港：商務印書館，2006。

台灣商務印書館編審委員會編，《增修辭源》，台北：商務印書館，1978。

唐君毅，《唐君毅全集》，台北：台灣學生書局，1991。

王賡武主編，《香港史新編》（上下冊），香港：三聯書店，1997。

王宏志、梁元生、羅炳良編，《中國文化的傳承與開拓：香港中文大學四十周年校慶國際研討會論文集》，香港：香港中文大學出版社，2009。

王汎森，《中國近代思想與學術的系譜》，台北：聯經出版公司，2003。

王齊樂，《香港中文教育發展史》，香港：波文書局，1983。

王韜，《弢園文錄外編》，上海：上海書店出版社，2002。

汪兆鏞，《辟地集》，《微尚齋詩續稿》，鉛印本，1940。

危丁明，《香港孔教》，北京：宗教文化出版社，2016。

魏克智、劉維英主編，《香港百年風雲錄》（四），長春：吉林人民出版社，1997。

衛挺生、陳立峰合編，《香港歷史》，香港：世界書局，1953。

溫肅，《溫文節公集》，香港：學海書樓，2001。

吳道鎔，《澹庵詩存》，民國二十六年刊本。

吳道鎔，《澹盦文存》，台北：大華印書館，1968。

香港古物古蹟辦事處，《二帝書院》，香港：古物古蹟辦事處，2001。

香港浸會大學饒宗頤國學院編，《饒宗頤學術研究論文集》，香港：中華書局，2015。

蕭國健，《香港新界之歷史文化》，香港：顯朝書室，2011。

新亞論叢編輯委員會主編，《新亞論叢》，台北：萬卷樓，2019。

謝永昌，《香港天后廟探究》，香港：中華文教交流服務中心，2006。

徐復觀，《學術與政治之間》（新版），台北：台灣學生書局，1985。

徐復觀，《中國思想史論集》，台北：台灣學生書局，1988。

徐石麒，《小闇樓詩集》，香港：出版者不詳，1997。

許錫揮，陳麗君，朱德新編，《香港簡史（1840-1997）》，廣州：廣東人民出版社，2015。

許衍董總編纂、汪宗衍、吳天任參閱，《廣東文徵續編》，廣州：廣東文徵編印委員會，1986-1988。

許翼心、方志欽編，《香港文化歷史名人傳略》，香港：名流出版社，1999。

許振興，《經學、教育與香港大學：二十世紀的足跡》，香港：中華書局，2020。

學海書樓七十五周年紀念特刊編輯小組，《學海書樓七十五周年紀念集》，香港：學海書樓，1998。

顏炳罡，《整合與重鑄：當代大儒牟宗三先生思想研究》，台北：台灣學生書局，1995。

楊華麗，《「打倒孔家店」研究》，北京：人民出版社，2014。

姚啟勳，《香港金融》，香港：泰晤士書屋，1962。

葉雲笙，《廣東時人志》，廣州：開通出版社，1946。

楊儒賓，《1949 禮讚》，台北：聯經出版公司，2015。

印永清，《錢穆》，石家莊：河北教育出版社，2003。

余繩武、劉存寬主編，《十九世紀的香港》，香港：麒麟書業有限公司，1994。

俞叔文，《俞叔文文存》，香港：學海書樓，2004。

余思牧，《作家許地山》，台灣：利文出版社，2005。

翟志成，《新儒家眼中的胡適》，香港：商務印書館，2020。

張解民、葉春生編，《順德文叢》，北京：人民出版社，2005。

張學明、何碧琪主編，《誠明奮進：新亞精神通識資料選輯》，香港：商務印書館，2019。

張亞群，《科舉革廢與近代中國高等教育的轉型》，武漢：華中師範大學出版社，2005。

張知明編著，《香港掌故》，香港：豐年出版社，1960 年代。

趙雨樂，《近代南來文人的香港印象與國族意識》（三卷合訂本），香港：三聯書店，2016。

鄭煒明編，《論饒宗頤》，香港：三聯書店，1995。

鄭宏泰、周振威，《香港大老：周壽臣》，香港：三聯書店，2006。

鄭宏泰、黃紹倫，《香港大老：何東》，香港：三聯書店，2007。

鄭宏泰、黃紹倫，《一代煙王：利希慎》，香港：三聯書店，2011。

鄭師渠，《晚清國粹派文化思想研究》，北京：北京師範大學出版社，2014。

鄭宗義編，《中國哲學研究之新方向》，香港：香港中文大學新亞書院，2014。

【日】竹內弘行，《後期康有為論：亡命，辛亥，復辟，五四》，京都：同朋舍，1987。

周愛靈著，羅美嫻譯，《花果飄零：冷戰時期殖民地的新亞書院》，香港：商務印書館，2010。

周佳榮、鍾寶賢、黃文江編，《香港中華總商會百年史》，香港：香港中華總商會，2002。

周佳榮，《香港通史：遠古至清代》，香港：三聯書店，2017。

周佳榮，《錢穆在香港：人文 · 教育 · 新史學》，香港：三聯書店，2020。

鄒穎文編，《翰苑流芳：賴際熙太史藏近代名人手札》，香港：香港中文大學圖書館，2008。

鄒穎文編，《李景康先生百壺山館藏故舊書畫函牘》，香港：香港中文大學出版社，2009。

左玉河，《從四部之學到七科之學：學術分科與近代中國知識系統之創建》，上海：上海書店，2004。

Chan Lau, Kit Ching & Cunich, Peter. *An Impossible Dream: Hong Kong University from Foundation to Re-establishment.* New York: Oxford University Press, 2002.

Chan Ming Kou, *Labor and Empire: The Chinese Labor Movement in the Canton Delta, 1895-1927.* Ph. D. thesis, Stanford University, 1975.

Endacott, G.B. *A History of Hong Kong.* Hong Kong: Oxford University Press, 1958.

Faure, David. *The Structure of Chinese Rural Society : Lineage and Village in the Eastern New Territories, Hong Kong.* Hong Kong : Oxford University Press, 1986.

Freedman, Maurice. *Lineage Organization in Southeastern China.* London: University of London, Athlone Press, 1958.

Sweetings, Anthony. *Education in Hong Kong pre-1841-1941.* Hong Kong: Hong Kong University Press, 1990.

Wann, Francis ed., *The Other Wen Su.* Hong Kong: Offset Printing Co., Ltd, 2020.

報紙與期刊文章

〈陳伯陶丁仁長電玫猛政編查館之概要〉,《香港華字日報》,1910 年 11 月 25 日,載於香港公共圖書館數碼館藏。

〈岑光樾復辦成達中學〉,《香港華僑日報》,1936 年 4 月 3 日,香港公共圖書館數碼館藏。

〈籌辦大學漢文學院會議 · 即席已捐三萬一千元〉,《華僑日報》,1928 年 4 月 26 日,第 2 張第 2 頁。

〈副總統電聘何翽高〉,《香港華字日報》,1917 年 1 月 13 日,香港公共圖書館數碼館藏。

〈督軍省長挽留何翽高〉,《香港華字日報》,1917 年 1 月 15 日,香港公共圖書館數碼館藏。

〈桂南屏太史書畫展覽〉,《香港工商日報》,1952 年 8 月 8 日,香港公共圖書館數碼館藏。

《國文天地》,第 33 卷,第 1 期(總 385 期),台灣:國文天地雜誌出版社,2017 年 6 月。

《國文天地》,第 33 卷,第 10 期(總 394 期),台灣:國文天地雜誌出版社,2018 年 3 月。

〈紀念五四青年節〉,《大公報》,1950 年 5 月 4 日,第 1 版。

〈兩個梁美霞爭產案呈堂函件須待辨明:港大教授馬鑑謂函與封不同字跡,區大原太史謂函與封同一人手筆〉,《香港工商日報》,1940 年 4 月 10 日,香港公共圖書館數碼館藏。

劉夢和,〈紀念五四加強學運〉,《大公報》,1950 年 5 月 4 日。

羅香林,〈故香港大學教授賴煥文先生傳〉,《星島日報》,1950 年 8 月 17 日。

〈區大典太史演講孔道〉,《香港華字日報》,1922 年 8 月 22 日,香港公共圖書館數碼館藏。

〈區大原等組織孔道大同學社〉,《香港華字日報》,1940 年 12 月 8 日,香港公共圖書館數碼館藏。

〈清遠霪雨為災朱汝珍在港籌賑〉,《香港工商日報》,1935 年 5 月 25 日,香港公共圖書館數碼館藏。

〈紳商會議請政府在本港創設漢文中學〉,《華僑日報》,1925 年 12 月 10 日。

〈溫肅又奏請禁賭〉,《華字日報》,1910 年 12 月 20 日,香港公共圖書館數碼館藏。

《香港政府憲報》,第 12 卷第 13 號,1866 年 3 月 24 日。

楊遠略,〈五四雜感〉,《大公報》,1950 年 5 月 4 日。

〈俞叔文講述古文評註辨正〉,《華僑日報》,1953 年 10 月 2 日,香港公共圖書館數碼館藏。

〈俞叔文林弘道孔堂明講學〉,《華僑日報》,1953 年 12 月 5 日,香港公共圖書

館數碼館藏。

〈俞叔文設夜校專教授中文〉,《華僑日報》,1953 年 9 月 10 日,香港公共圖書館數碼館藏。

〈俞叔文開辦中文補習班〉,《華僑日報》,1956 年 7 月 15 日,香港公共圖書館數碼館藏。

〈知識分子和工農結合,在五四這天立下決心〉,《大公報》,1950 年 5 月 4 日。

〈朱汝珍今日放洋〉,《香港華字日報》,1936 年 3 月 20 日,香港公共圖書館數碼館藏。

〈教育會歡送朱汝珍〉,《香港華字日報》,1936 年 3 月 17 日,香港公共圖書館數碼館藏。

〈朱汝珍已抵星州〉,《香港華字日報》,1936 年 4 月 3 日,香港公共圖書館數碼館藏。

University of Hong Kong, *University of Hong Kong Calendar*, 1913、1914、1929、1933、1934、1935、1936、1937、1938、1957、1958、1959、1960,Hong Kong:The Newspaper Enterprise Ltd., 1913、1914、1929、1933、1934、1935. 1936、1937、1938、1957、1958、1959、1960.

論文

操太聖,〈香港教育制度史研究(1840-1997)〉,《華東師範大學學報‧教育科學版》,1997 年第 2 期,頁 1-15,22。

車行健,〈現代中國大學中的經學課程〉,《漢學研究通訊》,第 28 卷第 3 期,頁 21-35。

陳明銶、區志堅,〈地域與經世思想的發展:近代廣東學風〉,黎志剛、潘光哲主編,《經世與實業:劉廣京院士百歲紀念論文集》,台北:秀威資訊,2022 年,頁 90-121。

陳煒舜、方穎聰,〈女仔館餘緒:香港早期女性教育的進程〉,《華人研究國際學》,第 10 卷第 2 期,2018,頁 21-45。

陳學然、韓子奇,〈金文泰治港時期的政學商互動及其對五四新潮的排拒〉,《新亞學報》,36 卷,2019 年 8 月,頁 247-300。

陳雅飛,〈香港早期書法:以文化為視角〉,莫家良編,《香港視覺藝術年鑒 2004》,香港:香港中文大學藝術系,2005 年,頁 42-63。

陳紹南,〈陳伯陶生平〉,陳紹南編,《代代相傳:陳伯陶紀念集》,香港:編者自刊,1997 年,頁 10-11

程美寶,〈庚子賠款與香港大學的中文教育——二三十年代香港與中英關係的一個側面〉,廣東省政協文化和文史資料委員會編,《香海傳薪錄:香港學海書樓紀實》,北京:中國文史出版社,2008 年,頁 211-225。

鄧國光,〈新亞研究所先賢述記〉,《國文天地》,第 33 卷,第 1 期 2017 年 6 月,頁 85-92。

鄧巧兒編，〈一九一七年丁巳復辟前：康有為致張勛、溫毅夫函件摘錄〉，《春秋》，2000 年第 896 期，頁 35-36。

鄧巧兒，〈晚清歷史文獻一頁：溫肅太史記錄梁節庵疏彈袁世凱〉，《春秋》，第 893 期，2000 年 6 月，頁 30-31。

鄧又同編，〈香港學海書樓之沿革〉（上、中、下篇），《華僑日報》，1990 年 7 月 21、11、23 日。

鄧又同，〈記溫毅夫太史傳略〉，《春秋》，第 893 期，2000 年 6 月，頁 26-28。

鄧又同編，〈朱汝珍太史事略〉，載氏輯錄，《香港學海書樓主講翰林文鈔》，香港：學海書樓，1991 年，頁 95。

鄧又同編，〈賴際熙太史事略〉，載氏輯錄，《香港學海書樓主講翰林文鈔》，香港：學海書樓，1991 年，頁 47。

鄧又同編，〈溫肅太史事略〉，載氏輯錄，《香港學海書樓主講翰林文鈔》，香港：學海書樓，1991 年，頁 69。

方駿，〈大埔官立漢文師範學校（1926-1941）新界基礎教育的開拓〉，《教育研究學報》，第 6 卷第 2 期，2001 年，頁 137-156。

方駿，〈官立師範學堂（1881-1883）香港最早的全日制師訓機構〉，《教育研究學報》，第 16 卷第 2 期，2001 年，頁 315-330。

方駿，〈官立漢文女子師範學堂：香港僅有的女子師訓院校〉，《教育曙光：香港教師會學報》，第 48 期，2003 年，頁 56-63。

方駿，〈官立男子漢文師範學堂（1920-1940）：早期香港中文師資的重要搖籃〉，《教育研究學報》，第 20 卷第 1 期，2005 年，頁 121-139。

方駿，〈賴際熙的港大歲月〉，《東亞漢學研究》，2012 年第 2 號，頁 282-293。

關之英，〈庠序的桃花源：香港一所客家村校的辦學歷程〉，《贛南師範學院學報》，2011 年第 1 期，頁 12-20。

瀚青，〈香港開埠初期中文學塾發展述論〉，《河北師範大學學報教育科學版》，2011 年 5 月，第 13 卷第 5 期，頁 16-19。

何沛雄，〈學海書樓與香港文學〉，廣東省政協文化和文史資料委員會編，《香海傳薪錄：香港學海書樓紀實》，北京：中國文史出版社，2008 年，頁 138-144。

何志華，〈研思精微、學術典範：劉殿爵教授生平概述〉，《中國文化研究所學報》，第 51 期，2010 年 7 月，頁 8-11。

簡又文，〈宋末二帝南遷輦路考（附圖 13）〉，簡又文主編，《宋皇臺紀念集》，香港：香港趙族宗親總會，1960 年，頁 122-174。

江玉翠，〈香港客家村落的轉變與延續：以荃灣老圍為例〉，《全球客家研究》，2018 年 5 月，第 10 期，頁 209-233。

賴恬昌口述，區志堅訪問及整理，〈賴恬昌先生訪問稿〉，未刊稿。

賴志成，〈簡述學海書樓創辦人賴際熙對近代學術的貢獻〉，《國文天地》，第 33 卷，第 10 期，2018 年 3 月，頁 31-34。

李帆,〈清末民初學術史勃興潮流論述〉,《吉林大學社會科學學報》,第 5 期,2000 年 9 月,頁 63-67。

李孝悌、林志宏,〈百年來歷史學的發展:從回顧到展望〉,楊儒賓等主編,《人文百年化成天下》,新竹:國立清華大學出版社,2011 年,頁 141-168。

李建強,李世莊編,〈1900-1930 年香港視覺藝術年表〉,《左右》第 1 期,1997 年,頁 135-230。

林毓生,〈二十世紀中國的反傳統思潮〉,載氏著,《中國激進思潮的起源與後果》,台北:聯經出版公司,2019 年,頁 95-154。

劉良華,〈教師發展的制度規範與文化習俗──香港真道書院考察〉,上海:《上海教育科研》,2011 年,第 8 期,頁 30-34。

劉智鵬,〈「香海名山」牌坊下的歷史轉折〉,劉智鵬主編,《展拓界址:英治新界早期歷史探索》,香港:中華書局,2010 年,頁 151-164。

盧瑋鑾,〈許地山與香港大學中文系的改革〉,《香港文學》,1991 年 8 月,頁 60-64。

盧湘父:〈香港孔教團體史略〉,吳灞陵編,《港澳尊孔運動全貌》,香港:香港中國文化學院,1955 年,頁 1-4。

盧展才,〈朱院長騁三太史略歷〉,《弘道年刊》,第 1 期,1971,頁 4-8。

盧曉明整理,〈陳伯陶年表〉,陳伯陶著,盧曉麗校注,《陳伯陶詩文集校注》,廣州:中山大學出版社,2021 年,頁 566-572。

羅香林,〈林仰山教授與中國學術文化的關係〉,《大成》,第 16 期,1975 年 3 月版,頁 2-8。

羅志田,〈學術與國家:國粹、國故與國學的思想論爭〉,《二十一世紀》雙月刊,第 66 卷,2001 年 8 月,頁 102-110。

馬一,〈晚清新式學堂教育對駐外公使知識結構的影響〉,《通化師範學院學報》,第 1 期,2014 年,頁 78-81。

牟宗三、徐復觀、張君勱、唐君毅,〈為中國文化敬告世界人士宣言──我們對中國學術研究及中國文化與世界文化前途之共同認識〉,《民主評論》,第 9 卷第 1 期,1958 年 1 月,頁 1-21。

區建英,〈序言〉,區兆熊主編,《區大原太史翰墨集》,廣州:廣州今人彩色印刷有限公司,2019 年,頁 2。

區建英,〈區大典:一個寓港經學家的信念與奮鬥〉,《國文天地》,第 33 卷,第 10 期,2018 年 3 月,頁 39-42。

區少銓,〈益善行道:東華三院與香港早期華人義學教育〉,《教育界》,2019 年第 31 期,頁 18-19。

區志堅,〈明遺民查繼佐(1601-1676)晚年生活之研究〉,《中國文化研究所學報》,新 5 期,1996 年,頁 183-202。

區志堅,〈保全國粹、宏揚文化:學海書樓八十年簡介〉,學海書樓編,《學海書樓八十周年紀念集》。香港:學海書樓,2003 年,頁 13-25。

區志堅，〈闡揚聖道，息邪距跛：香港尊孔活動初探（1909- 今）〉，湯恩佳編，《儒教、儒學、儒商對人類的貢獻》，香港：香港孔教學院，2006 年，頁 537-554。

區志堅，〈中外文化交融下香港文化之新運：羅香林教授中外文化交流的觀點〉，趙令揚、馬楚堅編，《羅香林教授與香港史學：羅香林逝世二十周年紀念論文集》，香港：薈真文化事業出版社，2006 年，頁 36-52。

區志堅，〈香港大學中文學院成立背景之研究〉，《香港中國近代史學報》，第 4 期，2006 年，頁 29-58。

區志堅，〈發揚文化，保全國粹──學海書樓簡史〉，廣東省政協文化和文史資料委員會編，《香海傳薪錄：香港學海書樓紀實》，北京：中國文史出版社，2008 年，頁 32-41。

區志堅，〈以人文主義之教育為宗旨，溝通世界中西文化：錢穆先生籌辦新亞教育事業的宏願及實踐〉，王宏志、梁元生編，《中國文化的傳承與開拓──香港中文大學四十周年校慶國際研討會論文集》，香港：香港中文大學出版社，2009 年，頁 85-180。

區志堅，〈學海書樓推動中國文化教育的貢獻〉，廣東省政協文化和文史資料委員會編，《香海傳薪錄：香港學海書樓紀實》，頁 79-124。

區志堅、陳明銶，〈中國現代化的廣東因素〉，沈清松主編，《中華現代性的探索：檢討與展望》，台北：政治大學出版社，2013 年，頁 89-150。

區志堅，〈新時代與舊傳統相配合：錢穆對孫中山的評價〉，麥勁生、李金強編著，《共和維新：辛亥百年研討會論文集》，香港：香港城市大學出版社，2013 年，頁 105-122。

區志堅，〈客籍學人對香江華文學界的貢獻：羅香林執教香港大學中文系的辦學理念及實踐〉，《客家研究輯刊》，第 1 期 ，2014 年，頁 113-137。

區志堅，〈國學南移：學海書樓九十五年（1923-2018）〉，《國文天地》，第 33 卷，第 10 期，2018 年 3 月，頁 23-26。

區志堅，〈經學知識學術制度化及普及化的發展：以香港學海書樓為例〉，《中國文哲研究通訊》，第 30 卷，第 4 期，2020 年 12 月，頁 163-191。

區志堅，〈非黨派與黨派觀點之異：錢穆、戴季陶、陳伯達闡述孫中山的思想〉，李帆、黃兆強、區志堅編，《重訪錢穆》，台北：秀威資訊，2020 年，頁 388-411。

區志堅，〈鐵路展館與宋元文化知識的流播：以港鐵宋皇臺站為例〉（將刊稿）。

區志堅、沙偉柏，〈國學知識普及與新知傳播──五十年代以來香港中華書局的角色〉，《文哲研究通訊》，待刊稿。

潘淑華，〈從鄉村師範的建立到鄉村學校的消失〉，廖迪生主編，《大埔傳統與文物》，香港：大埔區議會，2008 年，頁 212-221。

彭淑敏，〈香港華商與學海書樓〉，《國文天地》，第 33 卷，第 10 期，2018 年 3 月，頁 27-30。

清遠市地方志編纂辦公室編，〈人物〉，《清遠縣志》，卷 30，1995 年，頁 992。

沈曾植，〈答某君論孔教會書〉，中國科學院近代史研究所中華民國史組編，《中華民國史資料叢稿》，特刊輯 2，頁 43。

舒翁，〈陳伯陶其人其事〉，《春秋》，第 624 期，1983 年 7 月，頁 26。

蘇雲峰，〈康有為主持下的萬木草堂（1891-1898）〉，《中央研究院近代史研究所集刊》，1972 年第 3 期，下冊。

唐君毅，〈民國初年的學風與我學哲學的經過〉，《唐君毅全集第九卷・中華人文與當今世界補編》上冊，台北：學生書局，1992 年，頁 370-391。

王德昭，〈清代的科舉入士與政府〉，《中國文化研究所學報》，12 卷，1981，頁 1-21。

王健文，〈需要一種新的國史——錢穆與《國史大綱》〉，王汎森等著，《重返〈國史大綱〉：錢穆與當代史學家的對話》，新北：台灣商務印書館，2023 年，頁 14-37；頁 38-89。

王汎森，〈歷史時間是延續的嗎？錢穆與民國學術〉，王汎森等，《重返〈國史大綱〉：錢穆與當代史學家的對話》，新北：台灣商務印書館，2023 年。

王紹生，〈溝通中西文化的學者賀光中〉，《當代人物評述》，台北：文鏡文化事業有限公司，278 期，1985 年 6 月，頁 99-103。

汪希文，〈我與江霞公太史父女〉，《春秋》，第 25 期，1958 年 7 月。

溫肅撰，鄧又同訂，〈錄溫毅夫太史輯「感舊集」（上）〉，《春秋》，第 896 期，2000 年 9 月，頁 26-27。

溫肅撰，鄧又同訂，〈錄溫毅夫太史輯「感舊集」（下）〉，《春秋》，第 897 期，2000 年 10 月，頁 38-39。

翁筱曼，《學海堂與嶺南文化》，廣州：中山大學博士論文，2009 年。

吳天任編，〈何翽高先生年譜〉，收於何藻翔著，《鄒崖詩集：附年譜》，香港：何鴻平印行，1958 年，頁 139-149。

熊月之，〈辛亥鼎革與租界遺老〉，《學術月刊》，2001 年第 9 期，頁 12-15。

徐復觀，〈答輔仁大學歷史學會問治古代思想史方法書〉，《幼獅月刊》，263 期，1957 年 11 月，頁 24-26。

徐復觀，〈死而後已的民主鬥士：敬悼雷儆寰（震）先生〉，原載 1979 年 3 月 12-15 日《華僑日報》，收入《徐復觀雜文 4：憶往事》，頁 213-220。

許振興，〈清遺民經學家寓居香港時期的史學視野——區大典《史略》考索〉，《中國學術年刊》，2012 年第 34 期（春季刊），2012 年 3 月，頁 31-52。

許振興，〈清遺民經學家寓港時期的史學視野〉，《中國學術年刊》，第三十四期（春季號），2012 年 3 月，頁 31-56。

許振興，〈1912-1941 年間香港的經學教育〉，施仲謀主編，《百川匯海——文史譯新探》，香港：中華書局，2013 年，頁 153-168。

許振興，〈《史略》與區大典的史學視野起〉，蔡長林主編，《變動時代的經學與經學家——民國時期（1912-1949）經學研究》，台北：萬卷樓圖書份有限公司，2014 年，第四冊，頁 365-389。

許振興，〈俞叔文與學海書樓〉，《國文天地》，第 33 卷，第 10 期，2018 年 3 月，頁 43-46。

姚道生、黃展樑，〈空留古廟號侯王：論九龍城宋季古蹟的記憶及侯王廟記憶的歷史化〉，《思與言》，第 55 卷第 2 期，2017 年，頁 17-69；

楊永漢，〈學海書樓的創建〉，《國文天地》，第 33 卷，第 10 期，2018 年 3 月，頁 19-22。

楊祖漢，〈香港新亞書院的成立對台港二地新儒學發展的影響〉，李誠主編，《台灣、香港二地人文、經濟與管理互動之探討》，台北：中央大學出版社，2013，頁 17-40。

葉德平，〈學貫五經，宏振斯文——陳湛銓先生事略〉，《國文天地》，第 33 卷，第 10 期，2018 年 3 月，頁 47-51。

葉恭綽，〈書溫毅夫集後〉，《春秋》，第 893 期，2000 年 6 月，頁 28-29。

葉林豐，〈港九的南宋史蹟（附圖）〉，簡又文主編，《宋皇臺紀念集》，香港：香港趙族宗親總會，1960 年，頁 110-113。

曾漢棠，〈香港學海書樓與粵港文化的承傳關係〉，學海書樓七十五周年紀念特刊編輯小組編，《學海書樓七十五周年紀念集》，香港：學海書樓，1998 年，頁 13-26。

曾定駿，〈記憶所繫之處：以宋皇臺的故事為例〉，香港：香港樹仁大學歷史系文學士學位畢業論文，2022 年。

曾漢棠，〈陳伯陶《孝經說》思想三題〉，《國文天地》，第 33 卷，第 10 期，2018 年 3 月，頁 35-38。

翟力，〈明清時期蒙學的讀書教學原則〉，《教育史研究》，第 4 卷，第 4 期，2022 年，頁 108-177。

張灝，〈中國近百年來的革命思想道路〉，《時代的探索》，台北：聯經出版公司，2019 年，頁 209-228。

張惠儀，〈粵籍遺老書家與香港早期書壇〉，《左右》，第 3 期，2001 年，頁 17-41。

張丕介，〈新亞書院誕生之前後〉，《新亞書院二十周年校慶特刊》，1969 年，頁 6-14。

張學華，〈誥授朝議大夫湖南優貢知縣汪君行狀〉，《闇齋稿》，廣州：蔚興印刷廠，1948 年，頁 27。

張學華，〈江寧提學使陳文良公傳〉，陳紹南編，《代代相傳——陳伯陶紀念集》，香港：編者自刊，1997 年。

趙綺娜，〈冷戰與難民援助：美國「援助中國知識人士協會」，1952-1959 年〉，《歐美研究》，第 27 卷第 2 期，1997 年 6 月，頁 65-108。

趙雨樂，〈二十世紀上半葉粵港文人的雅集與交遊：讀黃詠雩《天蜜樓詩文集》〉，劉義章、黃文江編，《香港社會與文化史論從》，香港：香港中文大學聯合書院，2002 年，頁 57-73。

鄭德能，〈胡適之先生南來與香港文學〉，黃繼持、盧瑋鑾編，《早期香港新文學資料選：1927-1941》，香港：天地圖書有限公司，1998 年。

Forster A. "Education in Hong Kong." *Educational Year Book*, 1933, pp. 687-698.

Larsen-Freeman, Diane. "*On the Roles of Repetition in Language Teaching and Learning*." Applied linguistics review 3, no. 2 (2012): 195-210.

訪談

誠蒙賴恬昌教授（辭世）、趙令揚教授（辭世）、陳明銶教授（辭世）、馮國培主席、利乾主席、張藝議博士、余自立先生、林慶彰教授、李金強教授、鄭培凱教授、周佳榮教授、鄧巧兒女士、蔣白浪主席、Mr. Francis Wann、勞美玲老師接受訪談。

網絡資料

八鄉中心小學主頁：http：//www.phcps.edu.hk/?lang=zh。

寶蓮禪寺主頁：https：//plm.org.hk/home.php。

高添強、鍾寶賢，《「龍津橋及其鄰近區域」歷史研究》，研究報告，香港，2012 年。參見：https：//www.amo.gov.hk/filemanager/amo/common/form/research_ltsb_surrounding_final.pdf

古物古蹟辦事處官方網站：https：//www.amo.gov.hk/tc/home/index.html。

古物諮詢委員會官方網站：https：//www.aab.gov.hk/tc/home/index.html。

梅窩學校主頁：http：//www.mws.edu.hk/。

聖公會靈愛小學主頁：http：//www.lingoi.edu.hk/?page_id=97。

香港大學 Digital Repository：https：//digitalrepository.lib.hku.hk/。

香港公共圖書館數碼館藏：https：//mmis.hkpl.gov.hk/mmis-collection。

香港記憶：https：//www.hkmemory.hk/index_cht.html。

香港教育博物館：https：//www.museum.eduhk.hk/tc/index.php。

香港商報網：https：//www.hkcd.com/index.html。

學海書樓官方網站：http://hokhoilibrary.org.hk/

樟樹灘協天宮主頁：http：//www.shensitan.com/。

智效民，〈香港的書院精神〉，http：//www.chinanews.com/ga/2011/04-07/2957360.shtml。

鐘聲學校主頁：https：//www.chungsing.edu.hk/。

左霈日記，https：//archives.catholic.org.hk/Online%20Resources/Dairy.htm。

周家建，〈九華徑舊村及鄰近地區研究〉，研究報告，2019 年。https://www.jtia.hk/wp-content/uploads/2019/九華徑舊村及鄰近地區研究報告_DrChowJTIA_TC.pdf

致 謝

　　本書能夠順利立項並出版，首先要特別鳴謝學海書樓和北山堂基金的資助與支持。在編寫過程中，梁基永博士提供了自己的研究文章，並同意將文章編錄於書中；余樂駿、吳佰乘、楊子熹為研究助理，完成了大量資料的整理工作；霍春精、成思穎、鄭子楷、韓澤華、張斯鎔、傅茁言等同學為志願者，幫助收集和整理 1941 年前的香港書塾和義學列表。本書的編寫離不開以上諸位的支持，特此說明和致謝。此外，還要感謝香港中文大學中國文化研究所當代中國文化研究中心行政人員葉子菁女士及謝慧莉女士承擔統籌和協調工作。最後，感謝中華書局（香港）有限公司，使本書得以付梓問世。

責任編輯：黃杰華

封面設計：簡儁盈

排　　版：陳美連
　　　　　時潔

印　　務：劉漢舉

學海書樓與香江國學
中國傳統文化在香港的傳承與革新

□

編著

梁元生　曹璇　區志堅　姜本末

□

出版

中華書局（香港）有限公司

香港北角英皇道 499 號北角工業大廈 1 樓 B

電話：(852)2137 2338 傳真：(852)2713 8202

電子郵件：Info@chunghwabook.com.hk

網址：http://www.chunghwabook.com.hk

□

發行

香港聯合書刊物流有限公司

香港新界荃灣德士古道 220-248 號荃灣工業中心 16 樓

電話：(852)2150 2100　傳真：(852)2407 3062

電子郵件：info@suplogistics.com.hk

□

版次

2023 年 10 月初版

© 2023 中華書局（香港）有限公司

□

規格

16 開（230mm x 170mm）

□

ISBN：978-988-8860-43-2